기록하지 않으면
존재하지 않는다

朴찬순

기록하지 않으면 존재하지 않는다

초판 1쇄 발행 2023년 11월 29일

지은이	박찬운
펴낸이	이세연
편집	윤현아
디자인	빠라빠라밀스튜디오
제작	npaper

펴낸곳	도서출판 혜윰터

주소	(04091) 서울특별시 마포구 토정로 222 한국출판콘텐츠센터 301-1호
이메일	hyeumteo@gmail.com
팩스	0506-200-1735

© 박찬운, 2023

ISBN 979-11-980161-5-7 (03330)

기록하지 않으면 존재하지 않는다

인권위 상임위원
3년의 기록

박찬운 지음

헤윰터

일과 삶의 역사

드디어 긴 여정을 끝내고 다시 적막강산 연구실로 돌아왔다. 전쟁 같은 지난날을 돌아보니 감회가 새롭다. 최선을 다했는가? 후회 없는 시간이 었는가? 이제 지난 몇 년을 복기해 이 질문들에 답하고자 한다.

나는 지난 3년간 국가인권위원회(이하 '인권위')의 상임위원(차관급) 으로 일했다. 오랜 기간 법률가로 인권의 현장에 있었고, 대학에서 인권법을 연구하고 가르쳐 온 교수로서 이 경험은 실로 값진 것이었다. 나는 수천 건의 진정 사건을 통해 인권침해를 주장하며 구제를 호소하는 사람들의 절절한 절규를 들었다. 그들의 호소에 귀 기울이며 인권침해 여부를 신중히 결정하고자 했다. 또한 인권에 영향을 주는 제도와 법령의 개선을 위해 수백 건의 보고서를 검토하고, 최적의 권고를 하기 위해 밤잠을 설쳤다. 초대 군인권보호관으로서 군대 내에서 인권침해를 막기 위해 각급 부대를 방문해 병사와 간부를 만났다. 3년 내내 업무의 집중도를 높이기 위해 긴장감을 놓치지 않는 것은 여간 피곤한 일이 아니었지만 최선을 다해보려고 노력했다. 돌아보면 어떻게 그 시간을 버텨왔는지 스스로 놀라울 뿐이다. 나는 이 경험을 여러 사람과 나누고 싶다. 그것은 국외자에게는 인권위의 속살을 보여주어 그곳을 좀 더 알리는 계기가, 인권위 구성원들에게는 좀 더 분발할 수 있는 계기가 되리라 믿기 때문이다.

　나는 이를 위해 상임위원으로 임명되어 첫 출근을 하는 날 결심한 게 있다. '공직에 나가 있는 3년 동안 내가 경험하는 일들을 모두 기록할 것이다. 내 경험을 그저 개인의 기억 속에 두지 않을 것이다. 기록하고 또 기록해 내 경험을 역사로 만들 것이다. 그것이 고위 공직에 출사하는 사람의 태도다.' 나는 이 결심을 임기 내내 실천하기 위해 부단히 노력했다. 가끔 피곤하고 지겨울 때도 있었지만 이 기록만큼은 일상 습관으로 확고히 만들었다. 집으로 퇴근하면 첫 번째 일은 그날 있었던 일을 기록으로 남기는 것이었다. 늦게 귀가하면 다음날 새벽 어제 있었던 일을 반추하면서 기록하는 것으로 하루를 시작했다. 그러다 보니 3년 1개월 동안 200자 원고지 6,000장 정도를 썼다. 실로 방대한 양이다. 처음부터 끝까지 읽으려면 하루 이틀로 될 일이 아니다. 쓴 사람도 놀라지 않을 수 없다.

　지난 3년간 나는 인권위의 사관(史官)이었다고 해도 과언이 아니다. 이 기록 속에는 3년간 내 경험이 모두 담겨 있다. 내가 직접 다룬 사건의 내막, 내가 쓴 결정문 중 특별한 의미가 있는 것들의 내용, 인권위 내에서 일어난 크고 작은 에피소드, 인권위 사람들에 대한 평가 등등. 후일 이 기록은 분명 그 자체만으로도 사료적 가치가 있는 문서로 평가받을 것이다. 만일 내가 이렇게 기록하지 않았다면 인권위의 공적 기록

물은 남겠지만 그것이 어떻게 세상에 나왔는지에 대한 그 이면 이야기는 인권위 역사에서 사라질 것이다. 기록하지 않으면 존재하지 않는다! 이것은 세월이 아무리 지나도 변함없는 진리라고 생각한다.

학교로 돌아오자마자 이 기록을 어떻게 사람들과 나눌까 고민하기 시작했다. 기록 양은 엄청나지만 그 전문을 사람들에게 보여줄 수는 없다. 더군다나 이 기록 속에는 다른 사람들의 이야기가 많다. 그들 이야기가 활자로 세상에 나온다면 피차 마음 편치 않을 일이 생길 것 같아 걱정이었다. 그것은 내가 이 책을 내는 의도와는 거리가 머니 경계하지 않을 수 없는 일이다. 생각 끝에 다른 사람 이야기는 최대한 줄이고 내가 한 일에 집중하기로 했다. 내가 3년간 무슨 일에 집중했고, 어떤 고민 속에 있었는지 솔직 담백하게 보여주자! 인권위가 인생 전체라고 생각한 사람이 3년 동안 어떤 분투의 삶을 살았을까. 그것은 인권위에 기대를 거는 사람들이 관심 가질 만한 이야기다. 고로 이 책은 인생을 달관한 명사들이 노년기에 쓰는 회고담적 인생론이 아니다. 인권위에 숨겨진 어떤 비사를 폭로해 세상의 관심을 끌 생각으로 쓰는 회고록은 더더욱 아니다. 이것은 한 고위 공직자가 자신의 업무와 삶을 집요하게 기록으로 남겨 그것에 기초해 쓴 '일과 삶의 역사'다.

인권위에서 나는 동료 위원들과 때론 격하게 논쟁하고, 때론 우정 어린 대화를 나눴다. 임기 동안 최영애 위원장과 송두환 위원장 두 분과 함께 일할 수 있어서 영광이었다. 특히 최 위원장과의 인연은 내 직업적 삶 전체와 이어져 있다. 최 위원장이 시민운동가로 일하던 시절 나는 그의 자문역을 오랜 기간 맡아왔는데, 이번에는 위원장과 상임위원이라는 관계로 만났다. 나는 과거의 연도 중시하지만 공사구별에 엄격함을 유지하고자 노력했다. 그런 이유로 함께 일한 1년 8개월 동안 누구보다 쓴소리 상임위원 역할을 마다하지 않았다. 지난 일이긴 하지만 최위원장께서는 너그러운 미소로 추억해주시리라 믿는다. 상임위원으로 함께 일한 정문자, 이상철, 남규선 위원과도 남다른 기억이 있다. 그들은 나와는 다소 결이 달랐지만 서로 존중하고 인권위의 존재감을 한 단계 끌어 올리려는 공동 목표를 향해 달려온 동지들이다. 그런 관계였기에 비록 간간이 충돌도 있었지만 돌아보니 모든 것이 추억으로 남을 뿐이다. 대한민국 어떤 국가기관의 비상임위원과도 비교할 수 없는 업무량으로 고생하면서 각종 회의에서 항상 인권 감수성을 보여준 김민호, 조현욱, 문순회(퇴휴스님), 이준일, 석원정, 서미화, 김수정 위원(1년 이상 나와 함께 일한 비상임위원)에게 고마움을 표한다. 그들의 헌신이 지난 3년, 인권위의 격을 높여주었다고 생각한다. 사무처 직원들은 나의 끊임없는 잔소리에도 불구하고 상임위원으로서 업무를 열정적으로 해나가도록 적극 도왔다. 그들의 도움이 없었다면 내가 지난 3년간 업무에 성과를 낼 수 있었을까. 그들 모두의 이름을 일일이 거명해 감사함을 나누고 싶지만 지면 부족으로 그리 못하니 아쉬울 따름이다. 그들의 가슴 속에 '내게는 인권위가 인생 전부나 마찬가지였다'는 내 음성이 오랫동안 살아 있길 바란다.

2023년 낙엽 지는 가을밤 행당동 연구실에서

박찬운 쓰다

차례

1장

나는 누구인가

2020년 1월 13일, 나는 인권위 상임위원으로 임명되어 임기를 시작했다.
첫 출근일의 모습이다.

이 책을 본격적으로 시작하기 전에 잠시 나를 소개할 필요가 있겠다. 박찬운이라는 사람은 누구인가. 한양대 로스쿨 인권법 교수, 변호사, 법학박사, 인권위 상임위원 등의 이력을 가진 사람이지만 그런 외형적 타이틀이 나의 지나온 삶을 설명해주지는 않는다.

30년간 인권 문제에 천착하다

나는 사법시험 26회(1984년)에 합격한 이후 사법연수원 16기(1987년 수료)를 거친 후 법조인으로 살아왔다. 연수원 수료 후 군 복무를 마친 다음 1990년 변호사 개업을 해 15년 동안 변호사로 일했고, 2005년 초 인권위 인권정책국장으로 들어가면서 실무 법률가로서의 삶을 정리했다. 인권위에서 인권정책 권고와 관련된 일을 하다가 2006년 가을 모교인 한양대 법과대학으로 옮겨 인권법 교수로 일했고, 2009년 로스쿨이 만들어지자 그때부터는 로스쿨 교수로서 인권법과 법조 실무를 연구하고 가르치다가, 2020년 인권위 상임위원으로 임명되었다.

30년 이상 살아온 법률가로서 삶을 돌아보니 나의 삶은 인권을 떠나서는 설명할 수 없다. 처음부터 그렇게 살고자 결심했던 것은 아닌데, 살다 보니 그렇게 되었다고 해야 할까, 운명적으로 그런 삶을 살았다고 해야 할까. 변호사 시절에는 감옥 문제, 형사절차에서의 변호인 문제, 「국가보안법」 문제, 사형 문제, 난민 문제, 사회보호법 문제, 국제인권 문제 등에 관심을 가졌고, 인권위 인권정책국장 시절에는 변호사로 일하면서 내가 다루어온 인권 문제를 인권위 아젠다로 만들어 인권정책 권고로 연결시켰다. 이 중에는 「차별금지법」 제정, 제1차 국가인권정책기본계획 권고, 사형제 폐지 권고, 양심적 병역거부 및 대체복무제 권고, 난민법 제정 등 권고, 한센인 인권증진 권고 등이 있다. 이후 학교로 간 뒤에는 그간의 경험을 바탕으로 연구와 교육을 했다. 그리고 시간이 흘러 법률가 생활 만 30년이 되는 해(2020년)에 인권위로 다시 돌아와, 3년 동안 인권위의 조사구제 업무를 비롯해 인권위의 주요 결정에 참여했으니, 내 인생 전부가 인권위와 관련이 있다고 해도 과언이 아니다. 이제 그 자리를 벗어나니 지난 30년 이상 내가 해온 일이 머릿속에서 하나하나 주마등처럼 스쳐간다. 감회가 새롭다.

인권 문제에 어떤 계기로 관심 갖게 되었을까

내 기억으로 인권 문제에 본격적으로 관심을 갖게 된 때는 군대 시절이다. 나는 부끄럽게도 대학 시절에는 학생운동이나 민주화운동에 참여하지 못하고 그저 고시 공부에 열중했다. 다른 친구들이 군부독재에 항거하면서 감옥에 갈 때 나는 입신양명하기 위해 책을 읽었다. 이것이 내게는 항상 부채였다. 그러다가 고시 합격 후 사법연수원 과정을 마친 다음 군대에 들어갔는데(1987년), 그때가 전두환 정권 말기였다. 장교 임관 후 훈련받는 과정에서 6월항쟁이 있었고 6·29 선언이 있었다. 당시 아무것도 할 수 없는 나 자신을 보고 말할 수 없는 자괴감이 몰려왔다.

그렇게 군대 생활을 시작했는데 나도 모르는 이유로 정훈장교가 되어 3년간 일했다. 정훈장교는 일종의 정치장교로, 내 임무는 소속된 사단의 간부와 병사를 상대로 이념 교육을 담당하는 것이었다. 때가 때인지라 정권수호에 앞장서는 업무가 많았다. 나는 상급부대에서 하라는 교육 내용을 교묘히 바꿔 일했기 때문에 양심에 어긋나는 일은 하지 않았지만 하루하루 괴로운 나날이었다. 그런 과정에서 우리 사회의 모순을 많이 발견했다. 군대는 나에게 새로운 눈을 갖게 한 교육의 장이었다. 그때 나는 앞으로 사회에 나가면 뭔가 다른 법률가가 되겠다고 다짐했다. 이런 과정을 거치다 보니 제대 후 자연스럽게 진보적 변호사 그룹인 '민주사회를 위한변호사모임(이하 '민변')'에 들어갔고, 그 덕에 변호사 초년 시절부터 인권 활동을 했다. 한마디로 말하면 '대학 시절과 군대 시절의 암울한 삶이 법조인으로 걸어가면서 다른 삶을 살아가게 하는 동력이 되었다'고 할 수 있다.

일찍이 「국제인권법」을 연구하다

내가 「국제인권법」에 처음으로 관심을 갖게 된 것은 1990년대 초다. 당시 민변 변호사들은 시국사건 변호에 열심히 참여했다. 나도 그중 한 명이었다. 다만 나는 그런 활동을 하는 중에도 법정을 무대로 하는 활동보다는 뭔가 근본적인 해결책을 찾는 데 관심이 많았다. 즉 제도 자체를 고치지 않으면 안 된다는 생각이었다. 그런 시각으로 문제를 보니 우리나라의 법률제도, 특히 인권과 관련 있는 법령에 보통 문제가 있는 게 아니었다. 무릇 문제가 있다는 것은 어떤 기준에 따라 평가하니 그렇다는 것인데, 당시 내 눈에 들어온 기준은 국제사회에서 보편적으로 인정되는 국제인권원칙이었다. 나는 그것으로 우리나라의 법 제도를 평가해보고 문제를 발견했다. 그러다 보니 이 국제적 기준에 관한 공부를 본격적으로 해야겠다는 생각이 자연스럽게 들었다.

변호사 생활 6년을 마치고 사무실을 정리한 다음 가족과 함께 미국으로 유학을 떠났다. 지금 생각해보면 대담한 결심이다. 아마 요즘 그렇게 할 수 있는 변호사들은 거의 없을 것이다. 지금으로부터 30여 년 전에는 그게 가능했다. 변호사 수가 적다 보니 돌아와도 굶진 않으리라는 자신감이 있었던 것이다. 거기에다 내게 장학금과 생활비 일부를 대주는 학교를 찾아냈다. 바로 「국제인권법」 등 「공익인권법」으로 유명한 노틀담 대학 로스쿨. 나는 거기에서 「국제인권법」을 공부했고, 학교 도움으로 네덜란드 헤이그의 구유고슬라비아 국제형사재판소에서 인턴쉽도 마칠 수 있었다. 내 기억으로 당시 변호사 중에서 이런 경험을 한 이는 없다. 이것이 결국 귀국 후 내 변호사 생활을 완전히 달리 만들었고, 계속 공부로 이끌어 「국제법」으로 박사학위를 받는 것으로 이어졌다. 내게 「국제인권법」에 대한 관심은 단순히 학술적 탐구욕에서 비롯된 게 아니라 우리 현실을 바꾸기 위한 수단으로서의 의미가 강했다. 나는 지난 30년간 우리 사회의 많은 인권 문제를 국제인권원칙이라는 잣대로 판단하며, 개선이 필요하다는 점을 누누이 강조해왔다.

보람 찼던 일들

지난 30년 동안 내가 해온 일을 짤막하게 정리해 설명하고자 한다. 우선 1993년 서울지방변호사회에 제안해 채택된 당직변호사제도. 이것은 형사절차에서 변호인의 조력을 받는 게 매우 중요하다는 국제인권원칙에 따른 것으로, 체포 즉시 변호사들이 피의자를 만나 조언을 해주거나 변호를 해주는 제도다. 나는 이 제도를 입안했고 3년 동안 운영 책임(운영위원회 간사)을 맡았다. 이 제도는 현재 서울뿐만 아니라 대부분의 다른 지방변호사회에서도 시행하고 있는 변호사회의 대표적인 공익인권 프로그램으로 자리 잡았다.

두 번째는 국제인권 활동. 나는 1990년대부터 30여 년간 유엔을 중심으로 논의되는 인권 프로세스에 직접 참여해왔다. 유엔의 인권기구(유엔 인권이사회, 유엔 자유권위원회 등)에서는 정기적으로 각국의 인권상황을 보고 받고 심의하는데, 나는 이 과정에서 NGO 대표로 참여해 정부 보고의 문제점을 지적해왔고 이를 토대로 국제인권기구가 대한민국 정부에 정확한 권고를 하도록 노력했다. 이와 함께 「국제인권법」의 국내적 이행을 평생 과제로 삼고 실무와 연구에서 내 역할을 찾아왔다. 이 과정에서 1999년 『국제인권법』(도서출판 한울)이라는 우리나라 최초의 「국제인권법」 책을 출간하기도 했다.

세 번째는 난민 문제. 나는 1999년부터 난민 문제에 관심을 갖고 지원활동을 해왔다. 민변의 난민지원위원회를 만들어 수년간 이 조직을 이끌었고(위원장), 법무부의 난민인정협의회의 위원으로서 직접 난민인 정절차에 참여했다. 인권위 정책국장 시절 인권위가 난민법 제정을 권고하는 과정에서 실무책임을 맡았다.

네 번째는 한센인 인권 문제. 나는 2004년 일본 변호사들과 연대해 처음으로 한센인 인권 문제를 공론화시켰다. 대한변협에 한센인권소위를 만들어 그 위원장을 맡았고, 일본 변호사들과 함께 일본에서 소록도 한센인을 위한 소송을 시작했다. 그 결과 한센인의 인권 증진에 많은 변화를 만들어냈다.

다섯 번째는 두 번의 인권위 생활을 통해 대한민국을 대표하는 인권 아젠다를 만들고 인권침해에 대해 적극적으로 구제 활동을 전개한 일. 「차별금지법」은 아직 제정에 이르지 못했지만, 두 번에 걸쳐 인권위가 법안을 만들어 제안하는 과정에서 나는 그 핵심에 있었다. 인권위는 우리나라에 인권 청사진이 필요하다는 생각에 국가인권정책기본계획을 5년마다 정부에 권고하고 있다. 이제까지 네 번을 권고했는데, 나는 첫 번째와 네 번째를 담당했다. 첫 번째는 실무책임자로 네 번째는 추진단장으로 참여했다. 또한 인권위의 인권침해 사건을 담당하는 소위원장으로서 3년간 수천 건의 진정 사건을 담당해 그중 500여 건에서 인권침해를 인정하는 인용결정을 했다.

마지막으로 초대 군인권보호관으로서의 활동. 2021년 말 「인권위법」 개정으로 군인권보호관 제도가 도입되자 나는 초대 보호관으로 임명되었다. 어렵게 군인권보호관 업무의 틀을 마련했고, 전국의 여러 부대를 돌아다니며 군의 인권상황을 직접 눈으로 확인하고 관련 책임자들과 간담을 가졌다. 또한 군에서 일어나는 사망 사건과 성폭력 사건에 적극적으로 대응했다.

능력 밖 공직에 가는 것은 지식인의 죄

나는 이제까지 변호사, 인권위 국장과 상임위원, 교수 등을 거치면서 인권 문제에 천착했다. 내 의식 속에는 확고한 정치적 견해가 있으나 이제껏 단 한 번도 정치권과 연결해 어떤 직을 탐하거나 권력을 좇는 일을 해본 적은 없다. 그저 법률가로서 할 일을 하고 그것을 글로 정리하는 담백한 삶이 전부라고 해도 과언이 아니다. 7년 전 55세에 쓴 『경계인을 넘어서』에서 나는 우리나라 지식인에 대해 한마디 한 적이 있다. 한국의 지식인은 어떤 사회적 책무가 있는가.

1. 능력을 쌓자. 그것은 단지 기술적·기능적 지식을 의미하지 않는다. 이 나라와 인류사회의 미래에 도움이 되는 지식을 연마해야 한다.
2. 행동하자. 지금 살아 있는 현재에서 적극적으로 행동하자. 진실을 말하고, 그것을 글로 옮기자. 그렇게 하기 어렵다면 적어도 돈과 권력에 양심은 팔지 말자.
3. 적재적소에서 활동하자. 학문 세계에 있는 지식인들은 세상을 위해 몸을 일으킬 수 있지만 어디까지나 자신의 능력에 맞는

곳에 가서 능력을 발휘하자. 설혹 권력자가 높은 벼슬로 부른다 해도, 그것이 자신의 능력에 맞지 않는다면, 일언지하 거절할 수 있는 양심 정도는 갖고 살자.

이 말은 언제나 유효하다. 2020년 초 인권위에 들어갈 때도 마찬가지였다. 사실 이때 고민이 많았다. 인권위가 어떤 곳인지 잘 알기 때문에 오히려 갈 마음이 크지 않았다. 차관급 정무직 공무원 대우를 해주지만 인권위 상임위원의 일은 다른 차관급과는 비교가 안 될 정도로 많다. 그것도 입으로만 하는 게 아니라 직접 손으로 써야 하는 일이 많다. 수많은 회의에 참석해야 하고, 또 많은 회의를 직접 주재해야 하며, 셀 수 없는 결정문을 써야 한다. 책임감이 있는 사람이 가야 하는 자리이지만 그 책임감이 본인에게는 독이 되는 자리일 수 있다. 자칫 건강을 해칠 가능성이 있고, 열심히 일해도 좋은 평가를 받기가 쉽지 않다. 그런 이유로 고민을 거듭하다가 막판에 지원했다. 그것은 인권위원의 일이 내가 위에서 말한 지식인의 출사 원칙에 그대로 부합했기 때문이다. 외람되지만 나는 당시 이런 생각을 했다. '대한민국에서 나만큼 인권위원 일을 잘할 수 있는 사람은 없다. 3년간 그곳에 가서 인권위원이란 이렇게 일하는 사람임을 보여주자.'

생각은 깊게, 삶은 단순하게

나는 평소 건강한 몸을 위한 운동, 지적 근육을 기르는 독서, 그리고 세상이라는 거대한 책을 읽는 여행. 이 세 가지가 자유인으로 살아가기 위해 필수로 해야 하는 일이라 여겨왔다. 나를 소개하는 의미에서 그것들을 여기에서 좀 더 설명해야 할 것 같다. 이 세 가지가 사실나의 일상 모습이기 때문이다.

운동해서 건강하자! 몸은 정신의 물적 기초다. 몸과 정신은 분리되어 있지 않다. 몸이 부실하면 결국 정신도 부실하다. 그러니 강건한 정신을 유지하려면 몸 또한 부단히 강건하게 만들어야 한다. 꼭 몸짱이 될 필요는 없다. 그저 팔다리 튼튼하고 허구한 날 잔병으로 병원 신세 지는 것에서 해방되어야 한다. 그러나 그 정도의 건강도 노력하지 않으면 쉽게 얻을 수 있는 게 아니다. 음식은 절제하고 많이 걸어야 한다. 젊어서부터 팔굽히기, 윗몸 일으키기 등을 열심히 해서 몸에 근육을 붙여야 한다. 돈 들이면서 운동할 필요도 없다. 이건 순전히 습관의 문제다. 아침에 일어나 간단한 스트레칭과 근육 운동을 하자. 출퇴근 시간과 저녁시간을 이용해 걸어보자. 나는 지난 20여 년 간 가급적 많이 걸으려고 노력했다. 특별한 사정이 없는 한 차를 운전하지 않고 대중교통을 이용했고 주말이면 긴 산책을 한다. 그것이 환갑, 진갑이 넘은 이 나이에도 튼튼한 다리를 가지게 된 비결이다.

책을 읽자! 독서는 정신을 기르는 데 있어 필수 양식이다. 이것 없이는 어떤 정신도 기를 수 없다. 안중근 의사가 말했다 해서 회자하는 '하루라도 책을 읽지 않으면 입에서 가시가 돋는다(一日不讀書口中生荊棘)'를 항상 가슴에 품고 살아야 한다. 품격 있는 삶을 살고자 하면 반드시 책을 읽어야 한다. 책은 습관이기 때문에 나이 들어 갑자기 읽으려면 어럽다. 어릴 때부터 꾸준히 책을 읽어 버릇을 키워야 한다. 부모와 선생님은 이 부분에 관심을 가져야 한다. 영어, 수학을 아무리 잘해도 소용없다. 시간이 지나면 남는 것은 독서밖에 없다. 내 인생을 돌아볼 때 내가 만일 법률가가 된 것에 만족해 법률 외의 독서에 등한했다면 어떻게 되었을까? 필시 내 삶의 만족도는 크게 떨어졌을 거라 생각한다. 아마 이런 글을 쓸 기회는 전혀 없었을 것이다.

여행을 하자! '독서는 앉아서 하는 여행, 여행은 걸어 다니는 독서.' 세상과 자연은 어쩌면 거대한 책이다. 그 책을 읽는 게 여행이다. 이것은 독서를 통해 머리에 입력된 것을 현실 속에서 내 눈과 내 가슴으로 직접 확인하는 과정이기도 하다. 여행을 많이 하면 할수록 앉아서 했던 독서는 내 살과 피가 된다. 여행을 하라는 것은 현실을 직시하라는 의미이도 하다. 독서가 아무리 중요해도 삶 그 자체를 놓치면 공허하다. 현실과 이상을 일치시키려는 노력이 바로 여행이라는 움직이는 독서다. 도시에 사는 사람이라면 우선 집을 나가 동네를 돌아다녀 보라, 도시 이곳저곳을 돌아보라. 의외로 새롭게 발견하는 것이 많을 것이다. 국내 여행을 떠나보라, 대한민국이 비록 좁은 땅이지만 가본 데가 도대체 몇 곳이나 될까. 대한민국도 보면 볼수록, 가면 갈수록 새로운 곳이 많음을 알 수 있다. 기회가 되면 세계로 나가보라. 넓은 세계로 나가 '보편적 존재로서의 나'를 경험해보자. '나'라는 존재와 다른 세계에서 만나는 '그'는 결코 '남'이 아니다. 우리는 모두 지구라는 공간에 사는 형제요, 자매다. 이런 생각 때문에 나는 기회가 있을 때마다 배낭을 짊어지고 세상을 주유해왔고 그 감동을 세상 사람들과 공유하기 위해 글쓰기를 게을리하지 않았다.

나에게 어떻게 하면 인간은 자유로울 수 있느냐고 묻는다면, 이렇게 답할 수밖에 없다. 그것은 '운동해서 몸을 튼튼히 하고, 그것을 기초로 책을 읽어 지식을 쌓고, 몸을 움직여 세상을 주유하는 삶'이라고. 그렇게 함으로써 우리는 좀 더 완성된 존재가 될 수 있다. 이것이 바로 내가 평생 해왔던 공부의 과정이었고 누구에게나 권면하는 '생각은 깊게, 삶은 단순하게'를 실천하는 방법이었다.

나는 이런 교양서를 썼다

앞에서 언급했듯이 독서는 나의 삶에서 무엇보다 중요했다. 내가 평범한 법률가의 삶을 살지 않고 지금과 같은 삶을 살아가는 데 있어 독서만큼 큰 영향을 준 것은 없다. 내 독서 역사에서 가장 중요했던 시기는 묘하게도 군대 시절이었다. 대학 시절에는 그저 고시 공부에 열중하다 보니 변변한 책 한 권 읽지 못했다. 그러다가 군대 3년 정훈장교를 하면서 인식의 지평을 새롭게 하는 많은 사회과학 도서를 읽었다. 이 당시 이념 교육 담당장교라는 지위를 이용해 일반인들은 접근하기 힘든 금서도 많이 읽었다. 군대 제대 후 15년간은 생업과 새로운 공부에 매달리다 보니 깊은 독서를 하기 어려웠다. 2006년 학교로 옮기고 나서야 본격적으로 독서를 하기 시작했다. 매년 100권씩 읽는다는 목표로 독서를 해왔는데 그게 벌써 17년이 되었다. 인권을 그저 육법전서나 법률 서적으로만 보지 않으려고 노력했다. 인간이 어떤 존재인지, 어떻게 살아가야 하는지를 물으면서 그 속에서 인간의 권리를 생각했다. 내가 교양서를 쓰는 이유도 이런 나의 깨달음을 일반 시민들과 나누기 위함이다. 독서와 여행을 통해 얻은 새로운 지식을 정리하고 이를 책으로 엮는 것이다. 2010년부터 그렇게 해왔고, 그러면서 지금까지 여덟 권의 교양서를 썼다. 독서에 관한 책으로는 『책으로 세상을 말하다』(2010), 『자유란 무엇인가』(2016), 『궁극의 독서』(2020), 『자유의 인문적 사색』(2023), 여행 및 역사에 관한 책으로 『문명과의 대화』(2013), 『로마문명 한국에 오다』(2014), 예술에 관한 책으로 『빈센트 반 고흐 새벽을 깨우다』(2015), 에세이 모음집으로 『경계인을 넘어』(2016)가 있다. 앞으로 이 작업은 계속될 것이다. 아마 2028년 초부터 시작되는 나의 정년 후 삶은 법률가로서의 일보다는 교양서를 쓰는 저술가로서의 일이 되리라고 예측한다.

2장

인권침해 피해자의 절규에 응답하다

필자가 주재했던 군인권보호위원회.
2022년 7월 1일 출범 제 1차 회의 장면

인권위° 상임위원은 세 명이다. 상임위원들끼리 우스갯소리로 이렇게 말한다. "소위 업무만 없으면 인권위 상임위원도 할 만한데……(웃음)." 이 말은 진정 사건을 처리하는 소위원회 업무가 그만큼 부담스럽다는 뜻이다. 인권위에서 매년 접수되는 진정 사건이 약 1만 건 정도다. 이 사건들은 접수 초기에 조사대상이 안 되는 등 형식적 요건을 갖추질 못하면 각하 처리된다. 이 과정에서 상임위원들은 소관 업무의 최종책임자로서 각하 여부를 결정한다. 이런 업무는 매일 일어나는데 많을 때는 하루에 열 건 이상을 처리해야 한다. 각하의 고비를 넘긴 사건들은 조사관들의 조사를 거쳐 해당 소위원회°°에 제출된다. 상임위원은 소

● 　인권위의 업무를 간단히 소개한다. 「인권위법」 제19조는 인권위의 업무를 다음과 같이 규정하고 있다.
　① 인권에 관한 법령(입법과정 중에 있는 법령안을 포함한다)·제도·정책·관행의 조사와 연구 및 그 개선이 필요한 사항에 관한 권고 또는 의견의 표명 ② 인권침해행위에 대한 조사와 구제 ③ 차별행위에 대한 조사와 구제 ④ 인권상황에 대한 실태 조사 ⑤ 인권에 관한 교육 및 홍보 ⑥ 인권침해의 유형, 판단기준 및 그 예방 조치 등에 관한 지침의 제시 및 권고 ⑦ 국제인권조약 가입 및 그 조약의 이행에 관한 연구와 권고 또는 의견의 표명 ⑧ 인권의 옹호와 신장을 위해 활동하는 단체 및 개인과의 협력 ⑨ 인권과 관련된 국제기구 및 외국 인권기구와의 교류·협력 ⑩ 그 밖에 인권의 보장과 향상을 위해 필요하다고 인정하는 사항.
　이상의 업무는 일반적으로 인권제도 개선, 인권침해 조사구제, 인권교육 및 홍보로 나눌 수 있는 바, 이를 인권위 3대 업무라고 한다.

●● 　현재 인권위에는 세 명의 상임위원들이 소위원장을 맡는 여섯 개의 소위원회가 있다. 소위원회는 각각 침해구제제1위원회(약칭 1소위), 침해구제제2위원회(약칭 2소위), 아동인권위원회, 차별시정위원회, 장애자별시정위원회, 군인권보호위원회라고 불린다.

위원회의 위원장으로서 이 사건들을 처리해야 한다. 사전에 제출된 사건의 전모를 파악하고 사안의 방향을 정한 다음 소위원회 회의를 소집해 비상임위원 두 명과 심의를 해 인권침해 여부를 결정한다. 소위원회 준비를 위해 읽어야 할 자료가 적게는 수백 쪽, 많게는 천 쪽에 이른다. 소위원회가 열리기 전 주말에는 이 자료를 읽지 않으면 안 된다. 거기다가 소위원회 회의는 많은 사건을 처리하다 보니 기본적으로 길 수밖에 없다. 물론 소위원장의 주재 방법에 따라 그 시간을 줄일 수도 있지만, 그래도 짧게는 두세 시간, 길게는 여섯일곱 시간이 걸린다. 불가피하게 소위원장의 볼 점유율이 높을 수밖에 없다. 그렇게 하지 않으면 밤을 새워도 회의는 끝나지 않을 것이다. 소위원회에서 인권침해를 인정하는 경우 법원 판결문과 유사한 결정문을 작성해야 한다. 바로 이 일이 어려움의 백미다. 판사들에게 판결문 쓰는 게 큰 일인 것처럼, 인권위에서는 결정문 쓰는 게 가장 큰 일이다. 나는 소위원회 활동을 임기 동안 여섯 개 소위원회 중 네 개를 이끌었다. 1년 6개월은 침해구제제1위원회(1소위) 한 개만, 1년은 침해구제제2위원회(2소위)와 아동인권위원회를, 마지막 7개월은 침해구제제1위원회와 군인권보호위원회를 주재했다. 내가 담당한 소위원회 사건 수는 대략 총 5,000~6,000건, 그중 약 10% 가까운 사건에서 인권침해를 인정했다. 그러니 결정문을 쓴 게 500여 건 정도. 정확하진 않지만 인권위 20년 역사에서 이렇게 많은 결정문을 쓴 상임위원은 없으리라 생각한다. 원 없이 일한 것 아닐까. 그렇게 다시 하기는 어려울 것이다. 만약 그렇게 두 번 했다가는 분명 제 명에 살기는 어려울 것이다. 나는 일기장 곳곳에 회의를 주재하는 일이 얼마나 어려운지 생생하게 기록해두었다.

오후 2시에 소위원회가 열렸다. 100건이 넘는 사건이 심의를 기다리고 있다. 저 사건들을 전부 처리할 수 있을지……. 그것도 졸속이라는 소리를 듣지 않고 적정하게 처리할 수 있을지……. 두 시간 동안 15~16명의 이해관계인 진술을 듣고 인용 안건에 결론을 내기 시작했다. 6시까지 혼신의 힘을 냈지만 여덟 건을 처리하는 데 그쳤다. 휴식 시간을 갖지 않으면 안 된다는 생각에 30분 쉬면서 샌드위치로 요기를 했다. 6시 반. 남은 인용 안건 세 건 처리에 들어갔다. 7시 반에서야 모든 인용 안건 심의가 끝났다.

이제부터는 70건이 넘는 기각 안건을 처리해야 한다. 며칠 동안 기록을 읽고 수많은 포스트잇을 붙여 놓은 상태다. 문장이 잘못된 것, 논리가 맞지 않는 것, 법리가 이상한 것, 잘못 조사한 것, 아예 재검토해야 할 것 등등. 안건 자료가 세 권의 책자로 편철되었는데 몇몇 담당자들이 사정이 있다며 먼저 진행해줄 것을 요청해와, 순서를 바꾸어 안건을 처리하다 보니 앞선 사건의 담당자들이 자리를 떴다. 그것을 뒤늦게 알고 조사관들에게 퇴근을 해서는 안 된다고 고지했지만 이미 몇몇은 퇴근한 상태. 과장들을 상대로 관련 안건을 지적했지만 보고서에 정확히 반영될지 모르겠다. 회의는 밤 9시가 되어서야 끝났다. 참석자 모두 기진맥진. 물론 가장 어려운 이는 누가 봐도 소위원장인 나다. 일곱 시간 회의 중 나 혼자 말한 양이 6할은 될 테니.　　　　_2020. 04. 26.

어제 2소위 회의는 나의 육체적 한계를 보여주었다. 회의 마지막에는 혀가 꼬이고 머리가 정지된 느낌이었다. 100여 건의 사건을 네 시간 반 만에 처리했다. 검토과정에서 인용 안건 내용에 크게 문제가 없어 보여 두어 시간 내에 결론을 내고 나머지 시간 기각 안건을 처리하면 일과 시간 내인 6시쯤 끝낼 수 있으리라 생각했는데, 의외의 복병이 많았다. 화장실에 가기 위해 10분 정도 휴식을 한 것 외에는 꼼짝 안 하고 안건을 심의했다. 매번 이렇게 진행하면 안 된다고 생각하지만 회의를 하다 보면 어쩔 수 없이 원래의 계획을 잊고 만다. 어제는 연휴 전날이라 조사관들 마음도 다들 다른 곳에 가 있었을 텐데⋯⋯. 최선을 다하는 내 마음을 알아나 주었으면 좋겠다. 다음 회의부터는 기각 안건의 경우 회의장에서 말해야 할 내용을 최소화해야겠다. 결론을 바꿔야 할 안건과 관행을 바꾸기 위해서 꼭 지적해야 하는 안건에 대해서만 말하고, 나머지는 위원들에게 위임 받아 회의장 밖에서 조용히 담당자들에게 전하고 수정보고서를 쓰도록 해야겠다. 이 원칙을 고수하지 못하면 물리적 한계 상황에서 내가 결국 백기를 들을 수도 있겠다. 나는 지금 20대도, 30대도 아니다. 60 초로의 중늙은이임을 스스로 인정해야 한다.   _2021. 09. 18.

박원순 시장 사건

인권위 3년을 회고하면서 제일 마음 아픈 순간을 꼽으라면 역시 박원순 전 서울시장 성희롱 사건을 심리했을 때일 것이다.[•] 박 시장은 내 민변 선배로서 젊은 시절부터 지금까지 내 삶에 적잖게 영향을 끼친 인물이다. 그는 인권변호사였고 시민운동가였으며, 그것을 넘어 세상을 바꾸는 소셜 디자이너였다. 그가 행한 수많은 선한 일은 손으로 꼽을 수가 없다. 그 일이 벌어지지 않았다면 분명 그는 21세기 대한민국을 대표하는 인물로 평가받는 데에 전혀 손색이 없었을 것이다. 그런 그가 믿지 못할 일에 주인공이 되어 결국 그를 존경하는 사람들에 의해 단죄되는 상황에 이른 것이다. 사실 나는 이 사건의 내용에 대해서는 그리 많이 알지 못한다.

이 사건은 소관 소위인 차별시정위원회가 1차 심의를 한 다음 사안의 중대성을 고려해 소위 의결을 피하고 전원위로 회부되었다. 이런 이유로 조사과정은 물론 소위 심의 과정도 알지 못했다. 내가 관여한 것은 이 사건이 전원위에 올라온 이후라 매일 적는 일기에도 전원회 회의 전에 이 사건에 대해 언급해놓은 부분을 찾을 수가 없다. 그러니 내가 지금 이 사건의 진실에 대해 이런저런 이야기를 하는 것은 적절치 않

[•] 인권위는 2020년 1월 25일 전원위원회 의결을 통해, 박시장이 행한 성희롱 등에 대한 직권조사에 대해 심의·의결했다. 인권위는 박 시장이 업무와 관련해 피해자에게 행한 성적 언동은 「국가인권위원회법」에 따른 성희롱에 해당한다고 판단하고, 서울시 등 관계기관에 피해자 보호 및 재발방지를 위한 개선 권고 등을 결정했다. 이에 대해 서울시 등은 인권위에 권고 내용을 모두 수용한다고 인권위에 통보해왔다.

다. 나는 그저 전원위에서 이 사건이 심의될 때 어떤 마음으로 임했는지 정도만 말할 수 있을 뿐이다. 이 사건은 2021년 1월 25일 전원위에서 논의되고 의결되었다. 나는 다음날 새벽 그 상황을 이렇게 기록했다.

어제는 종일 피로한 하루였다. 마음이 아프기도 했다. 내가 존경하는 고 박원순 시장의 비위를 판단하는 시간. 수개월 간 이어졌던 이 사건의 특조단 조사가 끝나고 지난해 말 차별시정위에서 1차 심의를 마친 안건이 전원위에서 최종 논의된 것이다. 이 안건 논의를 위해 몇 날 며칠을 생각했다. 어떤 사실을 인정할 수 있고 어떤 결론을 내야 하는가? 나는 회의 모두에 이런 말을 했다.

"박원순은 누구나 인정하는 우리나라 최고의 사회운동가, 인권 변호사 출신의 4선 서울시장이었습니다. 그의 업적은 우리 사회 이곳저곳에서 여전히 빛나고 있습니다. 그런 그가 고인이 되어 우리 앞에서 오늘 판단을 받습니다. 안타까운 마음 금할 수 없습니다. 하지만 저는 이 순간, 인권위의 사명과 역할을 다시 한번 되새겨 봅니다. 인권위는 인권신장을 위해 만들어진 국가기관으로서 인권침해 여부를 판단함에 있어서는 그 대상이 어떤 사회적 지위나 명성이 있다고 해도 공정해야 합니다. 그런 면에서 고인의 공적과 과오의 구별은 엄격해야 합니다. 공이 과를 가릴 수 없고, 과 또한 공을 가리도록 해서는 안 됩니다. 불편부당한 입장에서 국민들의 인권위에 대한 기대에 부응하고자 합니다."

다섯 시간의 마라톤 회의는 쟁점별로 논의되었다. 성희롱 쟁점에서는 피해자가 주장하는 여러 성적 언동 중 일부 사실을 인정하고, 그것이 성희롱에 해당된다고 결론을 내렸다. 비서진 등의 묵인 방조는 사실을 확인하지 못했고, 4월 사건(2019년 피해자가 비서관 중 1인에 의해 강간당했다는 사건)에 대해서는 서울시가 제대로 대응하지 못했다고 보았다. 박 시장이 고소당하는 시점에서 그 사실이 박 시장 측에 들어간 것에 대해서는 관련 기관 및 이해관계자의 진술 거부로 사실을 확인하지 못했다. 중요한 사실 중 하나는 서울시 비서실이 구조적으로 성적 고정관념에 의해 비서 운용을 하고 있다는 것. 젊은 여성만을 시장의 지근 거리에서 비서 업무를 하는 것은 성희롱 등에서 무방비하다는 사실을 반증한다. 이런 사실들을 인정하면서 서울시, 여가부 등에 관련 권고를 했다.

다섯 시간이 넘는 회의가 끝나고 기진맥진한 상태에서 인권위를 벗어났다. 지난밤 셀 수 없는 기사들이 나왔다. 이제 국민들이 평가할 시간이다. 나름 최선을 다해 조사하고 거기에 맞는 해법을 찾아보려고 했지만 부족하다고 평가하면 그것은 인권위의 능력 문제다. 겸허하게 받아들여야 할 일이다. 시종일관 우울했다. 심의가 끝나갈 무렵에는 갑자기 눈물이 나왔다. 아직도 서울 이곳저곳에서 박원순의 손길을 발견한다. 그 참신한 아이디어, 문화의 불모지에 심어놓은 수준 높은 문화의 향기…… 당분간 이런 광경을 만들 이는 없을 것이다. 그런 그를 이렇게 보냈다. 안타깝고 한

스럽기 그지없다. 그러나 공은 공이다. 내가 어제 말했다시피 그에게 과가 있었다고 해도 그것이 공을 가리지는 않으리라 본다. 그가 서울시를 위해 해놓은 업적은 길이길이 평가받을 것이다.

_2021. 01. 26.

박 시장 사건은 이 의결로 끝나지 않았다. 그 후에도 여진이 계속되었다. 유족이 인권위 결정이 부당하다고 해 행정소송을 제기해 법정 다툼으로 이어졌다. 인권위에서 이 소송을 보고 있자니 가슴이 아팠다. 유족과 피해자의 가운데에 서서 사안의 진실이 무엇인가에 대해 고민해보기도 했지만 그보다 내 가슴을 짓누른 것은 한 사람을 어떻게 평가할 것인가의 문제였다. 박원순에 대해 존경의 염을 표하면 그것만으로 거부감을 갖는 사람들이 있다. 더욱 이 사건을 담당한 인권위원이 그런 말을 하면 인권위 결정의 공정성까지 문제 삼을지도 모르겠다. 대개 큰 과오를 범하면 그가 오랜 기간 만든 업적마저 가려진다. 그게 세상의 인심이다. 하지만 공과 과를 동시에 살펴야 할 사람도 있다. 공이 큰 사람에 대한 사회의 예우가 작동하기 때문이다. 이 또한 세상의 인심이다. 대표적인 예가 박정희 아닐까. 그는 독재를 해 수많은 사람에게 고통을 주었다. 그럼에도 많은 사람이 그를 잊지 못하고 추모하지 않는가. 그에게 대한민국 근대화의 공을 돌리면서 말이다. 박원순에게 적어도 박정희에게 주는 평가를 한다고 그것을 탓할 수 있을까. 나는 그리할 수 없다고 생각한다. 삼가 박원순 시장의 명복을 빈다.

변희수 하사 사건

인권위에 있으면서 성소수자 사건을 몇 건 다루었지만 그중 단연 내 머리를 지배하는 것은 트랜스젠더 변희수 하사 사건이다. 이 사건은 여군으로 근무하던 변 하사가 군복무 중 상관의 허락을 받고 태국으로 가 성전환수술을 했던 것인데, 수술 후 군은 그의 복무를 인정하지 않고 전역처분을 해버렸다. 이 사건이 군인권센터의 진정을 통해 인권위에 사건이 접수된 때는 내가 인권위에 막 들어갔던 바로 2020년 1월. 육군이 그의 전역심사를 하게 되자 이것을 막아달라는 긴급구제 안건이 논의되었다.

오후 3시 긴급 상임위원회가 열렸다. 트랜스젠더 부사관이 성전환수술로 인해 전역심사를 앞두고 있다는 것이었다. 법원의 성별정정허가신청 사건이 끝날 때까지 전역심사위 개최를 연기해달라는 내용이었다. 나는 이 사건은 긴급구제의 요건인 인권침해의 현재성과 구제의 필요성을 갖추었으므로 육군에 전역심사위 개최연기를 권고해야 한다는 데에 동의했다. 다만 잠정적인 조치로서 언제까지 연기하는 것이 맞는가가 쟁점이었는데, 처음에는 본안 진정의 결정 때까지로 주장했으나, 그 기간이 막연하다는 지적에 따라 결국 조사규칙에 따른 진정 사건 처리 기간(3개월)까지 연기하는 것으로 권고했다. _2020.01.25.

그러나 육군은 다음날 전역심사위를 열고 인권위의 긴급구제 권고를 무시한 채 해당 부사관의 전역을 결정했다. 안타까운 일이지만 인권위는 이 사건에 대해 본안조사를 해 결론 내야 할 입장이었다. 조사는 2020년 한 해가 거의 끝나는 무렵 끝나 그해 말 내가 담당하는 2소위에 상정되었고, 나는 이 사건의 의미가 크다는 판단하에 전원위에서 결론을 내자고 제안해, 결국 이 사건은 전원위로 회부되었다. 전원위는 이 사건에 대해 바로 결론을 내지 못하고 두 차례에 걸쳐 논의를 했다. 인용 여부가 문제가 된 것은 아니고 어떤 논리로 인용할 것인지가 문제가 되었다. 그에 대해서는 이런 기록이 남아 있다.

오후에는 군인권 과장과 ○○○ 조사관을 불러 전원위에서 재상정을 요청한 안건에 대해 토의했다. 트랜스젠더 육군 변 하사 전역처분 사건. 나는 전원위에서 위원들이 제기한 것을 토대로 이 사건 보고서를 두 가지 쟁점으로 정리해 보완하라고 지시했다. 하나는 이 사건 전역처분(정확히는 퇴역처분)이 법적 근거가 없는 것으로서 적법절차에 위반되고 직업의 자유를 침해한다는 것. 또 하나는 이 사건의 본질이 트랜스젠더로서 성전환수술을 한 사람에 대한 차별이라는 것. 성전환수술을 해 여자가 되었음에도 여자로 인정하지 않고 (남자라는 것을 전제로) 심신장애(고환 및 음경 상실)로 판단한 것은 성전환을 한 여성에 대한 차별이라는 것이다. 담당과장과 조사관에게 내 뜻이 정확히 전달되었으리라 본다. 이로서 우리 위원회의 최초 트랜스젠더 진정 사건에서 인용결정을 할 수 있는 논리를 만들어냈다. _2020. 10. 29.

변 하사의 전역처분에 대한 인권위의 판단은 2020년 12월 내려졌다. 결정문 작성의 책임자는 관련 소위원장인 내가 맡기로 했다. 그날의 기록은 이렇다.

오늘 안건 중에서는 두 건이 기억에 남는다. 한 건은 트랜스젠더 변 하사 진정의 건. 이 건은 재상정된 것인데 오늘 결론을 냈다. 변 하사에 대한 전역처분은 법적 근거가 없는 것으로 법률유보 혹은 적법절차에 위반된다는 것. 다만 논란이 좀 있었다. 이 건에 법률 유보 위반을 적용해야 할지 아니면 적법절차 위반을 적용해야 할지에 대해서다. 나와 정문자 위원은 후자 입장이었고, 이준일 위원과 김민호 위원 등은 전자 입장이었다. 토론 끝에 두 가지 모두를 적용하도록 했고, 내가 결정문 작성 주심으로서, 논의를 적절히 반영하겠다고 약속했다. _2020. 12. 14.

이 사건은 이것으로 끝나지 않았다. 다음 해 3월 어느 날 밤, 군인권센터 임태훈 소장이 페이스북에 글을 하나 올렸다. 충격적인 소식이었다.

잠들기 직전 페북을 보니 변희수 하사가 사망했다는 군인권센터 임태훈 소장의 글이 올라와 있었다. 안타까운 일이다. 변 하사의

결정을 이끈 사람으로서 애도를 표한다. 트랜스젠더로 산다는 것
이 얼마나 어려운 일인지……. 아침에 일어나 보니 원 비서가 오늘
위원장 성명을 내야 할 것 같다고 성명 초안을 보내왔다. 오늘 출
근해 이 문제부터 처리해야겠다.   _2021. 03. 04.

다음날 이 사건이 계속 내 머릿속을 지배했다.

상임위 회의 중 위원장에게 변 하사 사망과 관련해 애도 성명을
내달라고 말했다. 위원장도 마음이 아프다며 얼마 전 성소수자
에 대한 성명이 나갔는데…… 하면서 난색을 표한다. 장례식장에
는 군인권과 실무자를 보낼 것이라고 한다. 점심 후 정문자 위원
이 상의를 하자고 해서 만나보니 변 하사 건에 대해 말한다. 자신
이 보아도 그냥 넘어갈 수는 없으니 인권위에 무지개 깃발을 달자
고 제안한다. 나보고 위원장에게 한번 이야기해달라는 것이다. 내
가 그것은 위원장을 더 부담 가게 할 테니 애도를 표하는 보도자
료를 내는 게 어떻겠느냐고 말했다. 정 위원도 동의해 함께 위원
장을 만나 뜻을 전달했다. 위원장도 좋다고 말한다. 저녁 무렵 위
원장의 애도 성명 기사가 나왔다.   _2021. 03. 05.

변 하사는 세상을 떠났지만 변 하사 측이 제기한 전역처분 취소
소송은 계속되고 있었다. 2021년 어느 날 신문에 이 사건 1심을 담당한
대전지방법원의 판결 소식이 나왔다. 원고 승!

점심 무렵 기사가 나왔다. 대전지법에서 트랜스젠더 변희수 사건 판결선고를 한 것이다. 원고 승. 신문에 보도된 내용은 우리 위원회 결론과 다소 다르지만 크게 보면 다르지 않다. 트랜스젠더 역사에서 큰 획을 긋는 판결이다. 우리 위원회의 결정이 판결 결과에 상당한 영향을 끼쳤으리라고 생각한다. 주심으로서 결정문을 쓴 나에게도 큰 의미가 있는 사건이다.   _2021. 10. 08.

그러나 이 사건은 이것으로 끝나지 않았다. 내가 인권위를 나오는 마지막 날까지 이 사건의 후속 시리즈는 계속되었고, 결국 내가 담당해야 하는 운명이었다. 다음은 퇴임을 며칠 남기고 있었던 일에 대한 기록이다.

다음 주 화요일에 개최되는 군인권보호위의 회의 자료가 올라왔다. 인용 건이 다섯. 그중에는 꽤 의미 있는 건이 보인다. (중략) 고 변희수 하사에 대한 순직 처리의 건. 변 하사가 전역처분이 취소되었음에도 불구하고 복직이 이루어지지 않자 자살했고, 군사망사고진상규명위가 이를 순직 처리하라고 권고했음에도 불구하고, 국방부는 일반사망으로 처리했다. 피해자 측은 이 잘못을 시정하기 위해 인권위에 문을 다시 두드렸다. 이 사건은 나와 인연이 크다. 3년 전 변 하사의 전역처분 건에 관해 상임위는 긴급구제결정(본 결정을 할 때까지 전역처분을 늦춰 달라는 결정)을 했고, 이어서 전역처분이 인권침해에 해당한다는 결정을 한 바 있다. 나는 이때 담당 소위원장으로서 두 결정 모두 주심으로 활동했다.
그런데 퇴임을 앞두고 순직으로 인정해달라는 사건까지 내가 맡
으니 이보다 더 깊은 인연이 없다. 이렇게 된 데에는 사건의 진정
인 측에서 사건 처리를 내 임기 내에 해달라는 요청이 상당히 컸
기 때문인 것 같다. 다른 사건이라면 이런 요청을 그냥 넘겼겠지
만 담당자도 이 사건의 의미를 알기에 어떻게 해서라도 내 퇴임
전 안건을 올리려고 노력했다. 담당자를 불러 안건을 점검한 다
음 약간 미진한 부분은 결정문을 작성하는 과정에서 정리하자고
했다. _2023. 01. 26.

퇴임 닷새를 남기고 마지막 군인권보호위원회가 열렸다. 거기서
이 사건이 논의되었다.

다음 안건은 고 변희수 하사 사건. 변 하사가 자살을 한 이후 유
족은 이 자살을 순직 처리해달라고 요구했지만 군당국은 일반사
망으로 처리했다. 이 안건을 인권위가 국방부에 순직 처리를 권고
할 것인가가 핵심이다. 예상 외로 안건 처리에 난항이 있었다. ○
○○ 위원은 자신은 순직처리하는 데에 반대한다면서 전원위에
서 결론을 내자고 한다. 그런 결론을 낼 수 없다는 생각에 비장한
각오로 ○○○ 위원을 설득했다. 반대하는 이유가 인용 논리가
마음에 들지 않아서라면 내가 결정문을 통해 논리를 보강하겠다
고 약속했다. 그러자 ○○○ 위원은 마지못해 동의했다. 가까스

로 합의에 이른 것이다. 이로써 변희수 하사 사건은 전역처분에 대한 진정, 그리고 이번 진정, 모두 내 손으로 끝냈다. 깊은 인연이라고 생각한다.   _2023. 01. 31.

변희수 하사 사건은 내게 트랜스젠더의 인권 문제를 각인시키는 직접적인 계기가 되었다. 거기다가 이 사건을 처리하는 중 한 권의 책을 읽었는데 이것도 내게는 의미가 컸다. 미국에서 상담심리학을 공부하고 있는 큰딸이 어느 날 카톡으로 이 책을 소개한 것이다.

딸이 추천한 책 『오롯한 당신』(김승섭 외, 숨쉬는책공장, 2018)을 다 읽었다. 내게 매우 유용한 내용이었다. 인권 문제를 전문으로 공부하고, 현재 인권기구에서 일하지만 가장 취약하다고 스스로 인정하는 분야가 성소수자 영역이다. 이 책은 성소수자 중 트랜스젠더에 관한 주제를 연구한 연구자 집단(고려대 김승섭 교수가 이끄는 '레인보우 커넥션 프로젝트'에 참여하는 연구자들)의 트랜스젠더 건강 연구를 책으로 엮은 것이다. 동 프로젝트는 두 번에 걸쳐 성소수자 건강 연구를 했는데, 이 책은 2017년 트랜스젠더 인권단체 '조각보'와 함께 성인 트랜스젠더 282명을 대상으로 차별과 건강에 대해 연구를 진행한 결과를 일반인이 이해하기 쉽게 설명한다. 김승섭 교수의 간결한 문체로 설명되는 연구과정을 읽다 보면 트랜스젠더가 무엇이고 그들의 어려움이 무엇인지, 그리고 그들을 위해 무엇을 해야 할지 알 수 있을 뿐 아니라 필자의 인식에도 공감

할 수 있다.

책 1장에서는 연구자들이 어떻게 이 연구를 하게 됐는지에 대한 과정을 설명한다. 트랜스젠더 건강 연구가 전무한 한국사회에서 연구자들이 고군분투한 생생한 과정을 읽을 수 있다. 이런 연구자들이 있기에 소수자의 인권 문제가 사회적으로 드러나고 그들에 대해 차별을 없애야 한다는 사회적 공감대가 가능하다. 그들은 트랜스젠더 차별이 더 이상 심각해져서는 안 된다는 것을 과학적으로 입증하기 위해 이 연구를 감행했다.

2장은 트랜스젠더들이 경험하는 차별의 현장을 정리했다. 트랜스젠더는 어린 시절부터 알게 모르게 고통을 겪는다. 2차 성징이 나타날 즈음부터 법적 성별과 자연스레 생성되는 성적 정체성 사이에서 혼란을 경험한다. 그 과정에서 교사로부터, 친구로부터, 심지어는 가족으로부터 폭력을 당한다. 성별 이분법이 강고한 사회에서 살아가는 이들이 겪는 고통은 그런 것을 전혀 경험하지 못하고 살아가는 사람들에게는 전혀 딴 세상의 이야기다. 가정에서, 학교에서, 직장에서, 군대에서, 공중화장실에서, 투표소에서 이들이 어떤 경험을 하는지 이 책은 매우 간결하지만 알차게 독자에게 알린다.

3장은 이 연구의 본론이라고 할 수 있는 트랜스젠더의 건강 문제를 다룬다. 많은 트랜스젠더는 자신이 찾은 성별로 완전한 삶을 살기 위해 의료적 트랜지션을 원한다. 초기에는 정신과 진단을 받고, 그것을 기초로 호로몬 투여를 한 뒤, 종국적으로 성전환수술을 하고자 한다. 대한민국 사회에서 이 과정을 거친다는 것이 트랜스젠더들에게는 너무나 큰 도전이다. 이들에 대한 사회적 이해가 부족한 것은 일반 시민뿐만 아니라 의료인들도 마찬가지다. 이들을 돌볼 의료인이 절대적으로 부족할 뿐 막대한 의료비는 전적으로 당사자의 몫이다. 얼마 전 우리 위원회가 결정한 변희수 하사 사건 과정에서도 알게 되었지만 그녀는 성전환수술을 태국에서 받고 왔다. 한국에서 적절한 의료진을 만나지 못한 것이다.

책의 마지막 장은 트랜스젠더의 의료적 트랜지션을 직접 담당하는 의사 두 사람의 목소리를 듣는다. 두 의사는 의료 현장에서 의료인으로서 느끼고 경험하는 트랜스젠더 건강 문제를 말한다. 한국사회에 이런 의사들이 있다는 게 매우 귀하고 소중하다. 의료계에서 이들의 목소리는 크지 않다. 그렇지만 이들마저 없다면 한국 트랜스젠더의 앞날은 캄캄했을 것이다. 한국은 아직 의료적 트랜지션에 관한 한국적 프로토콜을 갖지 못하고 있다. 외국에서 만들어진 프로토콜을 가져다가 한국적으로 변용하는 상황인데, 그 완성을 위해서는 더 많은 임상 정보를 모아야 하고 의료인들 간의 노력이 필요하다.

이 책을 읽다 보면 그동안 트랜스젠더에 관한 연구보고서를 소개하는 부분이 나오는데, 거기서 인권위가 발주한 용역보고서도 볼 수 있다. 인권위가 정기적으로 정부에 권고하는 국가인권정책기본계획 권고안에 넣기 위한 인권실태 보고서인데, 그 결론 중 하나는 트랜스젠더의 차별을 막기 위한 방법으로, 트랜스젠더가 의

료적 트랜지션을 하기 위해 의료기관을 찾을 때 들어가는 의료
비용의 건강보험화를 제안한다. 이것이 트랜스젠더 의료적 트랜
지션에서 트랜스젠더들의 가장 큰 소망이고 관련 의료인들의 요
구이기도 하다.

나는 과거 이 문제에 대해 논의할 때 성소수자 차별은 안 되지만
건강보험으로 이들의 의료 비용까지 부담하는 것은 시기상조라
고 생각한 적이 있다. 지금 생각해보니 내 이해가 부족해 나온 결
론이었다. 지금 인권위에서 제4차 국가인권정책기본계획 권고안
이 내 책임하에 준비되고 있는데, 이 분야에 관한 권고를 고려해
야겠다. 가까운 시일 내로 기회를 만들어 이 책의 연구자들을 초
청해 귀중한 연구를 해준 것에 대해 감사함을 표하고 인권위 구
성원들이 함께 이해할 수 있는 장을 만들어야겠다.   _2021. 10. 07.

탈북어민 강제송환 사건

2019년 11월, 북한 어선에서 선장을 포함한 16명을 살해하고 남측
으로 넘어온 어민 두 명을 정부가 판문점을 통해 북송한 사건이 일어났
다. 이 사건은 보수층과 당시 야당으로부터 정부가 대한민국 국민을 박
해받으리라 예상되는 북한으로 돌려보냈다는 인권침해 논쟁을 불러일
으켰다. 결국 보수 변호사단체인 한반도인권과통일을위한변호사모임(이

하 '한변')에서 북송된 어민을 대신해 인권위에 제3자 진정을 하기에 이르
렀다.

정치권에서 문제가 제기되고 보수와 진보가 부딪히는 사건이 진정
으로 들어오면 독립기구인 인권위로서도 그 처리가 쉽지 않다. 어떤 결
론을 내도 그것은 정치권이나 보수와 진보 어느 층으로부터도 신랄한
비판을 받기 일쑤다. 그렇다 보니 사건조사를 하는 사무처도 다른 일
반 사건과 달리 사건 처리에 더 큰 부담을 느낀다. 이 사건도 그런 사건
에 속해서 사무처로서는 신중에 신중을 기하려는 조짐이 보였다. 이 사
건은 내가 담당하는 2소위 소관이라 사무처의 조사과정부터 관심 갖지
않을 수 없었다(소위원장은 일반적인 사건에서는 조사과정에 관여하지 않는
다. 통상 소위원장은 사무처가 사건조사를 끝낸 다음, 소위에 안건을 제출한 이
후에나 소위 심의를 통해 관여한다). 사건조사가 진행되는 과정에서 담당
국과장에게 몇 번 적절한 처리를 강조했다.

이 기회에 한마디 하고자 하는 이유는 이런 사건을 처리할 때 관
련기관으로부터 인권위가 어떤 형태로든 압력을 받지 않을까 하는 세간
의 오해 때문이다. 단언컨대, 내가 임기를 시작한 2020년 1월부터 임기
가 끝나는 2023년 2월까지 어떤 곳으로부터도 사건 처리와 관련해 압력
을 받은 적은 없다. 아마 특정 사건과 관련해 인권위의 결정을 바꾸기
위해 어느 기관이 그런 시도를 했다면 그 자체만으로 큰 문제가 되었을
것이다. 독립기관인 인권위에 그런 시도를 하는 것은 인권위의 존립 근
거를 흔드는 일이기 때문이다. 또 내 성격상 가만히 있었을 리도 없다.
따라서 이 사건의 조사와 결론은 오로지 인권위 구성원들의 자율적인

판단에 기한 것이지 외부로부터의 어떤 영향력과 결부시킬 수 있는 게 아니다.

당시 내가 국과장들에게 몇 차례 강조한 이야기가 내 일기장에 이렇게 기록되어 있다.

인권위의 진정절차는 원칙에 따라 처리되어야 합니다. 진보 측이나 보수 측이나 모두 정치적으로 해석할 수 있는 사건 처리에서는 특히 더 그래야 합니다. 그렇지 않으면 후일 인권위는 큰 위험에 처할 수 있습니다. 어떤 사건이건 원칙에 따라 최선의 결론을 내려고 했음에도 비난받는 것은 우리 위원회의 운명입니다. 하지만 그런 절차를 지키지 않음으로서 받는 비난은 우리 위원회의 존립 근거를 위태롭게 할 것입니다.   _2020. 10. 07.

이런 신중함 속에서 이 사건이 내가 담당하는 2소위에 안건으로 제출된 것은 그해 11월. 소위는 사안의 중대성에 비췄을 때 소위가 결론을 내는 것보다는 전원위로 보내 그곳에서 결론을 내는 게 좋다는 데 의견일치를 보았다. 그로부터 몇 주 후 전원위가 열렸다.

어제 오후 전원위. 안건 두 개가 통과되었다. 하나는 인권위 5개년 행동전략. (중략) 두 번째 안건은 북한선원 강제송환 건. 논란이 예상되어 나는 이 사건에 대해 내 의견을 정리해 회의에 참석했다. 내 의견은 사무처 안대로 '각하 후 의견표명' 안에 동의하는 것이었다. 이 사건은 남북관계의 특수한 환경에서 비롯되는 정보 접근에 한계가 있어 사실관계 전모를 확인하기 힘들어 사실관계 확인을 전제로 처리해야 하는 진정 사건으로 다루어 조사하기 어렵고, 현실적으로 조사하는 것이 부적절한 경우에 해당한다고 보았다. 다만 우리가 이미 조사한 것을 기초로 판단해도 정부의 조치는 우리나라가 가입한 고문방지협약의 강제송환금지 원칙에 반할 소지가 있으므로 각하하더라도 그 문제에 대한 입장은 표명할 필요가 있다고 보았다. 내가 전원위에서 이야기한 의견표명의 이유는 아래와 같다.

① 이 사건은 남북관계의 긴장완화를 통한 남북한 모든 주민의 평화와 안전에 관련된 것이며, 중대범죄 혐의가 있는 진정 피해자들을 우리 사회가 무조건 수용하는 것은 정의 관념에 맞지 않고 그 사법 처리는 범법 행위가 일어난 곳에서 진행되지 않으면 사실상 어려우므로, 정부로서는 부득이 송환할 필요성이 있었다는 상황을 고려하지 않을 수 없음

② 그럼에도 피해자들이 송환되는 경우, 고문받을 위험 등 비인도적 처우에 처해질 것이라고 유엔을 비롯한 국제사회가 지속적으로 북한의 인권상황에 우려를 표하고 있는 점을 고려하면, 정부가 우리 「헌법」 제10조가 보장하는 인간의 존엄성 및 제12조가 보장하는 고문받지 않을 권리, 그리고 우리나라가 가입한 고문방지협약 등 국제인권규범에서 보장하는 권리를 보

호하기 위해, 적절한 노력을 다했는지 의문을 표시하지 않을 수 없음

③ 이 같은 일이 발생한 것은 북한 내에서 범죄를 저질렀다고 혐의를 받는 북한이탈주민에 대해 우리 정부가 어떤 방식으로 수용 여부를 결정할지에 대해 확립된 절차가 마련되지 않은 데서 비롯된 것이므로 향후 인권침해 의혹이 재발되지 않도록 관련 법령 및 제도를 정비하는 것이 필요함

이 의견제시에 대해 대부분 위원이 동의했다. 다만 이상철 위원이 이견을 표명했다. 이 위원은 현재 상황에서도 인권위가 본안판단을 할 수 있으니 인용으로 처리하고 다수의견의 의견표명과 유사한 권고를 하자고 했다. 충분히 말할 수 있는 안이라고 생각했지만 나를 비롯한 다수의 위원은 향후 북한 인권과 관련해 북한 정권을 상대로 하는 다양한 진정이 들어올 수 있는데, 그런 경우에도 조사대상으로 보아 인권위의 조사권을 발동하는 것은 우리 「헌법」의 해석이나 「국제법」 질서에 비췄을 때 무리이고, 자칫 이 사건이 그런 선례가 될 수 있다는 생각에 인용으로 처리하는 것은 적절치 않다고 보았다.

게다가 다수의견과 이 위원의 의견이 크게 다르다고도 볼 수 없다. 이 위원의 안이 비록 사건을 인용하자는 것이지만 권고 내용은 다수의견의 의견표명과 크게 다르지 않기 때문이다. 다수의견은 인용하기는 어려워 사건을 각하하되, 대신 일반적으로 인용의

견에서나 할 수 있는 권고적 성격의 의견표명을 하자는 것 아닌가. 여튼 사건의 결론은 큰 논란 없이 다수의견으로 정리되었고, 결정문 작성 책임은 소위원장인 내가 맡기로 했다. 나는 위원들에게 우리 위원회가 이 사건을 처리하는 데 있어 어떤 고민을 했는지를 보여주겠다고 말했다. _2020. 11. 24.

이 사건은 전원위 의결로 종결되지 않았다. 예상한 대로 진정인 측에서 이의를 제기해 행정심판을 거쳐 결국 행정소송으로 이어졌다. 2022년 3월 서울행정법원은 예상을 뒤집고 원고 승소의 판결을 선고했고,⦁ 이어 인권위가 항소한 사건에서 2022년 10월 서울고등법원은 이를 기각했다. 내 퇴임 전에 이런 일이 벌어졌는데, 이 사건을 대법원으로 가지고 갈 것인지에 대해 내부 토론을 했지만 큰 실익이 없을 거라는 판

⦁ **탈북어민 강제송환 사건 제1심 판결(2022년 3월) 주요 부분**
'진정이 피고가 조사하는 것이 적절하지 아니하다고 인정되는 경우'라는 이 사건 조항의 문언이 다소 추상적으로 규정되어 있기는 하다. 그러나 앞서 본 바와 같이 피고의 설립 목적이 불가침의 기본적 인권을 보호하는 데 있고, 피고의 업무 중 인권침해와 차별행위에 대한 조사 및 구제 부분은 형사절차 등 다른 사법제도를 통한 구제가 어려운 영역을 보호하기 위한 것으로서 성질상 피고에 대한 진정이 최후의 보충적인 구제수단일 가능성이 높다. 피고가 위와 같은 목적 실현을 위해 포괄적이고 강력한 조사권을 부여받고 있고, 이 사건 조항을 제외한 다른 진정 각하 사유가 상당히 구체적으로 규정되어 있는 점을 고려하면, 피고에게 위 조항을 들어 특정 진정 사건을 각하하고 본인 판단의 여지를 차단함으로써 적법하게 신청된 진정 사건을 임의로 가려서 처리하는 것과 다름없는 재량이 부여되어 있다고 볼 수는 없고, 이 사건 조항은 「국가인권위원회법」 제32조 제1항 나머지 각 호의 사유에 준해 '보다 직접적·효과적인 다른 구제수단이 법령상 보장되어 있는 경우' 등의 객관적 사유로 제한해 해석해야 한다고 봄이 타당하다. 따라서 단순한 사실조사의 어려움이나 진정 사건의 정치적 성격으로 인한 판단의 곤란함(피고는 소위 고도의 통치행위로 분류되는 이라크 전쟁 참전이나 최근 우크라이나 사태 등에 대해도 의견을 표명한 바 있다) 등을 이유로 진정을 각하하는 것은 특별한 사정이 없는 한 허용될 수 없다. (서울행정법원 2021구합29 중 일부)

단하에 상고를 포기했다. 결국 이 사건은 인권위 결정이 최종 취소됨으로써 다시 조사절차가 진행되는 상황에 이르렀다. 인권위로서는 뼈아픈 일이지만 인권위 결정이 행정소송의 대상이 된 현실에서는 어쩔 수 없는 일이었다. 문제는 이 사건의 여파가 이 사건에서 그치지 않고 다른 진정 사건에도 영향을 끼치고 있다는 사실이다.

인권위는 그동안 「인권위법」 제32조 제1항 제7호에 따라 진정이 위원회가 조사하는 것이 적절하지 않다고 판단되면 각하해왔고 그런 결정은 인권위의 재량으로 여겨왔다. 그런데 이 사건 법원의 판단은 아주 예외적인 경우가 아니라면 인권위가 재량으로 이런 각하를 해서는 안 된다고 판단했다. 향후 인권위 각하결정이 소송으로 이어지지 않기 위해서는 제7호 각하를 매우 신중하게 대하지 않으면 안되는 상황이 된 것이다(나도 이 사건에 대한 법원판결이 있고 난 후에 사무처에서 각하를 검토해 결재를 올리면 상당히 신중하지 않을 수 없었다. 이렇게 법원이 인권위 결정에 대해 어떤 기준을 정하는 판단을 하면 인권위 업무에 영향을 주는 게 현실이다).

광주○○대 채플 사건

종교의 자유와 관련해 인권위에 여러 번 진정이 들어왔지만 인권위가 이에 대해 본격적으로 판단을 한 적이 없었다. 내 임기 중 이에 대해 중요한 진정이 들어왔고, 드디어 인권위의 전향적인 결정이 나왔다.

이 과정에서 나는 핵심 역할을 했다. 소관 소위원회의 위원장으로서 사건을 주도했고 전원위에서 사건이 인용되자 그 결정문 작성의 책임을 맡았다.

광주○○대의 경우 졸업을 하기 위해서는 채플 수업을 듣지 않으면 안 되었다. 이것이 종교의 자유를 침해한다고 진정되었고, 광주 인권사무소가 이 사건을 담당했다. 이 사건은 내가 주재하는 2소위의 심의를 거쳐 2021년 3월 전원위로 회부되었다.

전원위에서 사립대학의 종교교육의 한계에 대해 활발한 논의가 진행되었다. 아쉬운 것은 위원들 중 안건에 대해 충분히 검토한 이가 별로 없었다는 것. 이준일 위원만이 헌법학자로서 대부분 나와 유사한 주장을 했다. 중요한 점은 우리 위원회가 종교교육의 한계에 대해 일정한 기준을 제시해야 한다는 것. 나는 준비된 메모로 그 기준들을 설명했다. 다만 유사 사건인 숭실대 사건이 조사 중이니 그것을 오늘 사건과 병합해 한꺼번에 처리하자는 의견은 받아들이지 않았다. 위원들 대부분은 오늘 안건은 학생의 종교의 자유를 해하는 것이 분명하니 인용하고 숭실대 건은 따로 논의해야 한다고 의견을 냈다. 다수가 그런 의견을 내니 나로서는 중과부적. 다만 피진정인 진술기회를 주지 않은 절차상 문제가 발견되어 재상정하기로 했다. 다음 안건이 상정될 때는 오늘 논의가 상당 부분 반영될 것이니 그래도 다행이다. 아래는 오늘 내가 발언한 메모다. _2021. 03. 08.

대학교 경건회(채플) 참석 강요로 인한 종교의 자유 침해

1. 이 사건의 중대성

우리나라는 고등교육에서 사립대학의 비중이 높고 사립대학 중 상당수 (약 30%)가 기독교 계통임. 이들 대학에서는 통상 채플을 교양필수로 지정하며 일정 학기 이수를 졸업 요건으로 하고 있음. 이러한 상황에서 우리 위원회가 채플 참석 요구가 종교의 자유 침해라고 판단한다면(혹은 차별) 사회적으로 중대한 영향력을 줄 수 있고, 관련 교육기관 및 종교단체의 격렬한 반대에 부딪칠 수 있음. 따라서 우리 위원회가 이런 판단을 하더라도 신중한 조사와 설득력 있는 결론을 내놓아야 함

2. 사안의 쟁점

「헌법」 제20조 종교의 자유는, 학교 입장에서는 포교의 자유(종교교육)를 포함하고, 학생 입장에서는 신앙의 자유(불신앙 포함)를 포함함. 학생이 비기독교도이거나 종파적 이유에 의해 해당 학교의 채플을 거부하고자 할 때 이 두 개의 자유가 충돌함. 어떤 자유를 우선으로 해야 할지, 그것은 어떤 기준으로 판단해야 할지가 관건, 포교의 자유는 상대적 자유이고 학생의 신앙의 자유는 절대적 자유라고 볼 수도 있지만 그런 단순 논리로는 이 문제를 해결하기 어려움. 이 문제는 사립대학의 종교교육이 지닌 한계라는 관점에서 살펴야 함

3. 우리가 검토해야 할 것

(1) 사건 병합 여부

사회적 여파를 고려한다면 이 사건 결정 후 숭실대 건을 별도로 결정하기보다는 전원위에서 병합해서 처리하는 것이 좋을 듯함. 그렇게 한다면

숭실대 조사 건을 신속히 마무리해서 소위 상정하고 이후 전원위 회부한 뒤, 병합해서 안건 처리

(2) 실체적 판단을 위한 검토사항(종교교육의 한계 판단을 위한 기준)

• 종교교육의 유형과 동의 기준

대법원 판결과 헌재 결정을 정리하면 일단 종교교육의 내용을 유형화하는 것이 필요함, Teaching religion과 Teaching about religion. 전자는 신앙의 자유를 고려하면 동의가 필요하고, 후자는 일반적으로 허용됨. 좀 더 종교교육을 세분화한다면, 종교지식 교육, 보편적 교양 교육, 종파 교육, 종교인양성 교육으로 나눌 수 있고, 그 유형에 따라 허용 조건(일반적 허용, 묵시적 포괄적 동의, 명시적 동의 등)이 달라진다고 봄

• 학교 선택권과 동의 기준

일반적으로 학교 선택권이 인정되면 종교교육에 대해 학생이 동의했다고 추정. 이것이 우리나라에서 사립고교와 사립대학의 차이. 다만 여기서 선택권의 본질이 무엇인지, 우리 교육체제에서 학생들의 추정할 정도의 선택권이 있다고 볼 수 있을지 따져 봐야 함(대한민국의 사립대학 학생들은 대학을 선택할 때 종교가 중요한 고려 요인인가?)

• 입학 이후 과목의 대체 가능성 여부

채플을 대체할 수 있는 가능성이 있는지도 주요 판단기준이 될 수 있음, 이에 대해서는 채플이 있는 사립대학이라도 학교마다 다른 상황임(오늘 배포된 자료 참고)

• 교육기관으로서의 조직적 기준

종교교육이라도 그것이 학교라는 교육기관의 형태를 취할 경우 「교육관계법」의 규제를 받음(현재 99헌바14). 종교교육은 「헌법」 31조 제1항의 국민의 교육받을 권리를 침해하지 않는 범위에서 이루어져야 하고, 만일 「교육관계법」을 위반하지 않는 한도에서 교육이 이루어진다면 학생은 일정한 수인 의무가 있다고도 할 수 있음(「교육관계법」은 국공립학교에서의 종교교육에 한해 금지규정을 두고 있음). 신학교가 아닌 일반 사립대학에서 종교교육이 실시되는 경우 그 수인 한도는 무엇일까?

• 사립대학의 국가지원과 정교분리원칙

미국의 경우 종교교육을 히는 사립대학에 대해서는 정교분리원칙히에 지원이 안 됨(최근 이에 반한 연방대법원 판결 있음), 만일 국가적 지원이 있다면 공립학교와 유사해 정교분리의 원칙이 적용되어야 함. 우리나라의 경우에는 사립대학에 어느 정도의 국가적 지원이 있는지 확인하고 원칙을 어떻게 적용해야 할지 검토해야 함

전원위에서 종교의 자유 침해로 결론이 난 이 사건은 주심인 내가 결정문 작성에 책임을 졌다. 2021년 4월 결정문 작성이 완료되었다. 이 결정문 중 가장 중요한 부분은 판단 부분이다. 이 판단은 그 후 인권위에 들어오는 유사 진정의 선례로서의 의미가 크다.● 이에 나는 이 부분 작성에 정성을 기울였다. 여기에 그 부분만 옮겨 본다.

● 이 건이 결정된 후 인권위는 유사한 진정 사건에서 이 결정문에서 설시한 이유와 동일하게 같은 결정을 했다.

광주○○대 채플 사건 결정문

5. 판단

가. 판단기준

「헌법」제20조 제1항은 "모든 국민은 종교의 자유를 가진다"고 규정하고 있으며, 이 종교의 자유는 크게 신앙의 자유와 종교적 행위의 자유로 나뉜다. 신앙의 자유에는 신앙을 가질 자유와 더불어 신앙을 갖지 않을 무신앙의 자유도 포함되며, 종교적 행위의 자유에는 종교적 의식을 거행함에 있어 간섭을 받지 않을 권리인 종교행사의 자유가 포함되고, 포교의 자유도 포함된다.

대한민국이 가입·비준함으로써 국내법적 효력을 갖는 「시민적 및 정치적 권리에 관한 국제규약」(약칭, 자유권규약)은 제18조 제1항에서 사상, 양심 및 종교의 자유를 규정하고 있고, 특히 제2항은 "어느 누구도 스스로 선택하는 종교나 신념을 가지거나 받아들일 자유를 침해하게 될 강제를 받지 않는다"고 규정하고 있다.

한편, 「헌법」제31조 제4항은 대학의 자율성이 법률이 정하는 바에 의해 보장됨을 명시하고 있다. 나아가 「교육기본법」제25조는 국가와 지방자치단체는 사립학교를 지원·육성해야 하며, 사립학교의 다양하고 특성 있는 설립목적이 존중되어야 한다고 규정하고 있다. 따라서 종교적 이념을 바탕으로 설립된 학교법인이 운영하는 대학(이른바 사립종립대학)은 종교교육을 통한 종교행사의 자유를 가지고, 특히 「헌법」과 법률이 보장하는 '대학 자치의 원리'와 사립학교의 다양성 존중에 비추어 종교적 건학이념을 교육과정을 통해 실현할 폭넓은 권리가 있다고 할 수 있다.

그러나 종립학교의 종교교육의 자유는 학생 개인의 종교의 자유(소극적 종교행위의 자유나 소극적 신앙고백의 자유)와 충돌할 가능성이 있고, 이 경우, 두 기본권의 실체적인 조화를 꾀한 해석이 필요하다. 종립학교의 종교교육이라도 그것이 학교나 학원이라는 교육기관의 형태를 취한 경우에는 「교육관계법」의 규제는 피할 수 없고, 「헌법」 제20조 제1항의 종교의 자유와 「헌법」 제31조 제1항의 교육받을 권리의 본질적 부분을 무시한 무제한적인 권리가 될 수 없다. 종립학교의 종교교육을 할 자유는 충분히 보장되어야 하지만, 그 종립학교가 공교육 체계에 편입된 이상, 원칙적으로 학생의 종교의 자유와 교육을 받을 권리를 고려한 대책을 마련하는 등의 조치를 취하는 속에서 그런 자유는 누린다고 할 것이다(대법원 2010. 4. 22. 2008다38288 판결 및 헌법재판소 2000. 3. 30. 99헌바14 결정 참조).

나. 판단

(1) 피진정대학 경건회의 교육 내용과 동의 여부

위 인정사실과 같이 '경건회'를 필수교양 과목으로 정하고 그 이수를 졸업 요건으로 하는 피진정대학의 교육과정 운영이 학생 개인의 종교의 자유에 침해에 해당하는지를 판단하기 위해서는 우선 '경건회'가 어떤 유형의 종교교육인지를 살펴봐야 한다. 일반적으로 종교교육은 크게 교양을 목적으로 하는 종교지식 교육과 종교의 전파를 목적으로 하는 종파 교육으로 나누어진다. 교양과목으로서의 종교지식 교육은 공·사립을 불문하고 그 교육이 가능하고, 경우에 따라서는 필수과목으로 운영한다고 해도 기본권 침해 여부는 일어나지 않는다.

특정 종교의 전파를 목적으로 하는 종파 교육은, 정교분리 원칙을 선언(「헌법」 제22조 제2항)한 우리 「헌법」 체제하의 국공립학교에서는 불가하고, 사립대학에서도 원칙적으로 피교육자인 학생의 동의가 전제되지 않으면 안 된다. 만일 학생이 학교가 가르치는 종교와 다른 종교를 가지고 있거나 그 종교를 신앙하지 않는 경우에도 종파 교육을 사실상 강제한다면, 학생의 종교의 자유(특정 종교를 믿지 않을 소극적 자유)는 본질적으로 침해될 가능성이 높기 때문이다.

이 사건의 경우, 피진정대학은 경건회 수업이 비신앙 학생에게 기독교에 대한 바른 이해를 통해 기독교적 소양과 사회가 요구하는 지성을 함양하고자 하는 목적으로 만들어졌고 종교 전파에 대한 강제성을 갖고 있지 않다고 주장하나, 그 수업 내용을 보면 설교, 기도, 찬송, 성경 봉독 등으로 구성되어 사실상 특정 기독교 교회의 예배 행위와 다를 바 없어, 기독교 전파를 목적으로 하는 종파 교육으로 보기에 부족함이 없다.

인정사실에서 보듯 피진정대학은 학생들의 동의와 관계없이 경건회 수업을 필수교양 과목으로 지정해 매 학기별로 일정 횟수 이상 이수하지 않으면 졸업 요건을 충족하지 못하도록 했는 바, 이런 교육이라면 학생 개인의 종교의 자유를 보장하기 위해 의당 '경건회' 수업 참여 여부에 학생들의 개별적인 동의를 구하는 것이 원칙이어야 함에도, 피진정대학은 그러한 조치를 취하지 않았다.

(2) 학교선택권과 종교교육 동의의 추정 여부

일반적으로 학생이 학교를 자유롭게 선택했다면 종파 교육적 성격이 강한 종교교육이라도 학생의 동의를 추정할 수 있다. 이런 면에서 선택의 여지가 없이 배정되는 우리나라 대부분의 사립고교와 학생의 학교선택권이 일응 보장되는 사립대학 간 종교교육에서의 학생 동의에 대한 판단은 차이를 두는 것이 필요하다.

그러나 이런 차이에도 불구하고 피진정대학과 같은 종립사립대학의 입학 자체를 어떤 종교교육이라도 이를 감수하겠다는 학생들의 의사표시(종파 교육에 대한 동의)로 보기는 어렵다. 그것은 우리 대학구조상 사립대학이 차지하는 비중이 높고 그중에서도 30% 이상이 종립대학이라는 현실과 학생들의 대학선택 기준이 본인의 자발적 선택이라기보다는 대학 서열화에 따른 타의적 요소가 다분히 작용하고 있는 현실을 고려하지 않을 수 없기 때문이다. 대부분의 학생에게는 대학입학 과정에서 입학 희망 대학이 종립대학인지 여부는 학교 선택에서 유의미한 조건이 아니며, 종교인 양성을 위해 설립된 대학이 아닌 이상, 신입생의 지원자격을 특정 종교의 신자이거나 장래에 신자가 될 예정인 자로 제한하고 있는 대학도 발견하기 어렵다. 이런 상황에서 종립대학의 입학이 곧 그 대학이 실시하는 종파적 종교교육에 무조건 동의한 것으로 추정하기는 어렵다.

이 사건 피진정대학 측은 학생들이 입학 시 학칙 준수의 선서 등을 한 것을 경건회 교육에 대한 동의 중 하나로 보는 듯하지만, 피진정대학의 모든 전공학과가 간호학과, 임상병리학과, 치위생학과, 물리치료과 등 종파교육과는 직접 연관이 없는 일반학과로 구성되어 있는 것을 고려하면, 이런 해석은 무리다. 종교인 양성 목적의 교육을 하지 않는 대학이, 종교교육에 대한 명시적인 설명을 하지 않은 상황에서, 그런 선서만을 가지고 학생들이 어떤 내용의 종교교육이든 받아들이겠다고 동의한 것으로 추정할 수는 없다.

(3) 학생의 수인의무와 '경건회' 수업의 대체 가능성 여부

종립사립대학은 건학이념에 맞춰 교과과정에서 광범위하게 종교교육을 할 수 있으므로, 그 학교를 선택해 입학한 학생들은, 비록 그 선택이 완벽하지 못해도, 상당한 정도 종파 교육을 받는 것에, 일정한 수인의무가 있다는 주장 또한 무시하기 어렵다. 그럼에도 불구하고 종립대학이 학교라는 교육기관의 형태를 취하고 「교육관계법」의 규제를 받는 상황에서는 학생들의 종교의 자유가 본질적 침해를 받지 않는 방법을 모색해야 한다는 것은 의문의 여지가 없다.

사립종립대학의 종교교육의 자유를 보장하면서 학생들의 종교의 자유와 교육받을 권리를 동시에 보장하는 길은 종파 교육을 필수화하는 경우에는 비신앙 학생들을 위해 그 수강거부권을 인정하거나 대체과목을 개설하는 것이다. 그러나 피진정대학은 경건회 수업을 필수 교양과목으로 지정

하고 졸업요건으로 했을 뿐, 그 거부권을 인정하거나 경건회 수업을 대체할 수 있는 어떤 과목도 개설한 바 없어, 비신앙 학생들이 졸업하기 위해서는 경건회 참석을 반드시 하지 않으면 안 되도록 했다.

(4) 소결

이상과 같이 이 사건 피진정대학이 종교적 전파를 목적으로 하는 경건회를 필수교양 과목으로 지정하고 그 이수를 졸업요건으로 하면서도, 학생들의 동의권(거부권)을 인정하지 않고 어떠한 대체 과목도 제공하지 않은 것은, 「헌법」 및 「국제인권법」이 보장하는 학생 개인의 소극적 종교의 자유 및 소극적 신앙고백의 자유를 침해하는 것이다. 나아가 이 같은 상황은 「헌법」 제31조 제1항이 보장하는 교육받을 권리를 침해하는 것이라고도 볼 수 있다.

스텔라데이지호 사건

2021년 삼복더위가 기승을 부리고 있을 때 인권위 전원위에서는 스텔라데이지호 사건이 심의되고 있었다. 이 사건을 심의하고 다음날 나는 이런 기록을 남겼다.

전원위에서 쟁점이 된 안건은 스텔라데이지호 사건. 2017년 남대서양 심해에 선박이 침몰되어 한국인 여덟 명을 포함해 22명이 실종되었다. 이 사건에서 정부는 1차 수색을 해 선박과 유해 일부까지 발견했지만 유해를 수습하는 것은 포기했다. 유족들이 4년 간 유해 수습을 위해 동분서주했지만 정부는 이를 외면하고 있다. 사무처의 이 사건에 대한 보고서 내용은 각하(진정원인 사실과 유사한 손해배상청구 사건이 현재 소송 중이라는 이유) 후 2차 수색이 필요하다는 의견표명. 나도 지난주 사무처로부터 사전 보고를 받을 때는 그런 정도에서 사건을 종결하는 게 맞겠다고 생각했다. 그러나 주말에 이 사건과 관련해 지난 6월 열린 토론회 자료를 받아 읽어본 후 생각을 바꿨다. 이 사건은 본질적으로 세월호 사건과 다르지 않다는 생각이 들었다. 이 사건에서 우리 국민은 국가에 대해 생명권·애도권·신원권을 주장할 수 있고, 국가는 그 보호(존중) 책임이 있다고 보았다. 정부의 조치는 그 보호책임을 다하지 못한 것이다. 1차 수색 과정에서 유해를 발견했음에도 그것을 수습하지 않았다는 것은 중대한 직무유기다. 여러 가지를 검토하면 이 사건은 그에 맞는 2차 수색을 권고할 수 있다고 보았다. 이를 위해 나는 전날 밤 발언문을 작성해 회의 전 위원들에게 돌렸다. 그럼에도 내 의견이 다수를 얻지 못했다. 중요한 안건, 그중에서 법리적 다툼이 있는 안건을 심의할 때 활발한 토론을 하기 힘들다. 이것이 인권위의 현실이다. 결국 나는 반대의견을 쓰기로 하고 사건은 종결되었다. _2021. 08. 24.

사무처 의견대로 이 사건이 기각되자 나는 반대의견을 작성하기 시작했다. 내 의견에 동의한 문순회, 서미화, 석원정 위원이 반대의견에 이름을 올리기로 했다. 나는 반대의견을 통해 재난 시 국민의 기본권이 무엇이며 국가는 어떤 책임이 있는지를 분명히 하고자 했다. 여기에 이 사건 결정문 말미에 붙은 반대의견을 옮겨 본다.

스텔라데이지호 사건 결정문(반대의견)

인권위원 박찬운, 문순회, 서미화, 석원정은 이 사건을 각하하면서 2차 수색 필요성이 있다고, 국무총리에 대해 의견표명을 한 다수의견에 반대하면서 다음과 같은 의견을 개진한다.

이 사건은 위원회의 의지에 따라서 각하결정, 기각결정, 인용결정 중 어떤 것도 가능한 사건이다. 민간 영역에서 발생한 재난 사고에서 국민의 기본권과 국가의 기본권 보장의무를 어떻게 보느냐에 따라 결론은 달라진다. 우리 네 위원은 이 사건에서 위원회가 보다 적극적인 입장에서 결론을 내고 그에 맞는 권고를 정부에 해야 한다고 생각한다.

이 사건은 민간 영역에서 발생한 재난 사고이고, 그것도 지구 반대편 바다 한가운데에서 발생한 선박침몰 사고다. 이 사고로 인해 22명(우리 국민 여덟 명 포함)이 실종되었지만, 현재까지 우리는 이 재난의 원인을 알지 못하고 실종자들의 유해를 찾지 못하고 있다. 다만 이 사고가 다른 심해 재난 사고와 차이가 나는 것은 침몰된 선박의 위치를 정확히 알고 있다는 사실과 조금만 노력하면 침몰 사고의 원인과 유해(혹은 유품) 수습도 불가능하지 않다는 사실이다.

다수의견은 「국가인권위원회법」 해석상 부당한 결론은 아니다(인권위에 진정이 접수된 후 진정원인 사실과 동일한 소송 등이 진행될 때 인권위는 「국가인권위원회법」 제32조제3항 및 제1항 제5호에 따라 각하할 수 있으나 이것은 필요적 각하가 아니고 인권위에 재량이 부여된 재량각하임). 더욱 진정인들의 요구가 2차 수색의 필요성을 인권위가 인정하고 정부에 그 뜻을 표명해달라는 것이라면 진정취지에 부합하는 결론이라고도 볼 수 있다. 그러나 '모든 개인이 가지는 불가침의 기본적 인권을 보호하고 그 수준을 향상시킴으로써 인간으로서의 존엄과 가치를 실현'한다는 인권위의 설립목적에 비추어 볼 때, 우리는 인권위가 이러한 결론에서 한 발자국 더 나아갔어야 한다고 생각한다. 인권위의 결론은 단지 2차 수색이 필요하다는 의견을 정부에 표명하는 것을 넘어 그 전제로서 왜 2차 수색을 정부가 해야 하는지를 인권적 관점에서 설명하지 않으면 안 된다. 이를 위해서는 이 사건의 수색 과정에서 우리 국민이 누려야 할 기본 인권이 무엇인지, 국가가 그 인권을 제대로 보장했는지 살펴야 한다.

우리 「헌법」은 제10조에서 인간의 존엄성과 행복추구권 그리고 국가의 기본권 보장의무를 규정하고 있다. 이 규정의 해석에 따라 국민의 생명권이라는 기본권이 나오며 국가는 이를 존중하고(작위·부작위의 방법으로 직접적으로 생명권을 침해하지 않을 의무) 보호하고(제3자가 생명권을 침해하고자 할 때 이를 보호할 의무) 증진할 의무(생명권의 실질적인 신장을 위해 국가가 가용자원을 동원해 일정한 행위를 할 의무)가 있다. 이러한 국가의 의무에 터 잡아, 국가는 국민의 생명이 재난으로 위험에 처해 있을 때 신속하게 재난 현장에 국가의 인적·물적 자원을 투입해 국민의 생명권을 보장해야 한다. 우리 「헌법」은 이 생명권 보호를 재난 상황에서 특별히 강조하기 위해 제34조 제6항에 '국가는 재해를 예방하고 그 위험으로부터 국민을 보호하기 위해 노력해야 한다'는 규정을 두고 있고, 「재난 및 안전관리 기본법」은 이를 구체화하고 있다. 또한 이러한 생명권 보장의무는 국내법적 효력을 갖는 시민적 정치적 권리에 관한 국제규약 제6조에 명문의 규정을 두고 있고, 동 규약 제2조 제3항에 따라 이 권리가 위험에 빠진 사람들에 대해 체약국은 효과적인 구제조치를 취해야 한다.

인간으로서의 존엄성과 행복추구권에서 비롯되는 생명권은 산 자의 권리이기도 하지만 유족의 권리와도 관계가 있다. 유족은 죽은 자와 가족공동체를 이루며 인간의 존엄성을 확인받고 행복을 추구해왔기에 재난으로 가족이 사라진 경우, 유족의 인간존엄성과 행복추구권을 보호하기 위해서는 그 유해를 찾아야 하고 죽음의 원인을 알아야 한다. 그래야 죽은 자와 유족의 가슴에 묻힌 한이 풀리는 것이고 이것이야말로 가장 원초적인 인간의 권리다. 이것을 우리는 신원(伸冤)권 혹은 애도권이라고 부를 수 있는바, 이들 권리도 우리 「헌법」 제10조에서 연원하는 기본권이라는 것은 의심의 여지가 없다.

그렇다면 이 사건에서 우리 정부는 국민의 생명권 보장(존중의무)과 유족의 신원권 및 애도권을 보호하는 데 충실했는가? 물론 정부는 50억 원이라는 예산을 들여 지구 반대쪽 바다를 수색했고, 그것은 정부 수립 이후 최초의 일이니, 그 정도만으로도 국가의 책무는 다한 것이라 생각할지 모른다. 그러나 우리는 이 사건에서 이런 입장에 동의하지 못한다. 오히려 우리는 대한민국의 국가적 역량에 비추어 정부의 노력이 매우 부족했다는 것을 지적하고자 한다.

국가의 책임은 재난이 영해에서 일어나든 원양에서 일어나든 본질적으로 동일해야 한다. 이 사건의 국가의 책무를 생각할 때 우리는 세월호와 비교하지 않을 수 없다. 세월호 사건에서 정부의 대응은 부실했지만, 천문학적 돈을 써서 유해를 수습했고 침몰된 선박을 인양했으며, 그 특별법을 만들어 사고원인을 밝히려 노력했다. 그 노력은 사고가 일어난 지 7년이 지난 오늘까지 계속되고 있다. 이것은 재난 사고에 대한 국민의 생명권, 신원권, 애도권 등을 보호하기 위한 국가의 조치였다. 세월호에서 보여준 국가의 책무가 이 사건에서 유사한 수준으로 진행되었다고 볼 수 있을까? 우리는 그렇게 생각하지 않는다.

알려진 바와 같이 정부는 1차 수색 과정에서 수중에서 발견된 유해추정물체마저 수습하지 않았고, 그 이유는 수색회사와의 계약에서 유해수습에 대한 사항을 넣지 않기 때문이라고 알려져 있다. 당시 구조된 선원들은 한국 선원들이 침몰 전에 조타실에 모여 있었다고 말했고, 그 조타실은 1차 수색 과정에서 온전히 보존되어 있는 게 확인되었으나 수색된 적이 없다. 나아가 1차 수색 과정에서 많은 사실이 유족들에게 알려지지 않아 유족들은 정부의 대처상황을 제대로 파악하지 못했다. 더욱 1차 수색 과정에서 회수한 VDR(항해기록저장장치) 마저 데이터를 온전히 추출하지 못했다. 이러한 사정은 재난에 대한 국가의 책무를 다하지 못했음을 반증하는 것이며, 그로 인해 이 사건 실종자들과 유족들의 기본권은 결과적으로 침해되었다고 보지 않을 수 없다.

정부는 민간 영역에서 일어나는 해난 사고에서 완벽하게 구조하고 원인을 밝히고 침몰선박을 인양하는 것은 불가능하며, 그것은 정부의 책임이 아니라는 듯한 태도를 취하고 있다. 그러나 이것은 정부의 재난에 대한 국가의 책무를 저버리는 입장이다. 정부는 재난으로 선박이 침몰되어 국민이 수장되었을 가능성이 있는 경우에는 이유 불문 신속하게 재난 현장으로 가서 사람을 구조하고, 유해를 수습하고, 침몰 원인을 밝히고, 유족들에게 그 과정을 세세하게 알려야 한다. 더욱, 재난 사고가 원양에서 일어난 경우에는 국가의 책무는 더욱 클 수밖에 없다. 원양에서 일어난 재난 사고에서 국가가 아니면 누가 국민의 기본권을 보호할 수 있겠는가? 돈은 그다음 문제다. 돈은 침몰 원인이 선사에게 있다면 구상권의 법리로도 나중에 해결할 수 있다. 세월호 사건이 바로 그 예가 아닌가.

결론적으로 이 사건에서 인권위는 정부가 이 사건 재난 사고에서 국민의 기본권 보장의무를 다하지 못했다는 것을 인정(인용결정)하고 2차 수색을 권고해야 한다. 우리는 그것이 바로 불가침의 인권을 보호하는 것을 목적으로 설립된 인권위다운 권고라고 믿는다.

곧 스텔라데이지호 결정문이 세상에 공개되었다. 9월 초 잠자리에 들기 전에 나는 이런 기록을 남겼다.

퇴근 무렵 스텔라데이지호 사건 보도가 나왔다. 보도 속에는 나의 반대의견도 비중 있게 다뤄졌다. 그 사건을 위해 동분서주한 인권운동가 ○○○ 선생으로부터 이런 문자가 왔다. "박찬운 위원님이 반대의견을 너무 잘 써주셨습니다. 반대의견으로 위로를 받는 밤입니다. 마치 헌재의 소수의견처럼 이 의견이 대세가 될 날이 멀지 않았습니다. 수고하셨습니다. 고맙습니다. (중략) 박 위원님이 애써주셔서 이만큼이라도 진전을 보았음을 적극적으로 이해하고 있어요. 가족들에게도 새로운 희망이 생겼습니다." 이런 문자를 통해 나도 위로를 받는다. _2021. 09. 02.

미란다 원칙 고지 위반 사건

3년 동안 진정 사건을 처리하면서 고민이 컸다. 진정한 사람은 분명 억울한 일이 있어 진정을 했을 텐데 의외로 인권침해를 인정하기 어려운 상황인 경우가 많기 때문이다. 인권위절차가 사법절차처럼 명확하고 엄격한 증거를 요구하지는 않지만, 기본적으로 사실을 인정할 수 있는 증거가 없으면 기각할 수밖에 없다. 「인권위법」도 진정사실을 인정할 만한 증거가 없는 경우 기각하도록 되어 있다. 내가 맡아 온 진정은 대부분 국가 공권력에 의해 인권침해를 당했다는 것인데 이런 사건에서 인권침해를 인정하기 위해서는 진정인의 주장에 맞는 증거가 있어야 한다. 그 증거는 진정인이 제출하든 인권위 조사관이 여러 가지 조사활동을 통해 확보하든 상관없지만 조사를 하다 보면 주장만 있을 뿐 그를 뒷받침해주는 증거가 없어 기각할 수밖에 없는 사건이 무수히 많다.

그중 많은 사건이 경찰의 인권침해 관련 진정에서 일어난다. 피해자가 경찰의 위법한 공권력 행사에 의해 인권침해가 발생했다고 주장하는데 당시 상황을 입증할 수 있는 증거는 피해자의 주장뿐이다. 해당 경찰관과 같이 있었던 경찰관들은 모두 그런 일은 없었다고 주장하는데 어떻게 인권침해를 인정할 수 있을까? 이렇게 되면 인권위 조사관들이 담당 소위원회에 제출하는 보고서는 "상반된 주장이 있을 뿐 진정사실을 객관적으로 인정할 수 있는 증거가 없으므로 기각함이 타당함"이라는 상투적 문구로 끝나는 경우가 많다. 이러한 결론은 사실상 진정 사건의 입증책임을 진정인(피해자)에게 지우는 것이나 다름없다. 인권침해를 주장하려면 피해자는 인권위에 그것을 입증할 수 있는 완벽한 증거를 제출하라! 그렇지 않으면 인권위는 그 진정을 기각할 수밖에 없다는 의미이다. 나는 이에 대해 대책이 필요함을 강하게 느꼈다. 특히 적법절차와 관련해 진정이 된 경우에는 다른 입증방법이 있어야 하지 않을까. 예를 들면 경찰관이 현행범 체포를 하면서 미란다 원칙을 고지하도록 되어 있는데, 피해자는 이를 하지 않았다고 주장한다. 이런 경우 경찰관이 이를 부인한다고 해서, '상반된 주장이 있을 뿐 진정사실을 객관적으로 인정할 수 있는 증거가 없으므로 기각함이 타당함'이라는 결론을 내야 하는가? 나는 이에 대해 고민한 끝에 조사관들과 여러 번 토론을 벌였다.

어제 연가를 보내고 출근했다. 두 가지 일을 정리해 둘 만하다. 하나는 조사국 직원들과 조사과정의 입증에 관해 토론한 것이다. 이 토론을 하게 된 경위는 직전 소위에서 사건 두 개가 입증을 둘러싼 합의가 이루어지지 않아 재상정을 의결했던 바, 이에 관한 후속조치의 일환이었다. 조사국장, 총괄과장과 담당자 세 명, 그리고 원호준 비서가 참석했다.

내가 우선 수사 과정에서의 침해 사건에서 입증방법의 전반적인 문제의식을 작성한 문건을 토대로 설명했다. 내 문제의식의 핵심은 수사 과정에서 특별한 범법 행위 등을 진정인이 주장하는 경우는 종래와 같은 입증 방식으로 해도 무방하지만 적법절차와 관련해서는 국가인 수사기관이 입증책임을 져야 한다는 것이었다. 이에 대해 안 국장을 비롯한 조사관들이 종래의 관행은 조사국이 검찰과 같은 입장에서 조사하는 것이라면서 반론을 제기했다. 짧게 토론하려고 했지만 한 시간 반 이상의 격론이 되고 말았다. 이런 입장상의 차이에는 위원회의 역할과 지위에 대한 상이한 인식이 자리 잡고 있어서인 듯하다. 나의 입장은 위원회(소위 및 전원위)와 조사국을 일체로 파악하고 위원회가 중심이 되어 직권주의적으로 사건을 처리해야 한다는 것이고, 조사국의 입장은 자신들은 검찰과 유사한 역할을 하고 위원회는 심판 기능만 담당해야 한다는 것이다. 나는 조사국의 이런 입장에 동의하기 어렵다. 조사국은 검찰과 같은 역할을 하는 곳이 아니다. 조사국은 위원회의 지원조직에 불과하다. 위원회의 사실인정은 소위와 전원위가 최종적으로 관련 조사자료를 토대로 인정하는 것이지, 조사국의 판단을 사후적으로 그 당부안을 판단하는 게 아니다. 나아가 현재와 같은 방법으로 조사와 사실인정을 하게 되면 수사기관의 적법절차를 견인해낼 수가 없다. 적법절차가 문제되었을 때 수사기관이 적극적으로 해명하지 못하면 그 자체로 불이익을 주어야 한다. 그렇게 해야 수사기관으로 하여금 적법절차를 준수케 할 수 있다고 본다. _2020. 04. 28.

이런 토론을 한 다음 나는 드디어 소위원회를 열어 이 방침을 구체적 사건에 적용하기 시작했다.

어제 오후 소위(침해구제제1위원회)가 있었다. 내가 소위원장으로 회의를 주재한 일곱 번째 회의가 이번 주 월요일에 있었지만 안건 수가 많아 다 끝내지 못하고 어제 속행해 마무리한 것이다. 소위 운영에서는 매우 이례적인 일이었다. 이번 제7차에서 중요한 결정은 수사기관의 적법절차 위반 관련 진정에서 입증책임을 우리 위원회가 어떻게 판단하느냐였다. 종래 위원회는 이 문제에 대해 양주장(진정인과 피진정인)이 팽팽할 때 진정인에게 불이익을 주는 판단을 해왔다. 즉 진정인의 진정을 기각한 것이다. 이번 회의에서는 이런 입장을 달리해 적법절차에 대해서는 그 이행의 입증을 수사기관이 해야 한다. 피진정인이 미란다 고지를 하지 않은 채 현행범을 체포했다고 하거나, 진정인의 동의 없이 임의동행이라는 이름으로 연행하거나, 증거물을 임의제출 받은 경우, 그 고지나 임의성의 입증은 종국적으로 수사기관(경찰)이 해야 한다는 것이다. 입증을 하지 못하면 불법체포가 되거나 불법압수가 되는 것이다. 경찰이 불법이라는 논란을 막기 위해서는 절차상 확인절차를 확실히 할 수밖에 없다. 체포확인서나 임의제출 확인서에 피의자의 서명을 확실하게 받거나 그러지 못한 경우 그 사유를 구체적으로 적시해놓는 것이다.

결국 이번 소위의 결론은 경찰에 이런 절차를 잘 만들어 운용할 것을 요구하는 것이라고 볼 수 있다. 경찰 업무에 일정 부분 변화를 가져오리라 기대한다.   _2021. 06. 27.

이렇게 구체적 사건을 통해 입증책임을 전환하는 결정을 했지만 인권위의 조사관행으로 이를 정착시키기란 쉽지 않았다. 내가 경찰 인권침해 사건을 다루는 1소위를 1년 반 동안 맡은 다음, 2소위를 1년 맡고, 다시 퇴임 6개월 전 1소위를 담당해보니 입증원칙이 또 흔들리고 있었다. 퇴임 전 몇 번의 소위 회의에서 미란다 원칙 고지와 관련된 진정 사건을 다루었는데 나는 다시 입증책임 전환의 필요성을 말하지 않으면 안 되었다. 조사관들이 제출한 보고서를 그에 맞추어 수정해주고,

조사관 학교에서 다시 이 점을 강조했다. 이제 내가 퇴임했으니 이 문제는 어떻게 되었을까? 공권력의 적법절차 준수와 관련된 인권위의 입증책임 원칙은 확실히 바뀌었다고 할 수 있을까?

1소위원장 시절 미란다 원칙 고지와 관련해 위의 입증책임 문제 외에 뜨겁게 논의한 게 또 하나 있다. 그것은 고지 내용을 둘러싼 문제였다. 현행 「형사소송법」은 현행범 체포나 긴급 체포를 하는 경우 현장에서 피체포자에게 체포의 이유, 변호인 선임권, 변명의 기회를 주도록 규정하고 있다. 거기에다 경찰청은 훈령(범죄수사규칙)을 통해 구속적부심사청구권과 진술거부권까지 고지하도록 하고 있다. 이런 상황이다 보니 인권위에 진정되는 사건 중에는 미란다 원칙이 고지는 되었지만 진술거부권을 고지하지 않았다거나 구속적부심사청구권은 듣지 못했다는 사건도 있다. 내가 소위원장을 맡기 전에는 이런 진정이 들어오면 위의 모든 사항이 고지되었는지만 확인하고 일부라도 빠졌다면 미란다 원칙 고지 위반이라는 판단을 해왔다.

그러나 나는 이런 판단 관행에 의문을 제기했다. 내가 아는 한 미란다 원칙을 만든 미국조차 현행범을 체포할 때 이와 같은 내용을 고지하지 않는다. 긴급하게 범인을 체포하는 상황에서 경찰관이 위의 여러 사항을 현장에서 모두 고지하는 것은 현실적으로 어렵다. 경우에 따라서는 빠트릴 수도 있다. 그렇다고 그것을 모두 위법수사라고 봐야 할까. 수사 현실을 무시하는 것이고 경우에 따라서는 실체적 진실을 포기한다는 비판을 받을 수도 있다. 미란다 원칙의 본 고장인 미국에서도 상상하기 힘든 상황이다. 미란다 원칙 고지는 원래 체포 때가 아니라 신문을 할 때 지켜야 하는 법 원칙이지 체포현장에서 지켜야 하는 법 원칙이 아니다. 이것은 불리한 진술을 강요할지 모르는 신문절차가 진행되기 전에 피의자의 절차적 권리인 진술거부권과 변호인선임권 등을 반드시 고지하라는 것이다.

이렇게 볼 때 우리나라의 미란다 원칙 고지는 관련 규정, 실무 관행 모두 문제라는 생각이 들었다. 거칠게 말하면 미란다 원칙이 고향을 떠나 한국에 와서 고생을 하고 있다고나 할까. 그럼에도 「헌법」과 「형사소송법」에 규정이 있고, 경찰청 훈령으로 고지 내용을 추가했으니 현장 경찰관들 입장에서는 과도하다는 불만과 함께 혼선이 있을 수밖에 없다. 나는 이것을 고치지 않으면 안 된다는 생각에 2020년 11월 1소위를 주재하면서 의견표명을 하기로 했다. 진술거부권은 체포현장에서 고지하되 구속적부심사청구권은 체포현장에서는 할 필요가 없고 체포 이후 지체없이 고지하면 되는 것으로 「형사소송법」에 분명하게 규정해 현장의 혼란을 막자는 것이었다.

오후 2시에 소위원회가 시작되었다. 제14차 침해구제 제1위원회. 70여 건이 넘는 사건을 과연 적절히 해결할 수 있을까. 오늘은 인용 안건이 12건이 되었다. 여섯 건 사건에서 이해관계인이 출석해 진술을 하니 시간이 걸릴 수밖에 없다. 더군다나 여러 사건이 결론을 내기 위해서는 상당한 시간이 걸렸다. 6시가 넘도록 마라톤 회의를 한 결과 인용 안건을 처리하는 것으로 만족했다. 기각 안건은 다음 주 월요일에 제15차 회의로 재상정해 처리하기로 했다.

오늘 안건 중 가장 중요한 사건은 미란다 원칙 고지에 관한 것. 이번 소위에서 미란다 원칙에 관한 안건이 인용 안건과 기각 안건에서 열 건 가까이 되었다. 문제는 체포현장에서 고지하는 이 권리 내용이 무엇인지가 혼선 속에 있다는 것이다. 경찰의 범죄수사규칙도 허점이 있고 우리 위원회의 판단기준도 모호한 점이 있다.

그래서 오늘 회의에서는 이것을 정리하기로 마음먹고 미리 자료를 만들어 배포했다. 서울 회의장뿐만 아니라 지역 인권사무소 조사관들도 이를 경청토록 어제 자료를 미리 보내 놓았다. 문제된 부분은 체포현장의 미란다 원칙 고지에 진술거부권(나아가 구속적부심사청구권)이 포함되느냐였다. 「형소법」상 체포현장에서 고지하는 권리에는 그것이 없다(「형소법」 제200조의 5). 경찰의 범죄수사규칙에는 최근 개정된 내용에는 들어가 있지만 진정 사건이 발생하던 당시에는 그런 조문이 없다. 그럼에도 지금이나 과거나 규칙 별표 확인서에는 진술거부권을 비롯해 구속(체포)적부청구권까지 고지해야 한다고 되어 있다. 「형소법」 규정만으로는 아무리 보아도 진술거부권은 신문 전에만 하면 되는 것이고 더욱 구속적부심사청구권 고지는 체포 이후 적정 시점에서 하면 되는 것이지 체포현장에서는 할 필요가 없다.

고민 끝에 진정 사건과 관련해서는 사건 발생 시에는 수사규칙에 진술거부권을 고지해야 한다는 규정이 없으므로 인권침해로 보기 어렵다고 결론을 내고(그러나 수사규칙 개정 이후의 사건에서는 경찰이 스스로 진술거부권을 고지하겠다고 규정을 바꿨으니 현장에서 고지하는 미란다 원칙에 진술거부권을 포함하기로 함), 이런 혼란을 키운 「범죄수사규칙」의 개정을 경찰청장에게 요구하는 의견을 표명하기로 했다. 나아가 근본적으로 이런 혼선을 빚은 원인이 「형소법」 제200조의 5에 있으므로 법무부장관에게는 조속히 법개정(진술거부권을 포함)을 하라는 취지의 의견을 표명을 하기로 했다.

_2020. 11. 25.

이 의견표명 결정을 한 후 내가 직접 결정문을 작성했다. 이 의견표명의 효과는 어땠을까. 다행히도 국회의원 중 인권위 의견표명을 유심히 본 의원들이 바로 나타났다. 민주당의 송기헌 의원 등이 인권위 의견표명에 공감하고 바로 「형소법」 개정안을 마련했다. 이 글을 쓰고 있는 2023년 3월 현재, 법안은 아직 국회 논의 중이지만 심의 내용을 살펴보면 관련 기관으로부터 특별한 반론이 없다. 곧 개정안이 국회를 통과하리라 본다.

미란다 원칙 고지 위반 사건 의견표명(판단부분)

위 진정 사건에서 언급한 바와 같이, 체포된 피의자에 대한 권리고지가 어느 범위까지를 그 내용으로 하는지에 대해 일반 시민뿐만 아니라 일선 경찰관에 이르기까지 상당한 혼란이 있는 것이 현실이다. 인권위는 이와 같은 현상이 일차적으로 상위법령과 하위규정 간 권리 고지의 범위가 달리 규정되어 발생된 것으로 파악했으며, 보다 근본적으로는 상위법령에서 규정하고 있는 권리고지 범위의 불명확함에서 기인한다고 보고, 그 개선방안을 검토했다.

먼저 각 법령상 어떻게 권리고지 의무를 다르게 규정하고 있는지 살펴본다. 「헌법」 제12조는 체포 또는 구속의 이유와 변호인의 조력을 받을 권리가 있음을 고지받지 않고는 체포 또는 구속을 당하지 않음을 규정하고 있고, 「형사소송법」 제200조의5는 현행범인 체포 시 피체포자에게 체포의 이유, 변호인 선임권, 변명의 기회를 주도록 하고 있다. 한편, 「(경찰청)범죄수사규칙」 제57조 제4항은 최근 개정을 통해 경찰관이 피의자를 체포·구속할 때에 진술거부권의 고지를 의무화하고 있고, 같은 규칙 제90조 제5항은 경찰관이 피의자를 체포·구속할 때에 피의사실의 요지, 체포·구속의 이유와 변호인을 선임할 수 있음을 알려주고, 변명할 기회를 준 후 별지의 확인서를 작성할 것을 규정하고 있으며, 해당 확인서는 '피의사실의 요지, 체포·구속의 이유, 변호인 선임권, 진술 거부권, 체포·구속적부심 청구권'을 고지의 내용으로 하고 있다. 「(경찰청)범죄수사규칙」이 상위법령보다 더욱 폭넓게 진술거부권과 체포·구속적부심 청구권까지를 의무고지의 대상으로 하고 있는 것이다.

체포·구속 적부심사 청구권은 「헌법」 제12조 제6항에서 규정하고 있는 권리로서, 「형사소송법」 제214조의2는 이 절차적 권리를 보장하기 위해 피의자의 체포 또는 구속 시 체포·구속 적부심사를 받을 수 있음을 피의자에게 고지하도록 하고 있는데, 이 권리행사는 피의자가 수사기관을 통하지 않고 법원에 직접 청구하는 것이라는 점에서 체포 및 이송 이후 피의자의 권리 행사가 가능한 적절한 시점에 이루어지면 충분한 것이고, 반드시 체포와 동시에 그 고지가 이루어져야 한다고는 볼 수 없다.

그러나 진술거부권의 경우, 다양한 사건현장의 특성상 체포 및 이송 과정에서 사실상 피의자신문이 행해지는 경우에서도 피의자의 권리를 보장하기 위해서는, 체포와 동시에 불리한 진술을 거부할 권리가 있다는 사실이 분명하게 피의자에게 전달될 필요가 있고, 이것이 경찰청이 훈령에 그 의무를 규정하고 있는 이유다. 이와 같은 취지를 감안하면, 진술거부권은 「형사소송법」 제200조의5에 체포 시 권리고지의 의무대상으로 명확하게 규정할 필요가 있다. 그래야만 「검찰사건사무규칙」 제20조가 「(경찰청)범 죄수사규칙」과 달리 피의자 체포 시 진술거부권에 대한 별도의 고지의무 규정이 없는 불균형 문제도 해결할 수 있다.

또한 「형사소송법」 제200조의5에서 규정하고 있는 '변명의 기회'에 대해서도 그 의미를 분명히 할 필요가 있다. 수사기관이 피의자를 체포·구속함에 있어 피의사실의 요지, 체포의 이유와 변호인을 선임할 수 있음을 말하고 변명할 기회를 주는 것은 적법절차의 원칙상 당연하지만, 현행 규정만으로는 이때의 변명 기회라는 것이 체포와 동시에 의무적인 고지의 대상이 되는 것인지, 아니면 피의자신문 시 자신의 혐의에 항변할 기회가 있음을 알리는 것에 불과한 것인지가 불명확하다. 체포·구속과 동시에 수사기관이 피의자에게 그 혐의를 적극 항변할 수 있음을 알리는 취지라면, 피의자 방어권의 핵심인 진술거부권의 고지는 체포와 동시에 하도록 규정하고 있지 않으면서, 왜 변명 기회만 고지하도록 규정하고 있는 것인지 이해하기 어렵다. 「형사소송법」 제200조의5의 변명 기회는 체포 시 진술거부권과 함께 고지될 때 피의자 권리보장을 위한 의미가 있다고 할 수 있으므로, 향후 개정을 통해 그 취지를 분명히 할 필요가 있다.

체포 시 피의자에 대한 권리 고지의 내용이 불분명하다면, 이는 피의자의 권리보장을 어렵게 하는 것임은 물론, 짧은 시간에 사건현장에서 피의자를 신속하게 체포해야 하는 일선 수사기관에게도 원활한 업무수행을 저해하는 요인이 된다. 따라서 조속한 시일 내에 그 혼선을 정리해 체포·구속된 피의자와 일선 수사기관에게 체포와 동시에 신속히 고지되어야 하는 절차가 무엇인지를 분명히 할 필요가 있다. 이에 법무부장관에게 체포이유 등의 권리고지를 규정하고 있는 「형사소송법」 제200조의5를 진술거부권을 포함해 개정할 필요가 있다는 의견을 표명하고, 경찰청장에게는 일선 경찰관들이 피의자 체포 시 이행해야 하는 권리고지의 범위를 분명히 인식할 수 있도록 「(경찰청)범죄수사규칙」을 개정할 필요가 있다는 의견을 표명한다.(2020. 11. 25. 의결 19진정0857200 경찰의 미란다 원칙 미고지 등)

나는 이 결정을 하고 난 뒤 기회가 있을 때마다 경찰 지휘부에 내 뜻을 전달했다. 이것은 내가 상임위원이 되기 전에 경찰청 경찰개혁위원과 수사 정책위원을 2년 반이나 했기 때문에 크게 어렵지 않은 일이었다. 심지어는 경찰청 개혁위원으로 일할 때 실무자로 일했던 총경에게까지 기회가 나면 이것을 설명했다. 경찰청에서 각종 수사 관련 규정을 만드는 위치에 있는 사람들도 미란다 원칙 고지가 인권향상에 도움이 된다고만 생각했지 그것이 현장에서 어떤 문제를 일으키고 있는지 알지 못했다.

경찰개혁위 때 실무자였던 이○○ 총경이 인권위를 찾았다. 조사관들을 상대로 올해부터 큰 변화가 시작된 경찰의 수사권에 대해 설명하기 위한 자리였다. 나는 강의장에는 가지 못했지만 방에서 생중계로 그의 강의를 경청했다. 조사관들에게 유익한 시간이 되었으리라 생각한다. 강의 후 그가 내 방을 찾아왔다. 나는 위원회의 경찰 관련 업무를 설명해주면서, 최근 내가 결정했던 미란다 원칙 관련 의견표명 건을 꺼냈다. 미란다가 한국에서 와서 고생한다는 농담을 섞으면서 경찰 지휘부가 미란다 원칙 고지와 관련된 현장 문제를 잘 모르는 것 같다고 말했다. 설명하자 이 총경도 처음 듣는 이야기란다. 최근까지 관련 규정을 직접 만드는 데 참여한 실무자도 사정이 이렇다. 웃으면서 이야기했지만 아마 가슴이 뜨끔했을 것이다. 나는 이 총경에게 강력하게 주문했다. 위원회의 의견표명이 지금 민주당 송기헌 의원에 의해 「형소법」 개정안으로 발의되었으니 경찰청이 적극적으로 백업해달라고. 상임위원이 경찰 총경에게 이런 말까지 하기란 우리 문화에서 쉽지 않지만 나는 그렇게라도 해서 뭐가 실질적인 열매를 맺고 싶었다. 그런 결과가 나올 수 있다면 족하지 무슨 권위에 매달리겠는가.

_2021. 03. 09.

인권위 시절 미란다 원칙 고지와 관련한 일은 그 후에도 이어졌다. 격무에도 불구하고 학자로서의 의무감이 발동했다. 이 문제는 연구자들도 알아야 한다는 생각이 들었다. 쇳불도 단김에 빼라고 했던가. 논문을 바로 써야겠다는 생각이 들었다. 문제의식을 가장 선명하게 느낄 때 생생한 글을 쓸 수 있는 법이다. 2022년 정월 초하루 큰 결심을 하고 논문 작성에 들어갔다. 몇 달 후 이 결심은 「피의자 체포현장에서의 '미란다 원칙' 고지의 문제점과 개선방향」(『법학논총』, 한양대 법학연구소, 2022년 3월)이라는 제목의 논문으로 출판되었다.

장애인 비하 발언과 비하 기사

상임위원 3년을 하면서 이러저러한 위기가 있었다. 그것은 동료 위원들과 생각의 차이가 발견되고 그것으로 인해 마음의 상처를 받을 때였다. 내 임기 3년 중 절반 이상(2020년 1월부터 2021년 8월까지) 동안 최영애 위원장이 인권위를 대표했는데, 이 시절 인권위원들의 성향은 역대 어느 시절보다 진보적이었다. 당시 야당이었던 국민의힘 추천 위원마저도 대부분의 사건에서 진보적 위원들과 뜻을 같이했고 비록 뜻이 달라도 서로의 생각을 존중하는 분위기였다. 그럼에도 종종 위원들 간에 생각 차이가 벌어지곤 했는데, 대표 분야가 차별 사건이었다. 나는 3년 임기 중 차별 사건을 다루는 두 개의 소위원회(차별시정위원회, 장애인차별시정위원회) 위원장을 맡지 못한 것이 아쉬웠다.

원래 계획은 임기 3년 차에 차별영역을 내가 담당하기로 위원 간에 합의가 되어 있었지만 임기 6개월을 남기고 군인권보호관을 겸직하는 바람에 끝까지 차별영역을 담당하지 못했다. 그렇지만 가끔 전원위원회에서 차별 사건을 다룰 수 있는 기회가 있었는데 그것은 두 개의 차별 소위원회에서 결론을 내지 못하고 전원위로 사건을 회부한 중요 사건에서였다. 이 사건을 처리할 때 내 입장이 도마에 오른 적이 몇 번 있다. 특히 장애인 차별 사건에서 그런 일이 벌어졌는데 동료 위원들로부터 장애인 인권 감수성이 부족하다는 비난을 받을 때는 억울하기도 했지만 이것이 법률가인 나의 한계가 아닌가 하는 반성도 했다. 내가 이런 사건에서 동료 위원들과 의견 차가 있었던 것은 확고한 나의 입장이 있었기 때문이다.

나는 인권위 진정 사건을 처리함에 있어서 두 가지 목표가 있었다. 하나는 진정을 이 제도의 취지에 맞게 운영하자는 것이었다. 인권위 진정은 인권침해를 당한 개인의 권리구제를 위해 만들어진 것이다. 때문에 피해자 자신이 진정인이 아닌 진정(이를 제3자 진정이라 함)을 허용한다고 해도 그것은 특정 피해자를 위한 것이어야 하지 불특정다수인을 위한 것이어서는 안 된다. 그런데 장애인 차별 사건 진정을 처리하다 보면 이런 원칙이 깨지는 경우가 생긴다. 나는 이 경우 원칙에 맞게 운영해야 한다는 소신을 갖고 있었다.

또 다른 목표는 형식적인 요건을 갖춘 진정이라면 가급적 진취적 입장에서 인권침해 여부를 봐야 한다는 것이었다. 인권위가 비사법적 인권침해 구제기관인 만큼 피해자의 주장에 귀 기울이고 입증방법도 유연해야 한다는 게 요지다. 이런 입장은 장애인 차별 사건에서도 그대로 적용되었는데 몇 번의 사건에서 동료 위원들을 설득하지 못하는 일이 벌어졌다. 주로 위의 첫 번째 목표와 관계가 있는데, 두 사건이 지금도 생생하게 기억이 난다. 하나는 정치인이 무심결에 장애인들의 명예를 훼손하는 발언하는 경우였고, 또 다른 사건은 언론에서 의도하지 않은 장애인 비하성 용어를 사용한 경우였다.

정치인 사건 중 가장 기억에 남는 것은 더불어민주당 이해찬 대표의 유튜브 발언과 관련된 진정이었다. 2020년 8월 말 전원위 회의를 끝내고 다음날 나는 이런 기록을 남겼다.

전원위에서 다루어진 또 다른 안건은 더불어민주당 이해찬 대표가 유튜브 방송에 나와 후천성 장애인이 선천성 장애인에 비해 의지가 강하다는 발언에 따른 진정 사건.

나는 이 대표의 발언은 부적절하고 차별적이지만, 진정 사건으로서 인권위가 조사하기에는 부적절하니, 각하하고 민주당에 대해 의견표명을 하는 것이 좋다는 의견을 냈다. 그러나 10명의 위원 중 거의 전원(사회를 맡은 이상철 위원 제외)이 조사대상에 해당하고 인용결정해야 한다는 견해를 내놓았다. 예상치 못한 결과다. 결과적으로 나만 장애인의 권리구제에 소극적인 사람이 되고 말았다. 상임위원이라면 어느 정도 정치적 감각도 있어야 하는데, 내가 그것에 익숙하지 못한 모양이다. 속에 있는 생각을 너무 쉽게, 너무 빠르게 이야기한다(내 딴에는 논의를 촉진시키기 위해 상임위원으로서 의견을 말한 것이었지만).

앞으로 오늘 나의 입장이 두고두고 말썽을 일으킬 가능성이 있다. 하지만 어떻게 하겠는가? 이미 물은 엎질러졌으니. 아무리 생각해도 내 생각이 잘못된 것은 아니다. 충분히 할 수 있는 말이고 지금도 내 생각이 맞다고 본다. _2020. 08. 24.

나는 전원위 회의가 끝난 다음 이 사건에서 내 입장을 분명히 하기 위해 반대의견을 썼다. 그것은 다음과 같다.

장애인 비하 발언 사건 결정문(반대의견)

나는 이 사건에서 피진정인의 발언('선천적인 장애인은 후천적인 장애인보다 의지가 상대적으로 약하다')이 '선천적 장애인에 대한 차별적이고 비하적인 언사로서 결코 용인해서는 안 된다'고 판단한 다수의견의 취지에 전적으로 공감한다. 그럼에도 이 사건이 「국가인권위원회법」(「인권위법」) 상 조사대상이 될 수 있는지, 조사대상이 된다고 해도 그 발언이 「인권위법」이나 「장애인차별금지 및 권리구제 등에 관한 법률」(「장애인차별금지법」)법 상의 '차별행위' 혹은 '괴롭힘'에 해당하는지에 대해서는, 다수의견의 입장에 동의할 수 없다.

피진정인의 발언은 그 의도가 무엇이든 사회적 영향이 큰 정치인의 장애인 비하 발언으로서 많은 장애인에게 심한 모욕감을 주었다. 더군다나 피진정인은 당시 여당의 대표로서 그 영향력은 다른 정치인에 비할 바가 아니므로 비난받을 가능성은 더욱 크다. 그렇다고 해도 이런 발언이 바로 인권위의 진정 사건으로 처리되는 것은 인권위 진정제도의 취지에 맞지 않는다. 무릇 권리침해 여부를 가리는 진정절차는 소송절차와 유사하게 본안 판단을 위한 형식적 요건(진정 요건)을 갖춰야 한다. 이 요건을 갖추지 못하면 피진정인의 행위가 부적절해 비판받는다고 해도 진정절차로 다루어질 수는 없다.

「인권위법」 상의 진정은 '특정한 사람(혹은 특정한 집단)에 대해 구체적인 인권침해(차별행위 포함)'가 있었다고 주장될 때, 그 침해 여부를 가려 인권침해가 있다고 판단되는 경우, 피진정인이나 관련 기관 등에 적절한 구제를 권고하는 비사법적 권리구제절차다. 즉, 인권위 진정은 "인권침해를 현실적으로 당한 특정한 사람"을 위한 구제절차로서 '피해의 구체성'(혹은 현재성)이 부족한 경우에는 이용할 수 없다. 이것은 조사대상을 '인권침해나

차별행위를 당한 사람'으로 규정한 제30조나 평등권 침해의 차별행위를 '특정한 사람을 우대·배제·구별하거나 불리하게 대우하는 행위'로 규정한 제2조에 분명히 드러나 있다.

그런 면에서 이 사건 피진정인의 행위는 '특정인(혹은 특정집단)에 대한 구체적 권리침해 행위' 요건을 갖추었다고 보기 어렵다. 피진정인의 발언이 비난받을 가능성이 아무리 크다고 해도, 그 언사가 선천적 장애를 갖고 있는 '진정인을 향한 구체적인 권리 침해행위'로 볼 수 없기 때문이다. 피진정인의 행위는 불특정 다수인인 선천적 장애인에 대한 '일반적 모욕행위'는 될 수 있지만, 그렇다고 해 그것이 진정인에 대한 구체적 인권침해(인격권 침해)니 차별행위기 되어, 바로 「인권위법」 상의 진정대상(조사대상)이 될 수는 없다. 더욱 피진정인의 행위를 차별행위로 보는 경우, 「인권위법」과 「장애인차별금지법」 상 진정이 가능한 차별행위는 모든 영역에서의 차별적 행위를 대상으로 하는 것이 아니라, '특정 영역'(고용, 재화·용역, 교육 등)에서 '특정한 사람을 우대·배제 구별하거나 불리하게 대우하는 행위'를 말하기 때문에, 이 사건처럼 유튜브 방송에 출연해, '의도성 없이 결과적으로 불특정 다수인을 모욕하는 발언'은 애당초 위 법률들이 진정대상으로 예상한 행위가 아니다.

다수의견은 피진정인의 발언이 「인권위법」이나 「장애인차별금지법」의 차별행위가 아니더라도 「장애인차별금지법」 제32조 제3항의 '괴롭힘'에 해당된다고 보나, 이것 또한 무리한 주장이다. 이 조항("누구든지 장애를 이유로 학교, 시설, 직장, 지역사회 등에서 장애인 또는 장애인 관련자에게 집단따돌림을 가하거나 모욕감을 주거나 비하를 유발하는 언어적 표현이나 행동을 해서는 아니 된다.") 적용을 위해서는, 피진정인의 발언이 '직접적으로 진정인(피해자)을 대상으로'(피해자에 대한 가해의 지향성) '학교, 시설, 직장, 지역사회 등에서'(괴롭힘의 발생영역) '집단따돌림을 가하거나 모욕감을 주거나 비하유발'(괴롭힘의 구체적 내용과 효과)하는 등의 요소를 모두 갖추지 않으면 안 된다. 유튜브 방송에서 특정 후천적 장애인을 칭찬하는 과정에서 나온 피진정인의 선천적 장애인 비하 발언이, 위의 각 요소를 충족한 '괴롭힘'이라고 보는 것은, 이 조문을 아무리 적극적으로 해석한다고 해도 무리라는 비판을 면할 수 없다.

이런 이유로 나는 이 사건 진정이 인권위의 조사대상이 된다고 보기에 다수의견인 인용결정에 동의할 수 없다. 이 사건 진정은 조사대상이 안 되므로 각하해야 하고, 설혹 조사대상이 된다고 해도, 「인권위법」 혹은 「장애인차별금지법」에 위반된다고 보기는 어려워 기각해야 한다.

그렇다고 해서 피진정인이 행한 부적절한 발언에 대해서 인권위가 뒷짐을 지자는 것이 아니다. 인권위는 「인권위법」 제25조에 기해 다수의견이 취한 권고와 유사한 입장 표명을 할 수 있다. 그것을 통해, 피진정인과 그가 속한 정당에, 피진정인의 발언이 선천적 장애인에 대한 심각한 모욕이며 비하라는 것을 지적하고, 재발방지를 위한 대책 및 (당직자들에 대해) 장애인 인권 교육의 필요성을 강조할 수 있다.

나의 입장은 결코 특별하거나 새로운 견해가 아니다. 인권위는 최근 동종 진정 사건(19진정0000400 등)에서 '각하 후 의견표명' 방식을 취한 바 있다. 인권위가 이 사건에서 종전 입장을 바꿔 새로운 입장을 취하려면, 그에 걸맞는 충분한 논거를 제시해야 함에도, 다수의견이 그것을 제시하지 못한 것은 아쉬운 일이다. 이런 결론은 자칫 인권위가 향후 진정 사건을 처리하는 과정에서 우려할 만한 도전에 직면할 수 있다. 「인권위법」에서 규정한 성별 등 차별사유와 관련한 발언으로 모욕을 받았다고 누군가가 진정하는 경우, 인권위로서는 이 사건처럼 예외 없이 조사해 구제 권고 여부를 결정해야 할 텐데, 그런 상황이 과연 인권위의 조사구제 기능에 적정한 것일까?

인권위가 장애인을 비롯해 사회적 약자나 소수자를 위한 인권옹호 활동을 적극적으로 펼치면서도 진정절차를 그 본질에 맞게 운영하는 지혜가 필요하다고 본다.

또 다른 건은 한 일간지의 정신장애인 특별기사에 실린 한 마디가 문제가 된 사건이다. 정신장애인의 인권증진을 위해 기획된 기사인데 기자가 고심 끝에 쓴 '미친 사람'이라는 단어 하나가 이렇게 문제가 될 줄 몰랐을 것이다. 그 일은 2021년 말 전원위를 달구고 말았다.

정신장애인 특별기사를 쓰면서 '미친 사람'들과의 인터뷰라고 부제를 단 국민일보 사건에서는 근래에 보기 드문 격론이 이어졌다. 나는 지난번 이해찬 의원 사건에서처럼 각하할 것을 주장했고, 그렇지 않더라도 기각해야 한다고 했다. 문제는 이 격론 과정이 끝나고 A 위원이 내게 거칠게 항의를 했던 것이었다. 내 말이 이해찬 의원 사건의 다수견해에 가담한 위원들을 모독한 것이라고 소리를 치는 바람에 갑자기 어안이 벙벙한 상황이 되고 말았다. 나도 그 상황에서 참을 수가 없어서 한마디하고 말았다. A 위원은 내가 장애인 인권감수성이 떨어진다고 공공연하게 말한다. 화장실에 가면서 들으니 평소 내 의견을 존중해온 B 위원도 법률가는 역시 법률만 알지 인권의식이 부족하다는 취지의 말을 한다. 한숨만 나왔지만 내색은 하지 않았다. 이것이 내 숙명이라 생각하고.   _2021. 12. 28.

이날 나는 이 사안에 대해 이해찬 대표 사건에서와 같은 격론을 예상하고 발언할 내용을 미리 준비해갔다. 그 내용은 아래와 같다. 내 의견은 역사가 평가하리라 생각한다. 그날이 다시 온다고 해도 동일하게 말했을 것이다.

국민일보 사건 발언(2021. 12. 28.)

저는 지난번 더불어민주당 이해찬 대표의 장애인 비하 사건에 대해 각하 의견을 낸 바 있습니다. 그 의견은 오늘 사건 보고서 말미에 붙여 있는 결정문 중 소수의견에서 볼 수 있습니다. 당시 저는 이해찬 대표의 발언은 다수의견처럼 부적절하지만 그 행위가 우리 「인권위법」과 「장애인차별금지법」상 진정대상이 될 수 없다고 했습니다. 저는 오늘 이 사건도 결론적으로 같은 의견을 내지 않을 수 없습니다.

이 사건이 「인권위법」상 진정대상이 안 되는 것은 분명합니다. 이 사건은 사적 영역(신문기사라고 해도 국민일보는 「인권위법」 제30조 제1항 제1호 해석상 국가기관 등에 해당하지 않으므로 민간 신문사의 기사 게재는 사적 영역의 행위라고 해석해야 함)의 인격권 침해 사건입니다. 사적 영역의 인격권 침해 사건은 우리 「인권위법」상 조사대상이 되지 않습니다. 혹시 이 사건을 「인권위법」상의 차별행위로 볼 여지가 있다고 주장할지 모르나 「인권위법」상 차별행위는 제2조 제3호에서 일정 영역(고용, 재화 용역 등의 이용, 교육시설 등)에서의 평등권 침해를 구제대상으로 하기에 이 사건 기사 게재 행위를 그런 영역에서의 구체적 피해가 있는 차별행위로 볼 여지는 없습니다.

이 사건 기사 게재 행위는 「장차법」상의 차별행위(제4조)로 볼 수도 없습니다. 「장애인차별금지법」도 차별행위를 「인권위법」과는 약간 다르지만 기본적으로 '장애를 사유로 정당한 사유없이 제한 배제 분리 거부 등에 의해 불리하게 대하는 경우' 등으로 정의하는 바, 이 사건이 거기에 해당하기는 어렵습니다.

이런 이유로 이 사건 조사보고서는, 이 사건을 인용하는 경우 그 근거를 「장차법」 제4조의 차별행위가 아닌 제32조 제3항(누구든 장애를 이유로 학교, 시설, 직장, 지역사회 등에서 장애인 또는 장애인 관련자에게 집단 따돌림을 가하거나 모욕감을 주거나 비하를 유발하는 언어적 표현이나 행동을 해서는 아니된다)으로만 보고 있습니다.

저는 이 사건이 「장애인차별금지법」에 의한 괴롭힘 등에 해당하지 않을 뿐만 아니라 만에 하나 그렇게 보더라도 우리 위원회의 조사대상이 될 수 없다고 봅니다. 그 이유는 다음과 같습니다.

첫째, 문리해석상 이 사건 기사 게재행위는 제32조 제3항에 해당하기 어렵습니다. 제32조는 비록 사적 영역이라고 해도 장애인을 괴롭히는 행위를 금지하고 있지만 이 기사 게재 행위를 '장애를 이유로 학교, 시설, 직장, 지역사회 등에서 장애인에게 집단따돌림을 가하거나 모욕감을 주거나 비하를 유발하는 언어적 표현이나 행동'이라고 보기는 어렵습니다. 이 규정이 요구하는 피해자 요소, 장소적 요소, 효과적 요소 등에 비추어 볼 때 이 사건 기사 게재가 '학교, 시설, 직장, 지역사회 등에서의 집단 따돌림'이라고 해석하기는 어렵습니다.

둘째, 이 사건 기사 게재 행위는 피진정인 주장대로 '미친'에 초점이 맞춰진 것이 아닙니다. 정신장애인의 문제를 심층보도하는 가운데, 일반적으로 정신장애인에 대한 편견이 그들의 인권침해에 영향을 준다는 것을 포착하고, 편견을 갖고 있는 사람들이 '미친 사람'이라고 부르는 사람에 대해 인터뷰를 해보았다는 것입니다. 즉, 이것은 문맥상 반어적 표현이지 기사를 작성한 기자의 생각을 담은 표현이 아닙니다. 이 기사를 잘 읽어보면 누구도 이 '미친 사람'이라는 말이 정신장애인을 모욕하거나 비하할 의도로 사용한 것이 아님을 알 수 있습니다. 이런 용어는 문맥적으로 해석해야지 그냥 써진 대로 평면적으로 해석하는 것은 표현의 자유에 대한 과도한 제한입니다.

셋째, 무엇보다 중요한 것은 「장차법」 제32조 제3항 행위는 「장차법」상 인권위에 진정할 수 있는 대상행위가 아니라는 사실입니다. 「장차법」 제38조는 인권위를 차별시정기구로 규정하고 피해자의 진정권을 보장하고 있습니다. 그런데 이 규정을 잘 보면 진정권자는 '이 법에서 금지하는 차별행위로 인해 피해를 입은 사람' 등입니다. 문제는 여기에 제32조 괴롭힘 등이 포함될 수 있느냐인데 해석상 그렇게 보기는 힘듭니다. 「장차법」은 '이 법에서 금지하는 차별행위'에 대한 정의규정을 제4조에 두고 있습니다. 제4조 어디를 보아도 제32조의 괴롭힘 등을 포함한다는 내용이 없습니다.

이와 관련해 우리 위원회가 작년에 제안한 「평등법」 이야기를 하지 않을 수 없습니다. 「평등법」 안에는 일정한 행위를 괴롭힘으로 정하고 있으나 그 행위는 「평등법」이 금지하는 차별행위 중 하나로 본다는 규정을 두고 있습니다. 이것만 보아도 그런 간주 규정이 없는 현재 「장차법」상 제32조의 괴롭힘 등 행위를 바로 차별행위로 보기는 어렵습니다. 만일 그렇게 본다면 그것은 우리 위원회가 법에 규정되지 않은 행위에 대해 조사구제 절차를 진행한다는 것이 되어 진정대상에 대한 법정주의를 취하고 있는 「인권위법」이나 「장차법」에 위반되는 해석입니다. 따라서 이 사건 진정은 「장차법」상 조사대상이 아니므로 「인권위법」 제32조 제1항 제1호에 따라 각하해야 합니다.

백보 양보해 이 사건 기사 게재 행위가 「장차법」 제32조 제3항에 일응

해당하고 그것이 「장차법」 제38조의 '이 법에서 금지하는 차별행위'에 해당한다고 해도 이를 인권침해에 해당한다고 보는 것은 적절치 않습니다. 그것은 위에서 말씀드린 대로 이 사건 기사 게재의 동기를 참작해야 하기 때문입니다. 이 사건 기사 게재 행위는 「인권위법」 제39조 제2호에 따라 인권침해라고 보기 어려워 기각되어야 합니다.

공군 여군 부사관 성폭력 2차 피해 사건

2022년 7월 1일부터 군인권보호관 업무에 들어갔다. 1소위원장 업무를 하면서 동시에 보호관 업무를 하는 것이라 업무량이 일시에 많아졌다. 보호관 업무는 단지 책상 앞에서 하는 것이 아니라 수시로 부대를 방문하는 등 대외적인 업무가 있고 군인권보호국 직원들을 자주 불러 업무를 챙기지 않으면 안 된다. 한마디로 일복이 터진 것이다.

군인권보호관 출범 후 한 달이 지난 8월 어느 날 한 공군 비행단에서 여군 부사관 성폭력 2차 피해 사건이 터졌다. 공군 하사관으로 근무 중인 피해자가 상사로부터 지속적인 성추행을 당했고, 이에 대해 군수사기관으로부터 조사가 이루어지는 과정에서 가해자와 피해자가 공동으로 제3자를 추행했다는 사실이 드러나 기소 위기에 처했다는 것이다. 피해자의 주장에 의하면 제3자 추행 행위는 전적으로 성폭력 가해자의 주도하에 이루어진 것이지 자신이 의도한 행위가 아니라고 억울함을 호소했다. 긴급하게 인권위가 나서지 않으면 안 되는 상황이었다.

매우 바쁜 하루였다. 가장 신경 썼던 일은 다음 주 긴급구제를 논의하기로 한 ○○ 비행단의 A 하사 사건. 오늘 위원회에 피진정인 검찰관이 출석해 자신의 입장을 진술하고 수사자료를 제출했다고 한다. 검찰관 입장에서도 2차 가해라는 오명을 쓰지 않으려고 단단히 준비한 것이다. 조사관들이 올라와 조사결과를 놓고 보고하는 것을 들어 보니 사실관계는 대체로 확인이 되었다. 다만 그것으로 2차 가해 혹은 2차 피해라고 할 수 있을지가 문제였다. 분석을 해보니 검찰관에게 그런 혐의를 인정하기는 어렵다는 판단이 들었다. 그러나 전체적으로 보면 이 사건 수사가 피해자인 A 하사로서는 받아들이기 어려운 것이라는 데에는 조사관들과 의견을 같이했다. 개개 사건으로 보면 검찰 수사는 적법하지만 성폭력 사건과 연결시키면 피해자가 피의자가 된 사건으로 2차 가해 사건이라는 것이다. 이런 결론에 따라 그에 맞는 권고를 국방장관 등에게 하기로 하고 몇 차례에 걸쳐 권고안을 만들어 조사관에게 보냈다. 집에 와서도 조사관들과 카톡으로 연결해 의견을 교환했다. 인권위 일을 하면서 이런 식으로 일과 후에 조사관들과 의견을 나눈 것은 흔치 않다. 하지만 긴급한 사건이니 양해를 구했다. 우리가 조금 고생해 피해자에게 희망을 줄 수 있다면 보람 있는 일 아닌가?   _2022. 08. 12.

사건은 급박하게 돌아갔다. 나는 군인권보호관으로서 이 사건을 최우선적으로 신속하게 처리하는 것이 좋다는 생각으로 사무처를 압박했다. 담당 조사관들은 주말을 반납하고 조사보고서 쓰기에 전념했다. 긴급구제를 하기로 내부 방침을 세웠으니 최대한 속도를 내지 않으면 안 되었다. 그러기 위해서는 목요일 정기 상임위까지 기다릴 수는 없었다. 임시 상임위를 열어 안건을 처리하기로 하고 위원장에게 협조를 구했다.

어제(화요일) 가장 큰 일은 오후 5시에 열린 임시 상임위. 내가 요청해서 열린 것이다. ○○ 비행단에서 성폭력을 당한 A 하사에 대한 피해자보호조치를 결정하기 위해 모였다. 보고서는 내가 직접 쓴 것이나 마찬가지일 정도로 깊이 관여한 상황이라 짧은 시간이면 결정될 줄 알았는데 논의하다 보니 그렇지 않았다. ○○○ 위원은 긴급구제의 요건에 해당하는지 의문이라고 해서 나를 긴장시켰다. 그러나 대세는 긴급구제의 필요성에 대해서는 대체로 공감하는 형국. 문제는 어떤 권고할 것인가였다. 너무 적극적으로 군 수사에 개입하는 것은 과도하다는 의견과 그 정도에 이르지 않으면 긴급구제하는 의미가 없다는 의견이 제시되었다. 이런 논의 때문에 간단히 끝날 사건이 한 시간 반이나 가는 일이 벌어졌다. 결국 절충안이 채택되었는데 그 내용은 국방부장관에게 2차 피해가 일어나지 않도록 관리 감독을 철저히 할 것과 군검찰단장에게 잠정적으로 수사를 중단하라고 하는 것. 결정문을 써야 하는 내 부담이 커졌다. 사무처에서 어젯밤 아마 초안을 만들었을 것이다. 오늘 출근하면 그것을 가지고 마무리해야 한다. 이렇게라도 긴급구제 결정을 하게 된 것이 다행이다.　　　　_2022. 08. 17.

이 사건에 대한 긴급구제 결정문은 상임위원회의 의결이 있고 나서 단 하루 만에 쓰였다. 사건을 담당한 조사관이 거의 초치기로 초안을 만들어 내게 보내와 나도 밤잠을 설치며 수정 작업을 해 완성시켰다. 사건이 인권위에 접수된 지 일주일이 채 되지 않는 상황에서 모든 절차가 끝난 것이다. 인권위절차가 지지부진하다는 비판을 많이 받지만 이렇게 신속하게 일을 처리할 수 있다는 모범을 보여준 사건도 있다.

이 사건 결정을 함에 있어 인권위가 주로 검토한 것은 성폭력 사건에서 2차 피해의 의미와 이 사건 피해자가 당한 일이 거기에 해당될 수 있느냐였다. 인권위는 우선 2차 피해에 대해 「여성폭력방지기본법」에 따라 "피해자, 신고자, 조력자, 대리인이 고충의 상담, 조사 신청, 협력 등을 이유로 수사·재판·보호·진료·언론보도 등 성희롱 성폭력 사건처리 및 회복의 전 과정에서 입는 정신적·신체적·경제적 피해를 입거나 또는 신분상의 불이익 조치 등에 해당하는 피해를 입는 것"이라 보았다. 또한 이 사건 피해자에 대해 성폭력 사건에서 피해자를 피의자로 둔갑시키는 부수 사건은 왕왕 피해자의 저항 의지를 꺾는 수단으로 사용되기 때문에, 성폭력이라는 중대범죄를 근절하고 피해자를 보호하기 위해서, 수사기관은 부수 사건의 입건 및 수사에서 2차 피해가 일어나지 않도록 주의해야 한다는 점을 강조했다. 이것은 수사기관에게 숲을

봐야지 개개의 나무를 보는 방법으로 이런 사건을 수사하면 적절하지 않음을 주문한 것이다. 군대라는 특수집단에서 상관을 성폭력 가해자로 신고하는 것은 보통의 결심이 서지 않고서는 어려운 일이다. 그런 상황에서 성폭력 피해자 자신이 주도하지 않은 사건으로 갑자기 피의자로 조사받는 일은 피해자로서는 견디기 어려운 상황이라고 판단한 것이다.

세 달 뒤 이 사건의 본안 심리가 있었다. 이미 긴급구제 결정이 있었던 터라 본안 결정을 하는 것에 큰 어려움이 없었지만 심의 과정에서 어떤 논리로 본안 인용을 할지, 그리고 권고 내용을 어떻게 구체적으로 할지 깊은 논의가 진행되었다.

어제 하이라이트는 군인권보호위원회. 3시 반이 넘어 소위가 개최되었다. (중략) 문제는 성폭력 2차 피해 사건. 공군 ○○ 비행단에서 일어난 지난 8월 긴급구제 사건의 본안 사건이다. 담당 군검사와 군사경찰 담당자가 이해관계인 진술을 위해 나왔는데 자신들의 조사에 조금도 문제가 없었다며 물러서지 않았다. 한석훈 위원이 보고서 내용을 조목조목 지적하기에 의결은 물 건너가는 것 아닌지 내심 걱정했다. 그러나 한 위원도 이 사건의 2차 피해적 성격에 대해서는 인식을 같이하고 있어 결정 논리와 주문 내용을 어떻게 할 것인가만 문제로 남았다. 나는 한 위원이 말한 것을 대폭 수용했다. 틀린 말이 아니었기 때문이다. 한 위원은 조사보고서의 내용이 군검찰의 조사과정에서의 절차위반 지적이 과도하고 그것을 이유로 피해자의 방어권 침해로 보는 것은 무리라고 했다. 나도 이 보고서를 읽고 그렇게 느꼈는데(검토과정에서 조사관에게 이 사건은 2차 피해에 중점을 두어야지 절차위반에 중점을 두면 안 된다고 말했는 바, 이는 사실 한 위원이 한 말과 크게 다르지 않았다), 한 위원이 그리 말해주니 논리 정리가 오히려 잘 되었다.

나는 이 사건은 긴급구제 결정 내용대로 맥락적 이해에 의한 2차 피해에 중점을 두기로 하고, 절차 문제는 일부에 한해 지적을 하되, 그것도 2차 피해의 한 부분으로 정리하기로 했다. 결정 논리가 정리되자 그다음은 조치의견이었는데, 이는 아침에 내가 실무진과 정리한 조치의견안이 특별한 논란 없이 통과되었다. 특히 중요한 것은 공군검찰단장에게 피해자에 대해 적극적으로 불기소 처분을 고려하라는 권고였다. 이제껏 인권위의 권고에서 보지 못한 내용이었다.

이로써 3달간에 걸친 ○○ 비행단 성폭력 2차 피해 사건은 종지부를 찍었다.●   _2022. 11. 16.

●　이 사건의 피해자는 내가 퇴임하고 난 뒤(2023년 3월) 공군 검찰단으로부터 기소유예 처분을 받았다. 인권위의 권고대로 군검찰이 2차 피해 당사자를 불기소 결정한 것이다.

일본군위안부 수요집회 사건

일본대사관 앞에서 정의연대를 중심으로 일본 정부에 항의하는 수요집회는 국제사회가 반인도적 범죄로 규정한 일본군위안부들의 처절한 투쟁으로 지난 30년 동안 지속되었다. 이것은 세계사에서 유래 없는 평화적 집회로서 한국에 울려퍼지는 피해자들의 절규다. 그런데 이러한 수요집회가 최근 위기에 직면해 있다. 보수우익 단체가 수요집회를 방해하기 위해 일본대사관 앞을 선점하고 집회 중에 각종 모욕적인 발언을 함으로써 집회를 방해하고 있기 때문이다. 인권위에 이 문제가 2022년 벽두 긴급구제의 건으로 상임위원회에 올라왔다.

어제는 많은 일이 있었다. 오전 상임위…… 다음 논의는 수요집회 긴급구제 건. 수요집회가 일부 세력에 의해 방해받고 있는데도 경찰이 방임한다는 것. 나는 이 사건의 역사성을 인식하고 짧은 메모를 해갔다. 그 내용은 다음과 같다.

• 수요집회 긴급구제의 건 발언
수요집회는 일본 제국주의에 의해 자행된 반인도적 범죄에 대해 그 책임을 묻는 우리나라 시민들의 숭고한 행위로서 세계사적으로 전례를 찾아보기 힘든 운동입니다. 30년 이상 매주 같은 시간에 같은 장소에서 이루어진 세계 최장 집회입니다. 그런데 지금 이 집회가 위기에 처해 있습니다. 우리 사회의 일부 극우세력에 의해 방해받고 있는 것입니다. 따라서 오늘 이 사건은 단순히 보호받아야 할 두 집회가 동시에 같은 장소에서 이루어질 때 이를 어떻게 조정해야 하느냐의 문제가 아닙니다. 저는 정의와 진실을 추구하고 불의의 책임을 구하는 세계 최장기 집회를 어떻게 하면 보호할 수 있는지가 이 사건을 보아야 하는 우리의 문제의식이어야 한다고 생각합니다.

• 긴급구제의 요건

긴급구제는 진정 사건을 전제로 삼아 그 최종 결정을 하기 전에 하는 일종의 법원의 가처분과 같은 성격의 임시조치입니다. 다만 이런 사건은 긴급구제 결정이 본안 결정과 크게 다를 바 없는 일종의 단행 가처분적 성격을 갖습니다. 신중하게 결정해야 할 이유가 거기에 있습니다만, 저는 이 사건이 긴급구제 요건에 해당한다고 해석하는 데에는 크게 어려움이 없다고 봅니다.

긴급구제에 해당하기 위해서는 이 사건에 대한 원인사실이 우리 위원회의 조사대상으로서 인권침해에 상당한 개연성이 있어야 하고, 방치하는 경우 회복하기 어려운 피해가 발생할 우려가 있어야 합니다.

우선 위원회 조사대상으로서 인권침해에 해당하는가의 문제에 대해서는, 이 사건을 수요집회를 어떤 민간인들이 방해하기 위해 방해집회를 열고 있으니 그것을 막아 달라는 취지라고 보면 우리 위원회의 조사대상이 될 수 없습니다. 그러나 집회시위의 자유를 보호해야 하는 국가의 보호의무를 다하지 못함으로써 그 자유를 침해할 우려가 있다고 판단할 수 있으면, 국가기관의 업무와 관련한 인권침해로 우리 위원회의 조사대상일 수 있습니다. 이 사건 진정은 수요집회를 하는 데 반대세력이 집회를 방해함에도 국가(경찰)가 제대로 대응하지 않아 집회시위의 자유를 침해당하고 있다는 것이므로 그 주장이 맞다면 우리 위원회의 조사대상으로서의 인권침해에 해당한다고 판단할 수 있습니다.

그런 차원에서 볼 때 경찰이 수요집회를 보호하기 위해 충분한 직무를 다했다고 보기는 어렵습니다. 반대세력의 집회신고가 있을 때 「집시법」에 따라 시간과 공간을 분리하기 위해 충분히 노력했는지 의심스럽습니다. 나아가 집회 도중 반대세력에 의한 고성, 명예훼손적 발언 등이 있을 때 적절히 경고하고 필요한 경우 현장대응을 했는지도 의심스럽습니다. 전반적으로 저는 경찰의 태도와 대응이 미온적이었다고 판단합니다.

다음으로 '방치하는 경우 회복하기 어려운 피해가 발생할 우려가 있는가'에 대해서는 이 수요집회가 아무 때나 아무 장소에서나 하는 집회가 아니라는 점을 판단에서 중요하게 고려해야 합니다. 이 집회는 지난 30년 간 같은 장소(일본 대사관 근처, 소녀상 앞)에서 같은 시각(정오)에 계속 이루어져 왔습니다. 따라서 이 장소와 이 시간에 계속적으로 집회를 하지 못하면 이 집회의 목적과 역사성을 상실합니다. 따라서 지금 이 집회가 같은 장소, 같은 시각에 계속하는 것이 어렵다면 이미 회복하기 어려운 피해가 발생했다고 볼 수 있고 그것을 방치하면 그 피해는 계속될 수밖에 없습니다. 따라서 본안 결정 전에 우리 위원회가 나서서 임시적인 조치를 권고해야 합니다.

• 무엇을 권고해야 하는가

저는 사무처가 제안한 권고안으로는 수요집회를 보호하기 어렵다고 봅니다. 경찰에 조금 더 적극적인 대응을 주문해야 합니다. 이에 저는 다음과 같은 권고를 해야 한다고 생각합니다. 첫째, 「집시법」 제8조 제2항에 따라, 수요집회 측의 집회에 방해가 되지 않도록 반대집회가 장소와 시간을 다른 곳 다른 때에 할 수 있도록 적극적으로 권유할 것. 둘째, 동시에 두 집회가 이루어진다고 해도 반대집회에서 지나친 스피커 소음 등으로 집회를 방해하거나 위안부 할머니를 비롯해 수요집회 참가자들에 대해 명예훼손이나 모욕을 하는 일이 없도록 현장에서 범법사실을 경고하고, 피해자들의 처벌요구가 있는 경우, 적극적인 제지와 수사를 할 것.

결론은 내 의견이 채택되는 쪽으로 났다. 내가 주심이 되었고 오후 초안이 올라오자 상당한 수정을 가했다. 4시 40분. 수정을 마치고 다른 상임위원들이 검토할 수 있도록 회람 절차에 들어갔다.

_2022. 01. 14.

교정시설 과밀수용

한 나라의 인권 수준을 알기 위해서는 감옥에 가보라고 한다. 그만큼 감옥은 한 국가가 개인 인권에 어떤 생각을 가지고 있는지를 극명하게 보여주기 때문이다. 죄지은 놈이 무슨 인권을 찾느냐고 국가마저 방관한다면 그 나라의 인권은 볼 것도 없다. 그런 면에서 우리나라의 인권 수준이 여전히 후진국과 비해 크게 다르지 않다고 비판받는 곳이 감옥이다. 우리나라 감옥의 가장 큰 문제는 과밀수용이다. 시설 규모에 비해 재소자가 너무 많다. 형집행법은 거실의 경우 1인 1실이 원칙이지만 그것은 오히려 예외이고 여러 명이 함께 있는 것이 현실에서는 원칙이다. 즉 혼거가 사실상 원칙인데, 매일 먹고, 자고, 쉬어야 할 거실이 끔찍할 정도로 협소하다. 폭염 속에서 두세 명이 들어가도 숨이 막히는데 대여섯 명이 들어가 있다. 그러니 그 속에서 무슨 일이 일어나겠는가. 나는 이 과밀수용이 우리나라 인권 문제 중 가장 심각한 사안이라고 생각해 변호사 초년 시절부터 그 개선을 촉구해왔다. 그러나 지난 30년 동안 시설도 많아지고 재소자 수도 줄었음에도 그 본질은 바뀌지 않았다.

인권위에서 교정시설의 인권은 침해구제제2위원회, 즉 2소위가 맡는다. 나는 2021년 여름 이후 2소위원장이 된 후 이 문제에 본격적으로 관심을 갖고 그 개선을 위해 노력했다. 인권위는 과거 몇 차례에 걸쳐 과밀수용에 관한 실태조사를 하고 그 개선을 위한 정책 권고를 법무부에 한 적이 있다. 그러나 진정 사건에서 적극적으로 인권침해를 인정하고 그것에 기초해 개선 권고를 한 예는 많지 않다. 이 문제는 어디까 지나 정책적인 문제이지 개별적인 진정 사건으로 해결할 수 없다는 판 단이 있었기 때문이다. 그래서 내가 소위원장이 되기 전에는 재소자가 과밀수용을 이유로 진정을 해오면 대체로 각하(7호 각하, 위원회가 진정 사건을 조사하기 적절하지 않은 경우)하는 관행이 정착되었다고 해도 과언 이 아니다. 나는 이것을 바꾸기로 했다. 진정 사건이 들어오면 과밀수용 의 상황을 구체적으로 조사해서 그것이 인간으로서의 존엄성을 훼손할 정도로 심각한 경우라면 건건이 인권침해를 인정하고, 이에 기초해 즉 시 관계 당국이 대책을 세워야 한다는 것을 권고해야 한다고 생각했다. 2021년 여름 어느 날, 나는 담당국장과 침해조사과장을 불렀다.

상임위 간담회가 끝난 다음 조사국장과 침해조사과장을 불러 앞 으로 소위 운영과 관련해 내 방침을 전달했다. 다음 몇 가지를 강 조했다. 첫째, 사건 수에 따라 하루에 처리하기 어려우면 차수를 달리해 2회로 나누어 처리한다. 둘째, 조사관들이 책상 앞에서 피진정인들이 보내주는 자료에 의존해 조사하는 경우가 너무 많 다. 이것을 지양하지 않으면 안 된다. 특히 교정시설에서 일어난 사건은 진정 접수 즉시 현장에 나가 보는 게 필요하다. 코로나 상 황이라고 해도 지금 현실은 너무 안이하다. 셋째, 과밀수용과 의 료 처우에 대해서는 지금껏 사안을 제대로 살피지 않고 각하를 주로 해왔는데, 앞으로 그렇게 처리하지 않겠다. 사안별로 사실관 계를 제대로 밝힌 다음 인권침해에 해당하면 그것을 확인하고 개선을 권고할 것이다. 과밀수용을 해소하기 위해 우리 위원회가 할 수 있는 최선의 방법은 이것이라고 본다. 넷째, 교정시설에서 오는 진정은 대부분이 기각된다. 그렇다고 인권 문제가 없는 게 아니다. 증거를 찾지 못해서 그런 것이다. 따라서 교정시설에서의 인권침해를 최소화하기 위해서는 진정 사건 처리만으로는 부족하다. 방문조사 등을 통해 꾸준히 시설을 점검하고 정책 권고를 해나가야 한다. 전국의 50여 개 시설을 수 년에 한 번씩 주기적으로 방문조사를 해야 한다.   _2021. 08. 25.

나의 이런 의지에 대해 사무처는 적극적으로 화답했다. 특히 과밀수용에 관한 앞으로의 소위 처리방안에 대해 담당과장과 담당자가 움직이기 시작했다.

그래도 희망은 있다. ○○○ 과장이 오후에 ○○○ 조사관과 찾아와 문건을 내밀었다. 내가 교정시설 과밀수용 문제를 더 이상 각하하지 않고 인권침해 여부를 판단하겠다고 하니 그 기준을 가지고 온 것이다. 언뜻 보니 조금 거칠지만 방향은 대체로 좋다. 이번 소위에서 이 문제를 논의하고 다음 소위에서 그 기준을 적용시켜 보자고 했다. 그렇게 하면 앞으로 다른 사건에서 그 기준을 적용해 사건 처리가 이루어질 것이다. 인권위의 존재감을 보여줄 생각이다. 시간이 허락하는 대로 교정시설과 보호시설을 방문해서 현장 상황을 눈으로 직접 보기로 했다. 책상 앞에서만 사안을 보는 데는 한계가 있다. _2021. 09. 08.

2021년 9월 9일 소위가 열렸다. 여기에서 과밀수용과 관련해 조사관들에게 분명한 방향성을 전달했다. 앞으로 무조건 각하하는 일은 없을 것이라고. 다음 주 열릴 소위에서 특정 사건을 통해 기준을 정하고, 그에 따른 결정문을 작성할 테니, 그 기준에 맞춰 향후 사건을 처리해달라고 부탁했다.

이런 과정을 통해 내가 2소위원장으로 있는 동안 과밀수용에 관한 기준이 세워졌다. 첫 결정문은 이 기준과 관련해 내가 손을 대지 않을 수 없었다. 교정시설의 과밀수용에서 인권침해의 근거와 이유를 분명하고 설득력 있게 만들 필요가 있어, 사무처 초안을 다 들어내고 다시 썼다. 그 결정문에서 내가 직접 쓴 판단 부분을 여기에 옮겨 놓는다. 이 판단기준은 내가 2소위원장으로 있는 1년 이상 그대로 유지되었다. 이 기간 중 나는 적어도 사건 20~30건에서 과밀수용을 인권침해로 인정하고 법무부 등에 시급하게 개선할 것을 권고했다.

교정시설 과밀수용 사건 결정문(판단부분)

라. 이 사건 진정에 대한 판단

1) 진정인 1 내지 4는 각기 다른 시기에 수도권에 소재한 다른 구치소, 교도소에 수용되었던 수용자다. 진정인들은 과밀수용으로 인해 다른 수용자와의 불화, 기저질환의 악화, 정신적인 고통을 겪었다고 호소한다. 진정

인들은 모두 현원이 정원을 초과한 상태의 거실에서 생활했는데, 심한 경우 1인당 수용거실 면적이 약 1.40㎡인 거실에서 15일 가량 생활한 진정인도 있었으며, 수용된 총 224일 중 약 120일 동안 과밀 수용의 상태에서 생활한 진정인도 있었다. 진정인 각각은 일반적인 성인 남성이 다른 수용자들과 부딪치지 않기 위해 수면 시에도 주의를 기울여야 할 만큼 협소한 곳(일부는 아무리 조심해도 취침 시 신체접촉이 불가피한 상황으로 추정된다)에서 생활해야 했는데, 이는 인간으로서의 기본 생활에 필요한 최소한의 공간조차 확보받지 못한 상황이라고 볼 수 있다. 이로 인해 진정인들은 신체적·정신적 건강이 악화되거나 인격체로서의 기본 활동에 필요한 조건을 빅탈딩하는 등 극심한 고통을 경험했을 가능성이 크다.

2) 피진정인들은 진정인들에 대한 과밀수용과 관련해 공통적으로 기관 전체의 수용률이 정원을 초과해 진정인들 각각에 대한 처우가 불가피하다고 진술하거나, 코로나19 감염병 유행으로 인해 개별 수용자 거실 조정의 어려움을 강조하기도 했다. 피진정인들이 주장하는 위와 같은 상황은 개별 교정기관이 수용자들에 대한 처우 시 과밀해소에 필요한 재량의 여지를 줄이는 효과가 있는 것은 사실이다. 또한 과밀수용의 원인이 온전히 교정기관에 있다기보다는 수용자의 증가, 가석방 제도의 소극적 운영, 교정시설의 확충·운영의 어려움 등 교정기관이 스스로 해결할 수 없는 환경에서 기인한다는 것도 알려진 사실이다.

3) 그러나 수용자에 대한 과밀수용은 이제 더 이상 미래 과제로 남겨둘 수 없는 상황이다. 정부는 이 문제에 관해 기회가 있을 때마다 과밀수용을 해소하겠다고 약속한 바 있으나 상당 시간이 흘렀음에도 개선의 조짐은 크게 보이지 않는다. 이에 우리 위원회는 이 사건 진정인들의 인권침해 주장의 여부를 확인하고, 그에 기초해 정부에 과밀수용을 조속한 시일 내에

해결하라고 권고하는 것이 필요하다는 판단에 이르렀다.

4) 과밀수용으로 인해 수용자의 기본권이 침해당했는지 여부를 판단하기 위해서는 1인당 수용거실의 면적뿐만 아니라 수용시설 전반의 운영실태와 수용자들의 생활여건 및 수용거실 현황, 과밀수용의 기간, 접견 및 운동 기타 편의제공 여부 등 여러 사정을 종합적으로 고려해야 한다. 그러나 수용시설 기준이 충족되고 운동시간 확보, 접견교통 허용 등 다른 기준을 아무리 충족했더라도, 1인당 수용거실 면적이 인간으로서의 기본 욕구에 따른 생활조차 어렵게 할 만큼 지나치게 협소하다면, 그 자체만으로도 이미 국가형벌권 행사의 한계를 넘은 처우라고 볼 수 있는 바, 이는 우리나라가 가입하고 있는 자유권규약에서 금하는 '잔혹하거나 비인도적 또는 굴욕적인 대우'에 해당하며 고문방지협약상의 고문에 준하는 상황이라고 볼 수밖에 없으며, 이는 우리 「헌법」 제10조의 인간으로서의 존엄과 가치를 가지며 행복을 추구할 권리 및 「헌법」 제12조의 신체의 자유에 반한다고 할 수 있다(21진정0032900·21진정0388301·21진정0443701·21진정0501001(병합) 교정기관의 과밀수용으로 인한 인권침해).

3장

인권보호를 위한 그물망

2020년 7월 30일, 최영애 위원장과 함께 성균관을 방문해
「평등법」을 설명하고 유교계에 협력을 부탁했다.

인권위가 인권에 영향을 주는 각종 법령 및 제도를 개선하기 위해 관련 기관에 권고하는 것은 인권위의 가장 중요한 역할 중 하나다. 이를 짧게 인권위의 인권정책 권고 기능이라고 한다. 인권증진을 위해서는 크게 보면 두 가지에 집중해야 하는데, 하나는 인권개선을 목표로 법을 뜯어고치거나 새롭게 만들어야 하고, 또 하나는 부족하더라도 인권증진을 위해 만들어진 현재의 법률을 제대로 지켜야 한다. 후자와 관련된 게 앞서 본 인권위의 진정 제도라면, 전자를 위한 게 인권정책 권고다. 인권위는 인권정책과 관련된 권고를 수시로 관련 기관에 함으로써 전국민에게 영향을 줄 수 있는 새로운 인권환경을 만들기 위해 노력해왔다. 나는 이 분야를 위해 2005년 초 인권위에 인권정책국장으로 들어가 인권위 20년 역사에서 길이 남을 인권정책을 실무책임자로서 담당한 바 있다. 당시 내가 2년도 채 되지 않는 사이에 담당했던 인권정책 업무는 제1차 국가인권정책기본계획수립, 「차별금지법」 제정 권고, 사형제 폐지, 양심적 병역거부 인정 및 대체복무제 도입, 난민 인권증진을 위한 난민법 제정, 한센인 인권보장을 위한 특별법 제정 등이었다. 이 중에서 「차별금지법」과 사형제를 빼고는 모든 권고가 후일 정부와 국회에 의해 받아들여졌음을 역사가 증명한다. 이런 경험과 더불어 그 후 14년간 인권법 교수생활을 한 터라 인권정책은 실로 내가 가장 잘 아는 분야라고 자타가 인정하고 있었다. 바뀐 환경에서 나는 과연 이 분야에 어떤 기여를 하고 인권위를 떠날 수 있을까.

인권위의 인권정책 권고 분야에서 가장 중요한 역할을 하는 사람은 역시 인권위원장이다. 이 분야는 기본적으로 인권위가 스스로 의제를 설정해 추진하는 것이 파급력이 크다. 인권위가 인권 문제 중 특정 사안을 우선적으로 점검해 그 개선책을 세워 관련 기관에 제시하는 과정에서 우리 사회의 인권 흐름을 바꾸어 놓을 수도 있다. 이를 위해서는 인권위원장이 확고한 인권관을 갖고 리더십을 발휘해야 한다. 위원장의 사무처 지휘권을 행사해 사무처로 하여금 능동적인 인권 어젠다를 만들도록 계속 독려해야 한다. 나의 3년간의 경험에 비추어볼 때 1년 8개월을 같이 일한 최영애 위원장은 그런 업무에 매우 익숙한 분이었다. 최 위원장은 시민운동을 오래 해왔기에 우리 사회의 인권 흐름에 대해서는 누구보다 민감한 분이다. 그는 인권위원장이 되자마자 '차별과 혐오' 문제를 본인의 임기 중 가장 중요하게 다루어야 할 어젠다로 제시했다. 이에 맞춰 사무처 내에 임시조직(TFT)을 만들어 운영했고 외부 전문가들을 자문조직으로 끌어들였다. 최 위원장은 임기 내내 이 분야는 자신이 책임진다는 자세로 각종 회의를 스스로 주재했다. 때문에 사무처 직원이나 인권위원들도 자연스레 혐오·차별 업무가 인권위에서 가장 중요하다고 받아들일 수밖에 없었다.

인권위의 인권정책 권고는 그 주된 무대가 상임위원회다. 매주 한 번씩 열리는 상임위에서 위원장과 상임위원 3인이 사무처의 보고를 받고 정책 권고(혹은 의견표명)•를 할 것인지 여부를 결정한 후 권고를 한다면, 사무처 안대로 한 것인가 아니면 수정을 가해야 할지를 결정한다. 물론 상임위에서 처리하는 것보다 전원위가 결정하는 것이 좋은 경우에는 상임위는 심의만 하고 최종 결정은 전원위가 맡는다. 하지만 이 경우에도 전원회 회부 여부는 상임위가 판단하니 상임위의 역할은 클 수밖에 없다. 상임위의 안건 처리 과정에서는 회의 전 사무처가 상임위원들에게 미리 보고해 그 내용을 설명하지만, 상임위원으로서는 그런 설명만으로는 안건을 이해하기가 쉽지 않다. 이 업무를 잘하기 위해서는 유능한 보좌 인력이 있어 안건과 관련된 자료를 조사하고 쟁점이 무엇인지 사전 점검이 필요하다. 경우에 따라서는 관련 문제에 관한 해외 입법례를 살펴서 비교·검토도 해봐야 한다. 또한 관련 이해관계자들의 입장이 무엇인지 직접 챙겨야 그 안건의 필요성과 시급성을 판단할 수 있다. 그러나 이 모든 일을 하기에 현재 상임위원이 가용할 수 있는 지원 인력은 부족하고 더욱 준비할 시간은 터무니없이 짧다. 사실 매주 올라오는 안건 보고서를 읽어보는 것조차 힘에 부칠 때가 많다. 정책비서는 진정 사건 결정문 초안을 독려하고 그것이 올라오면 내가 준 지침대로 수정하기도 바쁜데 거기다가 이런 정책 안건의 조사업무 등을 시킨다면 매일 밤을 새워도 부족할 것이다. 그렇기에 상임위원실에 배치되는 정책비서들의 고충이 크다. 업무량도 많고, 거기에다 인사제도의 허점으로

● 인권위에서는 인권정책과 관련해 '권고'와 '의견표명'을 구별해 사용한다. 외부에서 보면 특별히 분리할 필요가 없는 용어이지만 인권위가 이렇게 구별해 사용하는 것은 「인권위법」상 두 개념 간 효력이 약간 차이가 있기 때문이다. 인권위가 '권고'한 경우는 상대기관이 일정 기간 내에 수용 여부(수용하는 경우는 이행 계획을, 수용하지 않는 경우는 그 이유를)를 통보해야 하나, '의견표명'만 한 경우에는 그런 의무가 없다.

인사에서마저 혜택을 못 받으니 누가 상임위원실로 오려고 하겠는가.

하여튼 이런 상황이기 때문에 나는 결단을 내리지 않을 수 없었다. 정책비서가 너무 많은 일을 해 상임위원실 업무가 기피 업무가 되는 일은 막자! 다른 직원들처럼 퇴근 시간이 되면 귀가할 수 있도록 업무환경을 만들어 주자! 이 원칙을 지키자면 내가 고생하는 수밖에 없었다. 그것은 차관급 상임위원이라는 생각을 잊고 일하는 것이다. 나는 진정 사건을 처리할 때도 그랬지만, 과거 어떤 상임위원보다도 내 스스로 일하는 업무 영역을 넓혔다. 직접 컴퓨터 자판을 치며 결정문을 손보았다. 어떤 것은 사무처가 작성한 초안을 버리고 새로 쓰다시피 했다. 정책 권고와 관련된 업무는 원칙적으로 내가 스스로 해야 하는 영역이라고 생각해 정책비서에게 가끔 자료를 찾아 달라고 부탁하는 경우 외에는 일을 주지 않았다. 나의 3년간의 인권정책 분야 업무는 그렇게 수행되었다.

사무실에 도착하면 전날 퇴근 이후 쌓인 전자결재판의 각하 사건을 처리하고, 이어서 책상에 쌓인 안건자료(보통 그 주의 상임위 안건)를 읽는다. 필요한 경우 안건자료를 만든 사무처의 담당자(혹은 과장)를 불러 설명을 듣고 그 과정에서 내 의견을 정리한다. 보고서 외의 자료가 필요하다고 생각되면 재빨리 관련 논문이나 보고서를 인터넷 검색을 통해 찾아 읽어본다. 이런 과정을 거친 다음 목요일 아침 상임위원회로 들어간다. 검토를 잘해 내 입장이 선명하게 정리되었으면 발걸음이 가볍지만 그렇지 못한 경우에는 발걸음이 무겁다. 도대체 이 안건에서 내 역할은 무엇일까? 도대체 무슨 말을 해야 할까? 회의 석상에서 시간이 없어

검토를 제대로 못해 할 말이 없다고 말할 수는 없지 않은가. 그것은 내 성격상 죽어도 할 수 있는 말이 아니었다. 자, 이렇게 보낸 지난 3년간 나는 어떤 인권정책 안건을 다루었을까. 3장에서는 주요 정책권고를 중심으로 그 이야기를 풀어가고자 한다.

「평등법」 제정 권고(의견표명)

내 임기 중 가장 중요한 정책 사안은 「차별금지법」, 곧 「평등법」 의견표명이었다고 생각한다.[*] 인권위는 2006년 처음으로 포괄적으로 차별을 금지하는 법률 제정의 필요성을 강조하며 「평등법」[**] 제정을 관련 기관에 권고했다. 이 권고는 다른 법률 권고와 달리 인권위가 오랜 기간 연구를 통해 법안의 초안을 만들어서 권고(의견표명)하는 것이라 인권위 입장에서는 많은 공력이 들어가는 작업이었다. 비록 2006년의 권고가 바로 효과를 나타내지는 못했지만 「차별금지법」의 필요성에 대해 우리

---

[*] 인권위는 2020년 6월 30일, 국회에 인권위가 제시하는 「평등 및 차별금지에 관한 법률」(「평등법」) 시안을 참조해 조속히 입법을 추진할 필요가 있다는 의견을 표명했다.

[**] 이제껏 이 정책 권고권고와 관련된 법명은 「차별금지법」이었다. 2006년 인권위 1차 권고 때 그 법명을 사용했다. 그러나 2차 권고를 하는 과정에서 이 용어가 너무 강하다는 의견이 있었다. '금지'라는 용어가 이 법 제정에 반대하는 사람들의 부정적 정서를 자극한다는 것이다. 그래서 용어를 조금 완화하고 긍정적 이미지의 법명을 사용하자는 의견을 받아들여 「평등법」이라는 용어를 사용하기로 했다.

사회에 화두를 던진 것은 분명했다. 지난 십수 년 동안 수차례에 걸쳐 국회에 법안이 제출되었는데 모두 인권위 권고에 토대를 두었다는 것이 그 증거다. 2006년의 작업은 내가 실무책임자로 일했기 때문에 오랜 시간이 지났지만 그 여운이 아직도 남아 있다. 그런데 운명의 장난인지 상임위원으로 들어가자마자 이 일을 다시 한번 하게 됐다. 2006년 당시 나와 함께 일했던 최영애 상임위원을 이제는 위원장으로 만났던 터라 인권위에 출근하고 나서 며칠 후 최 위원장은 「차별금지법」 시즌2를 시작한다고 하면서 거기에 참여할 것을 권유했다. 나로서는 피할 수 없는 일! 그렇게 해서 차별 분야 업무를 맡고 있는 정문자 위원과 함께 준비팀에 참여했다.

오후에는 「차별금지법」 쟁점점검팀 회의가 있었다. 「차별금지법」 권고는 인권위 역사에서 가장 중요한 정책 과제다. 14년 전 나는 인권위가 「차별금지법」 제정을 권고할 때 주무국장으로서 이 권고안을 만들었다. 당시 상임위원이었던 최영애 위원이 이번에는 인권위원장으로서 이 팀을 직접 주재하고, 또 당시 같이 상임위원으로 일했던 정강자 위원도 합류했다. 그리고 주무 담당자는 여전히 2006년 「차별금지법」 권고 당시 함께했던 김화숙 선생(사무관)이 맡았다. 고려대 이준일 교수가 곧 비상임위원으로 임명된다고 하는데, 그도 이 점검팀에 자문위원으로 들어와 토론에 참여했다. 첫날은 법안 명칭과 차별 사유에 대해 논의했다. 나는 이 논의가 생산적으로 진행되기 위해서는 전문가 한두 사람이 더 추가될 필요가 있다고 말했다. 이찬진, 최은순 변호사를 추천했다. 만일 이들이 합류하면 논의가 보다 원활해지리라 생각한다. 회의를 진행하다 보니 말을 줄이려고 그렇게 애를 썼지만 줄이기가 어려웠다. 점점 인권위에서 내가 해야 할 일이 많아져 감을 느꼈다.

_2020. 01. 30.

오후에는 「차별금지법」 쟁점검토팀 회의가 세 시간에 걸쳐 열렸다. 이번이 두 번째 회의인데 전문가 두 명이 더 합류했다. 회의에 참석한 멤버는 위원장, 정강자, 정문자, 이준일, 최은순, 이찬진, 사무총장, 차별국장, 서수정, 김화숙 등. 주로 차별 개념을 논의했다. 내가 주장한 차별의 기초 개념이 주로 논의되었는데, 차별은 그 개념 자체가 금지되는 행위를 의미하니 합리적 차별 혹은 합리적 사유가 있는 차별이라는 말은 써서는 안 된다고 했다. 참석자들 대부분이 이 주장에 동의했다.

_2020. 02. 14.

오후에는 「차별금지법」 쟁점검토팀 회의가 있었다. 장장 세 시간 반 이어진 회의. 이번이 세 번째. 괴롭힘, 성희롱 등 차별 개념에 대한 논의가 주를 이루었다. 이준일 교수가 이제 2월 28일부로 자문위원에서 인권위원으로 참여하게 된다. 위원회에 큰 힘이 되리라 기대된다.

_2020. 03. 01.

오후에는 「차별금지법」 쟁점검토팀 회의가 있었다. 매주 1회 세 시간 가까이 진행되는 마라톤 회의다. 인권위에서는 위원장, 상임위원 2인(정문자, 박찬운), 이준일 위원, 사무총장, 차별국장, 그리고 실무진(서수정, 김화숙)이, 외부에서는 정강자, 이찬진, 최은순 등이 참여했다. 전문가 검토팀으로서는 그 이상의 팀이 만들어지기 어려울 정도 훌륭하다고 생각한다. 논의도 매우 심도 있다. 이 자리에서 나는 과거 2006년 「차별금지법」안 실무책임자로서 했던 경험을 되살려 새로운 법안을 만드는 데 주요 역할을 하고 있다. 과거 법안에 대한 설명, 현재 시점에서의 문제점, 발전적 대안 등을 말함으로써 논의가 생산적으로 되도록 도움을 줬다. 어제 회의도 그랬다. 앞으로 두세 번 회의를 더 한다면 인권위의 새로운 「차별금지법」안이 성안될 수 있으리라 생각한다. _2020. 03. 18.

어제 오후에는 「차별금지법」 쟁점검토팀의 여섯 번째 회의가 있었다. 이제 막바지다. 가장 쟁점이 된 부분은 입증책임 부분이었다. 이 부분은 지극히 법률적인 분야라 비법률가가 의견을 내기 어렵다. 법률가들마저도 자칫하면 말이 꼬이기 십상이다. 나조차 알기 쉽게 설명하면서 의견을 이야기하기가 어려웠다. 나는 입증책임 배분 문제로 접근해야 한다고 주장했다. 차별행위의 기초사실에 대해서는 피해자 측이, 정당한 사유와 관련된 부분은 가해자 측이 입증책임을 부담하자는 것이다. _2020. 03. 24.

어제 오전 「차별금지법」 관련 인권단체 간담회가 있었다. 나는 간담회에서 사회를 맡았다. 「차별금지법」에 관심 있는 인권단체의 쟁쟁한 전문가들이 참여했다. 지난 두 달간 위원회가 여덟 번의 회의를 통해 만든 「차별금지법」 시안에 대해 의견을 듣는 자리였다. 많은 비판이 있을 것 같았는데 의외로 비판은 약했다. 시안 일부에 대해 좋은 수정 제안도 받았다. 위원회가 귀담아 들어야 할 부분이라 생각했다. 특히 코로나 국면에서 발생한 각종 차별 문제를 어떤 식으로 「차별금지법」에 담느냐도 새로운 과제라는 의견(국가비상사태에서의 차별금지)은 곱씹을 만했다. 인권위의 업무에서 시민사회와의 협력은 매우 중요하다. 이것을 간과하면 인권위는 항상 그 정체성에 도전받는다. 어제 간담회는 그것을 일깨우는 소중한 시간이었다. _2020. 04. 09.

점심을 먹고 내 마음의 고향 명동 카페 '가무'로 발걸음을 재촉했다. 거기서 인권단체 사람들 몇몇을 보기로 했기 때문이다. 박○○, 홍○○, 김○○, 이○○ 네 분이 나왔다. 용건은 위원회가 추진하는 「차별금지법」에 입장을 전달하는 것이었다. 이분들이 주장하는 것은 딱 하나. 차별사유에 성소수자를 위한 '성별정체성'을 넣어야 한다는 것이다. 인권위 안을 만들면서 적잖게 이 문제를 논의했지만 이것을 넣으면 기독교계의 강한 반발로 입법화가 어려워질 것이라는 현실론에 부딪혀 현재 안 에는 이것이 들어가 있지 않다. 이분들은 이것을 문제 삼으며 위원회가 「차별금지법」을 추진하면서 이것을 빼는 일은 있을 수 없다는 것이다. 다른 어떤 내용보다도 이것이 중요하니 꼭 넣어줄 수 있도록 노력해달라는 것. 나는 이 문제에 대한 논의과정에서 소극적 견해를 취했었다. 나 역시 「차별금지법」 추진이 이 문제에 대한 논란으로 축소돼 위험에 빠질 수 있다고 판단했기 때문이다. 그리고 '성별정체성'을 차별 사유에 넣지 않는다고 해도 충분히 해석상 가능하다는 논리도 소극적 견해를 취하는 데 크게 작용했다. 한마디로 입법을 위한 전략적 판단을 한 것이다. 이번 주 목요일과 금요일에 열릴 인권위원 워크숍에서 이 문제가 본격적으로 논의될 터인데, 내가 입장을 바꾸어야 할지 고민이다. 인권단체 로비가 바로 이런 것이다. 길게 보면 긍정적인 모습이다. 서로 역할이 다른 것이다. 역사에 부끄럼 없이 판단하고 일해야겠다.　　　　_2020. 06. 02.

1박 2일간 인권위원 워크숍을 다녀왔다. 워크숍에서 가장 공을 들인 것은 위원회가 추진해온 「차별금지법」안을 소개하고 마저 정리하지 못한 몇 개의 쟁점에 대해 논의하는 일이었다. 위원장과 정문자 상임위원, 그리고 나는 법안을 만드는 과정에 처음부터 참여했기 때문에 주로 다른 위원들에게 법안을 설명하는 위치에서 회의를 진행했다.　　　　_2020. 06. 06.

어제 아침 최영애 위원장이 상임위원들을 부르기에 가보았더니 「차별금지법」 관련 이야기를 했다. 최 위원장이 ○○○와 통화를 했는데 청와대 분위기가 매우 냉랭하더라는 것이다. ○○○가 정부 협조 없이 입법을 추진한다는 것은 국가기관의 자세가 아니라고 했다는 것이다. 우리가 지난 워크샵을 통해 의원입법 추진 전략을 세웠는데 그 전략을 상당히 수정하지 않으면 안 될 상황이 생긴 것이다. 나는 6월 30일 임시 전원위에서 「차별금지법」을 통과시킬 때 입장 표명 대상기관으로 당초 예정했던 국회의장 이외에 정부(국무총리)를 넣자고 제안했다. 인권위가 공식적으로 의원입법의 방향을 이야기하지 말고 정부 입법이든 의원 입법이든 환영한다는 정도에서 발표를 끝내자고 했다.   _2020. 06. 10.

어제는 매우 의미 있는 결정을 했다. 드디어 전원위원회에서 「차별금지법」(「평등법」) 시안을 의결하고 국회에 입법화를 촉구하는 의견표명을 했다. 「평등법」을 입법화하자고 인권위가 제안하는 것은 이번이 두 번째 시도다. 나는 이 두 시도에 모두 중심에 서 있었다. 2006년 첫 번째 시도에서는 사무처의 인권정책국장으로서, 이번은 상임위원으로서 역할을 했다. 이번 「평등법」안을 만들기 위해 지난 2월부터 검토TF가 만들어져 아홉 번에 걸친 마라톤 회의 끝에 초안을 만들었다. 그리고 난 뒤 위원들에게 공개해 몇 번에 걸친 토론을 이어 나가면서 쟁점 부분을 수정했다. TF가 만든 초안의 중요 내용 상당 부분(시정명령, 단체에 의한 소송지원 등)이 삭제되고 바뀌었다. 어제 최종안을 확정하는 과정에서는 한 위원이 소수의견을 쓰겠다고 해서 뜨악한 상황을 맞기도 했다(내가 나서서 반대의견은 법안의 쟁점사항을 정리하는 참고자료에 담아 국회에 보내자고 설득해 가까스로 무마했다). 전원위에서 「평등법」을 의결한 후 기자 앞에 전 인권위원이 도열해 회견을 했다. 역사적인 순간이었다. 아마 인권위 역사에서 이런 식의 기자회견은 처음이 아닐까 생각했다.

오후에는 위원장과 함께 이 법안을 대표 발의하겠다는 민주당의 이상민 의원을 국회에서 만났다. 이의원은 법조인 출신으로 선이 굵은 의원으로 알려져 있는데, 듣던 대로 말이 잘 통했다. 「평등법」 붐을 일으켜서 법안을 통과시키도록 노력하겠다고 약속했다. 앞으로 상황이 어떻게 돌아갈지 가늠하기는 어렵지만 일단 교두보를 쌓은 느낌이다. 많은 장애물이 도사리고 있을 것이다. 기독교계의 극렬한 반대, 나아가 경영계 등의 반대도 예상되기에 의원들이 잘 움직여줄지 걱정이다. 그러나 인권위가 할 일은 했다. 내가 그 역사의 한 가운데에 있었다는 사실에서 조그만 긍지를 느끼는 하루였다.   _2020. 07. 01.

어제 오후 「프레시안」과 「평등법」과 관련해 인터뷰했다. 상임위원으로서는 이 법안에 대해 심층적으로 인터뷰하는 것은 내가 처음일 테다. 「평등법」의 역사와 필요성, 그리고 「평등법」의 내용에 대해 비교적 상세히 설명했다. 앞으로도 기회가 된다면 이런 류의 인터뷰는 계속할 예정이다. 인터뷰가 끝나고 국회로 달려가 위원장, 이상철 위원과 함께 야당 원내대표인 주호영 위원을 만났다. 법조인 출신인데다 이상철 위원과는 동향이라 분위기가 화기애애

했다. 주 의원이 나에 대해서도 의외로 많이 알고 있었다. 메아리 없는 이야기였지만 잘 들어주었다는 데에서 의의를 찾는다. 지난 며칠간 국회의장, 이상민 의원, 심상정 의원 등을 만나 협조를 구했다. 앞으로도 여야의 중진의원을 좀 더 만나 「평등법」 발의 대열에 참여를 독려할 생각이다.　　　　　　　　_2020. 07. 08.

「평등법」 이야기는 여기서 맺는다. 사실 「평등법」에 관한 일은 위에서 언급한 것 외에도 수없이 많다. 최 위원장은 임기 내내 이 문제에 매달렸기 때문에 수시로 입법화를 위해 국회를 비롯 종교계, 법률가 등 여러 단체 등을 찾아다녔다. 나도 기회가 닿는 대로 최 위원장과 동행해 힘을 보탰다. 이상의 활동을 통해서도 알 수 있듯이 「평등법」 관련 인권위 정책 권고는 최영애 위원장의 노력이 돋보이는 작품이다. 여기에 정문자 상임위원이 저돌적으로 앞장섰고, 보수적인 인물로 알려진 이상철 위원마저도 협조를 아끼지 않았다. 나아가 밖에서는 정강자 전 상임위원, 이찬진 변호사, 최은순 변호사 등이 인권위 초안을 만드는 과정을 적극적으로 도왔다. 물론 이 모든 것들은 사무처, 특히 강문민서 국장, 서수정 과장, 김화숙 사무관의 헌신적 노력 없이는 불가능했을 것이다. 그럼에도 아쉬운 점은 최 위원장 임기가 끝나 가는 데도 입법화의 움직임은 보이지 않은 것이다.

제4차 국가인권정책기본계획 권고

인권위는 2022년 8월 3일 '제4차 국가인권정책기본계획(2023~2027)'을 대통령(소관: 법무부장관)에게 권고했다. 이 권고에서 인권위는 향후 5년간 시급히 해결하거나 집중적으로 개선해야 할 100개의 핵심 인권과제를 선정했다. 국가인권정책기본계획, 일명 NAP• 권고는 인권위 설립 이래 인권위가 정부에 하는 가장 중요한 인권정책 권고다. 매 5년에 한 번 인권위가 대한민국 인권 청사진 안을 만들어 권고하면 정부는 이에 기초해 5개년 계획을 수립해 시행한다. 2006년 처음으로 인권위가 권고했고 그 후 계속되어 현재 제3차 NAP가 시행 중이다. 원래 계획대로라면 정부는 올해(2023년)부터 제4차 NAP를 시행해야 한다. 이를 위해 인권위는 2022년 정부에 제4차 NAP 권고를 목표로 2021년 NAP 권고 추진단을 만들어 운영했다.

한 나라의 인권 청사진을 주기별로 만들어 시행한다는 것은 매우 중요한 업무다. 과거 우리나라가 개발도상국 시절 5개년 경제계획이라는 것을 만들어 시행함으로써 성공적인 경제개발을 한 바 있는데 인권 분야도 그런 방식으로 한 국가가 의지를 갖고 시행하면 인권 선진국이 될 수 있다는 믿음을 국제사회가 공유하고 있다. 이 때문에 유엔을 중심으로 국제사회는 각국에 NAP 수립과 시행을 독려하는 것이다. 우리

• National Action Plan for the protection and promotion of human rights의 약자. '인권보호와 증진을 위한 행동계획'이라고 번역할 수 있는데, 우리나라에서는 이를 '국가인권정책기본계획'이라고 번역했다.

나라는 NAP에 대해 아무런 문제의식을 갖지 못하다가 2001년 인권위가 설립되고 나서야 그 필요성을 인식하기 시작했다.

제1차 NAP 권고는 실로 인권위의 모든 역량이 들어간 초대형 정책 권고였다. 3년간에 걸쳐 20개가 넘는 인권상황 실태조사를 한 다음이에 기초해 각 분야별 인권정책 권고가 이루어졌다. 권고안을 만들기위해 내외부 전문가로 구성된 추진단과 그를 지원하는 사무처 실무기획단이 만들어졌다. 나는 당시 인권정책국장이자 실무기획단장으로 사실상 초안을 세우는 중추 역할을 맡았다. 수십 번의 마라톤 회의를 통해초안이 만들어지고 추진단의 검토와 시민사회단체의 의견을 수렴한 뒤최종적으로 전원위원회의 의결을 통해 제1차 NAP 권고안이 나왔다. 이런 경험이 있기에 내가 제4차 추진단을 주도하는 것은 자연스러운 수순이었다. 내가 이 업무를 진두지휘하는 일은 상임위원이 되는 순간 결정된 것과 마찬가지였다.

이하에서는 인권위의 제4차 NAP 권고가 어떤 과정을 거쳐 만들어졌는지 내가 기록한 일기를 통해 보여주고자 한다. 인권위의 정책 권고가 모두 이런 과정을 거치는 것은 아니지만 주요 안건은 이런 방식으로 추진된다. 적어도 내가 충심을 다해 만들었던 인권위 정책 권고는 이런 것이다. 물론 이런 과정에서 나도 많은 한계를 느꼈다. 일할 사람은부족하고, 인권위 구성원들의 의지도 약했다. 이런 상황에서 그래도 무언가를 만들어 내려면 누군가는 밤을 새우는 노고가 필요하다. 아래일기에 나와 있지만 제4차 NAP 권고에서 가장 고생을 많이 한 사람은주무과장과 담당자, 그리고 그 외의 인권정책과 직원들이다. 그들에게 공을 돌린다.

오늘은 참으로 피곤한 하루였다. 오전 상임위에서 여섯 건의 안
건이 다루어졌고, 오후 소위원회에서는 80여 건의 사건을 처리했
다. 오늘 상임위에서는 NAP 권고안 준비 보고가 있었다. 올 중으
로 NAP 권고안을 마련해 정부에 권고하려는 것이다. 예상했던 대
로 내가 NAP 권고안 추진단장을 맡았다. 16년 전 나는 이 추진단
의 실무단장을 한 바 있다. 이제 시간이 흘러 상임위원으로서 추
진단장을 맡게 된 것이다. 책임이 무겁다. 주무과(인권정책과) 조형
석 과장이 얼마나 나와 호흡을 맞추며 일할 수 있을지 모르겠다.

_2021. 04. 01.

오전에는 조형석 과장을 불러 NAP 권고 추진과 관련해 의논을
했다. 추진단장으로서 몇 가지를 당부했다. 추진단에 들어올 외부
인사는 명망가로만 해서는 안 된다는 점, 권고안 구성 체계는 바
꾸는 것이 필요하지만 신중을 기해야 한다는 점, 정책국장이 일
정한 역할을 할 수 있도록 해야 한다는 점. 현재로서는 이 과제가
잘 되어갈지 낙관하기 힘들다. 나로서는 상당히 과부하가 걸릴
만한 과제다. 상임위원 중 NAP에 대해 잘 아는 사람이 없고, 올
해는 인권위원 교체기라 내 역할이 클 수밖에 없다. 일복이 터진
것이다.

_2021. 04. 02.

오후에는 조영호 정책국장과 조형석 과장을 불러 NAP 권고 준비에 대해 몇 가지 사항을 당부했다. 내가 조 국장과 조 과장에게 당부한 것은 다음 몇 가지다. 첫째, 추진단장으로서 적절한 역할을 할 뿐 과거 국장 시절로 돌아가진 않겠다. 둘째, 추진단은 권고의 방향과 주요사항을 논의해 결론을 내리는 것에 중점을 둘 것이다. 셋째, 정책국장은 추진단에 들어오는 것이 좋겠다. 회의는 월 1회를 원칙으로 하고 필요하면 임시회의를 열겠다. 결재와 관련해서는 회의 주재자로 회의 결론(결과)를 확인하는 결재는 내가 맡을 것이고, 위원장에게는 필요하면 결과 보고를 별도로 해주는 것이 좋다 등등…….   _2021. 04. 05.

오후에 NAP 추진단 제1차 회의가 있었다. 16년 전 나는 제1차 권고안을 만드는 과정에서 추진단의 실무책임자로 참여했다. 당시이 업무를 수행하는 게 쉽지 않았다. 이 정책 권고의 의미를 정확하게 이해하지 못하고 업무를 시작했기 때문이었다. 그런 상황에서 수개월 작업한 끝에 권고안 초안을 확정했고 전원위의 의결을받아 정부에 권고했던 기억이 새롭다. 이제 이 업무를 책임지는자리에 있으니 어깨가 무겁다. 오늘 회의는 외부 위원들의 이해를돕기 위해 NAP의 개념과 추진과정을 설명하고 다음 회의부터 결정해야 할 과제를 정했다. 회의에 들어가기 전 말을 줄이고 실무과장에게 설명 기회를 많이 준다고 했지만 결과적으로 그러지 못했다. 오늘도 내 말이 많았다. 나의 병통이다. 해야 할 말을 했지만 줄여야 한다. 다음 회의부터는 나와의 약속을 지켜보려 더욱 노력해야겠다. _2021. 04. 19.

오후에 NAP 추진기획단 회의를 주재했다. 기획단이 발족하고 두 번째 회의다. 오늘 회의의 주된 논의는 NAP 권고안의 체계에 관한 것이었다. 세 번의 NAP 권고대로 권리주체와 권리유형별로 권고할 것인가, 아니면 이에 변화를 줄 것인가? 실무진이 세 개의 안을 준비해 설명하고 토론에 들어갔다. 사무처는 선택과 집중의 원칙하에 제4차 NAP 권고안은 주요 목표를 제시하고 그에 따른 추진과제를 열거하자는 안을 새로운 방향으로 내놓았으나, 많은 위원이 우려를 표시했다. 그런 경우 기존 틀에서 제시한 많은 정책과제가 빠질 염려가 있고, 목표를 설정하기가 생각보다 쉽지 않다는 것이다. 타당한 의견이다. 오늘 회의에서는 특별한 결론을 내지 않았다. 위원들의 우려를 고려해 초안 작업에 들어간 다음 일정 성과가 나오면 기획단 회의를 열어 점검받기로 정리했다. 올해 중으로 권고안을 작성해 상임위와 전원위의 의결을 받는다는 목표로 준비하지만 뜻대로 될지 걱정이다. _2021. 05. 06.

NAP 권고안이 마련 중이다. 어제 담당자(박유경)가 와서 상황보고를 했다. 오늘 추진기획단 회의가 줌 방식으로 열린다. 실무진이 전문가들과 함께 만든 목표와 과제에 대해 설명하고 의견을 물을 것이다. 다음 주에는 오늘 기획단 회의 결과를 토대로 정리한 안을 가지고 시민사회 간담회가 열린다. 이런 과정을 거쳐 올 가을 내로 초안을 마련할 예정인데 순조롭게 진행될지 모르겠다.

_2021. 08. 12.

오후에는 NAP 추진기획단 회의가 줌 방식으로 개최되었다. 몇 번의 줌 방식 회의가 있었지만 그중 잘된 회의였다. 대형 모니터가 준비되고 카메라와 스피커가 고급화되니 참여자와 의사소통이 쉬웠다. 어제 회의 목표는 실무단이 만든 권고안의 목표와 과제에 대해 의견을 듣는 것. 전문가들 회의라 비교적 쉽게 쟁점을 찾아 집중할 수 있었다. 이 회의와 다음 주 있을 시민단체와의 회의를 거쳐 실무안을 수정한 다음, 다시 한번 기획단 회의를 하기로 했다.

_2021. 08. 13.

오전에 NAP 권고안 관련 시민사회 간담회를 줌 방식으로 진행했다. 25개 단체가 참여했다. 다들 일가견이 있는 사람들이라 꽤 조심하면서 사회를 보았다. 권고안의 기본방향과 목표를 제시하면서 의견을 물었는데, 여러 참여자가 빈약한 자료를 제공했다고 불만을 토했다. 우리가 제시한 내용에 대해서도 이견이 많이 표출되었다. 나는 최선을 다해 참여자들의 의견을 경청했고, 다음 기회에 좀 더 좋은 토론을 하기 위해 노력하겠다고 약속했다. 참여하는 분들의 마음을 상하게 하지 않게 하며 일정한 성과를 거두는게 여간 힘든 일이 아니다. 그렇지만 인내하면서 하는 수밖에 없다. 그것이 공직에 종사하는 사람의 도리이고 특히 우리와 같은 국가기관의 소임이다.   _2021. 09. 08.

NAP 권고안 작업을 점검하기 위해 조형석 과장과 박유경 선생을 불렀다. 담당자는 여러 설명을 하지만 내용을 들여다보니 지난해에 했던 말과 비교했을 때 진척된 게 없다. 우려를 전달하고 속도감 있게 진행할 것을 주문했다. 점검을 마치고 조 과장만 남으라고 한 뒤 그와 대화를 이어갔다. 조과장이 슬럼프에 빠진 듯하다. 작년 연말부터 그의 어깨가 축 처져 있는 것을 여러 번 보았다. 자주 찾아오던 발길도 뜸해지고, NAP를 비롯해 여러 주요 업무가 제대로 진척이 되지 않는 것 같았다. 오늘 물어보니 정말 그랬다고 한다. 뭔가 격려를 해야겠다는 생각이 들었다. 마음에서 우러나오는 말 몇 마디를 했다. "너무 앞만 보지 마시오. 살다 보면 어려운 시기가 분명 있소. 능력 있게 일하되 주변 사람을 챙기면서 함께 무언가를 이루도록 해봐요⋯⋯." 조 과장은 내게 크게 고마워했다. 나도 이제 나이를 먹는 모양이다.   _2022. 01. 05.

오후에는 정책과 박유경 선생으로부터 NAP 권고안 준비과정을 보고 받았다. 원래 스케줄보다 많이 지연되고 있는 과제다. 일을 시작한 지 반년 이상이 지났지만 아직 어떤 내용을 넣어야 할지도 제대로 정리하지 못했다. 오늘은 시간을 내 핵심과제를 하나하나 훑어보았다. 여러 문제가 발견되어 재검토를 지시했다. 다음 주 추진단 회의를 열기로 했는데 그때까지 제대로 준비될지 모르겠다. 그럼에도 담당자에게 이 일이 얼마나 중요하고, 이 일을 담당하는 직원이 얼마나 중요한 일을 하는지, 누누이 말해주었다. 이 일을 잘 끝내면 인권위 최고의 인권정책전문가가 된다고 한껏 격려를 했다. 그렇게라도 해서 끌고 가야 하는 일이기 때문이다.

_2022. 01. 26.

오후에는 NAP 권고안 추진단 회의는 줌으로 했다. 정영선 교수 등 일곱 위원이 참석해 실무팀의 초안에 대해 의견을 교환했다. 예상했던 대로 초안의 점수는 아주 박했다. 핵심과제가 중복되고, 누락된 것이 많았다. 회의를 주재하면서도 큰일이라는 생각이 들었다. 반년 이상 큰 발전이 없는 것을 실무초안이라고 내놓았으니 아마 내가 외부위원이었더라도 신랄하게 비판했을 것이다. 사무처 입장을 고려해 공개적으로 질책하기는 어려웠지만 단호한 어조로 담당자에게 빠른 시간 내 초안을 보완할 것을 주문했다. 사실 내가 다른 상임위원에 비해 과한 책임을 지고 있는 게 사실이다. 소위에 대한 부담도 제일 큰데, 거기에다 군인권보호관 준비, NAP 권고안 준비, 지역인권전문위 업무 등…… 일복이 터진 셈이다. 그러나 지금은 내가 회피할 수 있는 상황이 아니다. 어떻게 해서라도 임기 동안 성과를 내야 하는 게 내 임무다. 11개월도 안 남은 상황에서 걱정이 많다.

_2022. 02. 16.

오후에는 NAP 권고안 시민사회 간담회를 주관했다. 줌으로 했는데 20여 명이 참여해 많은 말을 쏟아냈다. 정책과가 만든 초안에 높은 점수를 주기 어려우니 많은 비판이 나올 수밖에 없다. 간담회가 끝난 후 정책과에 내 의사를 전달했다. 목요일 오후 2시부터 내가 정책과 직원 전부를 모아 놓고 초안을 처음부터 검토하겠다고. 이런 회의가 수 회 있었어야 했는데 하지 못했다. 초안이 너무 늦게 나온 것이 직접적 이유이지만 NAP에 대한 위원회의 관심도가 떨어져 있기 때문이다. 제1차 권고안 작성의 실무 책임을 맡았던 나로서는 17년 전의 일이 새롭다. 당시 인권위는 어떤 열정이 있었는데(물론 그때도 나는 부족하다는 생각이 많았다) 지금은 그게 보이지 않는다. 그때는 인권위의 모든 역량이 동원되었는데 이제는 한 과가 담당하는 작은 일이 되었다. 격세지감을 느낀다. 이런 정도의 작업으로 어떻게 정부의 NAP 수립을 견인할 수 있을지 걱정이다. _2022. 04. 19.

오후에는 NAP 권고안 초안 검토. 인권정책과는 그동안 전 과원을 동원해 권고안 초안을 만들었다. 100개 핵심과제를 만들어 나름 노력했다. 이제 추진단장으로 이 내용을 점검하고 초안을 완성할 시간이 되었다. 내게 맡겨진 크나큰 임무다. 오늘 나는 정책과 과원 모두를 앞에 두고 사무처 초안의 문제점을 하나하나 지적하고 수정할 것을 요구했다. 특별한 반론은 없었다. 이제 며칠 전 시민사회간담회에서 여러 단체 제안한 것과 오늘 내가 지적한 것을 토대로 초안보완 작업을 거친 다음, 그것을 가지고 추진단 전체회의를 열기로 했다. 그것이 끝난 다음 초안을 다시 한번 과원들과 검토한 후 추진단 안을 확정할 생각이다. 그 후 일정은 상임위에 안건을 제출해 심의하고 5월 말쯤 전원위에서 의결하는 것이다. 어려운 상황에서 이런 정도 작업을 했다는 데 자위해야 할 것 같다. 17년 전 제1차 NAP 권고안 작업을 할 때가 생각난다. 그때는 위원회의 가장 큰 업무가 이것이었다. 몇 명의 인권위원(최영애, 정강자 등)이 추진단에 들어와 매일 같이 만나 과제 하나하나를 점검하고 다듬었다. 그때와 비교하면 오늘의 NAP 작업은 너무 초라하다. 다른 일이 많아지니 그럴 것이라고 생각하지만 위원회 전체적으로 NAP 업무 비중이 낮아진 데 큰 원인이 있다. 이것을 앞으로 어떻게 극복할 수 있을지……. 걱정이다.　　　　_2022. 04. 21.

오후에는 NAP 추진기획단 회의가 온라인 방식으로 열렸다. 사무처 초안을 검토한 위원들이 의견을 개진하는 방식이었다. 여덟 명의 위원이 참여했는데 여러 부분에서 참고가 많이 되었다. 실무진이 얼마나 초안에 반영할 수 있을지 걱정된다. 내가 지난 주말 검토한 것도 정확히 전달해야 하는데, 회의가 끝난 다음 일정을 잡아보니 내일 오후 4시. 과장과 담당자가 내 방에 와서 내 검토를 전달 받기로 했다. NAP 작업은 인권위 정책 권고의 꽃인데 얼마나 적정한 권고안이 나올 수 있을지 걱정이다.　　　　_2022. 05. 02.

조형석 과장과 박유경 선생을 불러 NAP 권고안 초안에 대한 나의 지적사항을 전달했다. 설명을 덧붙이다 보니 두 시간이나 걸렸다. 점검을 계속해도 완벽한 안은 나오지 않겠지만 마지막까지 최선을 다해 달라고 부탁했다. 오늘 내가 지적한 것이 40~50개 항목이나 된다. 나로서는 최선이라고 생각한다. 이 이상 어떻게 일을 할까. 상임위원이 진짜 고된 자리임을 실감했다. 퇴근길 피곤한 나머지 입에서 단내가 났다.   _2022. 05. 03.

오후 늦게 조형석 과장이 찾아와 NAP 권고안 초안을 보고했다. 내가 지난주에 지적한 것을 반영하기 위해 노력했다고 한다. 수고가 많았다고 했다. 물론 몇몇 부분은 여전히 불만족스럽지만 내가 직접 집필하는 게 아니니 어쩔 수 없다. 다음 주 상임위에 안건으로 제출하겠다고 해서 승낙했다. 위원장과 두 상임위원에게 사전 보고를 잘하라고 당부했다. 이렇게 해서 NAP 권고안 작성 작업이 마무리 단계에 이르렀다. 앞으로도 전원위 의결까지 몇 번의 고비를 넘겨야 하지만 가장 중요한 고비는 넘겼다고 본다. 어려운 작업이었다. 기억에 남을 일이다.   _2022. 05. 10.

오전에는 상임위 회의가 있었다. 두 시간 반에 걸쳐 안건 세 건을 심의했다. NAP 권고안, UPR 독립보고서, 「군형법」 제92조의6(추행) 헌법재판소 의견서 제출. 모두 중요한 안건이고 토론을 제대로 한다면 한 건에 대해 최소 몇 시간이 걸리겠지만 그럴 수 없었던 게 아쉬웠다. NAP 권고안 건은 내가 그 추친기획단장이라 사무처 보고에 이어 안건의 의미뿐 아니라, 그동안 권고안 작성 작업과 이번 권고안 작성의 차이가 무엇인지 설명한 후 사무처의 노고에 대해 격려를 해달라고 부탁했다. 추진단장으로서 해야 할 일이었다.   _2022. 05. 19.

오후 전원위에서 안건 두 개가 논의되었다. 하나는 NAP 권고안, 다른 하나는 「형법」 제92조의6(추행) 헌법재판소 의견서 제출 건. 모두 상임위에서 심의되었던 것이다. NAP 권고안은 우리 위원회의 정책 안건 중 가장 중요한 것이라 심도 있는 심의가 필요했다. 사실 회의를 몇 번을 해도 부족하다고 생각한다. 나는 추진단장으로서 그 점을 분명히 하고 오늘 논의가 다 끝나지 않으면 한 번 더 논의하자고 모두에게 제안했다. 여러 위원이 권고안의 부족한 점을 지적하고 보완을 요청했다. 일부는 그 요청을 그대로 받아들여도 되지만 일부는 논쟁이 필요하고 경우에 따라서는 표결해야 하는 요청이었다. 이런 논의가 어떻게 보완될지 어려운 일이나 최대한 보완해서 다음에 한 번 더 논의하기로 하고 끝냈다.
                                          _2022. 06. 20.

조형석 과장과 박유경 선생이 NAP 권고안 보고를 했다. 지난 전원위에서 심의된 것을 토대로 수정계획을 보고하는 자리였다. 나름 잘 정리해와서 대부분 승인해주었다. 몇 부분에 대해서는 조

과장과 내 생각이 달라 조율하기가 어려웠으나 결국 잘 조정해 원만하게 정리했다. 고생한다는 생각에 즉석에서 밥을 사주겠다고 하고 점심을 같이 먹으러 갔다. 두 사람도 이제 긴 숙제가 끝나 간다고 생각하니 기쁜 모양이다.   _2022. 06. 22.

오늘 전원위에서 NAP 권고안 안건이 통과되었다. 추진단장으로서 특별한 의미가 있다. 100개의 핵심과제를 선정해 개선과제를 정부에 제안하는 방식이다. 오늘 회의에서는 한석훈 위원이 여러 핵심과제에 대해 반대의사를 분명히 했다(「차별금지법」, 「중대재해특별법」, 여성할당제 등등). 결국 다수결의 원칙으로 돌아가 원안을 의결하되, 오늘 나온 보완 요청을 최대한 반영하기로 했다. 내가 주심으로 보완 작업을 한 다음 위원장과 상임위원들이 최종검토를 하기로 했다.   _2022. 07. 11.

「인권정책기본법」 제정 노력

내가 임기 중 「인권정책기본법」 제정을 위해 노력한 것도 기억할 만하다. 비록 아직 그것이 입법화되지는 못했지만, 그럼에도 이 법에 대해 인권위와 법무부가 공동으로 발의해 제정하기로 합의까지 보았다는 점에서는 장족의 발전이다. 이 전말을 내 기록을 통해 보여줄 필요가 있다.

이 법률의 필요성은 오래전부터 논의되어 왔다. 그 이유는 대략 다음과 같은 이유에서였다. 우선, NAP의 근거 법률이 필요하다는 점이다. 인권위가 NAP 권고를 세 번이나 했고 그에 기해 정부가 그것을 세 번 수립해 시행하고 있음에도 이에 대한 명확한 근거 법률이 없다. 이로 말미암아 NAP가 정부 내 위상이 낮을 뿐 아니라, 이것을 수립하고 시행하는 데도 크게 어렵다. 그러니 법률로 근거를 만들고 권고, 수립, 시행 단계별로 주체와 절차를 명확히 할 필요가 있었다.

둘째는 국제인권조약에 따른 국제인권기구의 권고를 국내적으로 이행하는 절차가 없다는 점이다. 지난 30년 동안 우리나라는 국제인권기구, 특히 유엔과 조약감독기구로부터 많은 권고를 받아 왔으나 이를 정확히 이행하지 못했다. 그것은 국내법적으로 그에 관한 명확한 절차를 확립하지 못했기 때문이었다.

셋째, 지방자치단체에서 만들고 있는 인권제도에 대해 법률적 근거가 빈약하다는 점이다. 많은 자치단체가 인권조례를 만들고 인권위원회를 만들어 운용하고 있지만 법률적 근거가 없다 보니 자치단체별로 차이가 많이 난다. 단체장이 누구냐에 따라 달라지고 운용 방법도 가지각색이다. 따라서 이에 대한 입법적 근거 마련이 필요했다. 이런 필요성 때문에 인권위는 최영애 위원장이 맡기 전부터 입법 추진에 들어갔고 나 또한 그 과정에 참여한 적이 있다. 그리고 이 법률의 필요성은 정부 차원에서도 느끼고 있었다. 주무 부서인 법무부도 인권위가 갖는 유사한 문제의식으로 법안 준비를 오래전부터 하고 있었다. 다만 양 기관이 따로 준비하다 보니 법무부는 법무부 중심으로, 인권위는 인권위 중심으로 각각 법안을 만들고 있어 입법 현실성이 모두 떨어졌다. 이런 상황에서 내가 인권위에 들어가 본격적으로 이 논의에 참가하게 된 것이다.

어제 상임위 간담회에서는 법무부가 추진하는 「인권정책기본법」에 대해 논의했다. 양 기관이 각기 10여 년 이상 추진해온 이 법이 최근 법무부에 의해 가시적 성과를 내고 있다. 지난주 대통령에게 그 입법추진을 보고했다고 한다. 우리가 이 법에 관심을 갖는 것은 그 내용이 우리 인권위 업무, 기능과 밀접하기 때문이다. NAP가 법안의 핵심인데 그 수립과정에서 위원회는 처음부터 이제까지 핵심 역할을 해왔다. 따라서 이 법률은 인권위의 역할과 정부의 역할이 잘 고려되어야 한다. 그렇지 않으면 인권위의 기능은 훼손될 수밖에 없다. 가장 좋은 방법은 법안을 두 기관이 공동으로 추진하는 것이다. 옛날 같으면 그런 방법은 쉽지 않았겠지만 지금 분위기에서는 가능하다고 본다. 여러 이야기가 있었지만 결론은 조속한 시일 내에 법무부와 물밑 접촉을 해서 법무부의 의도를 알아보고 대응해야 한다는 것이었다. 그 임무는 내가 맡았다. 나는 바로 법무부 인권국장(이상갑)에게 연락해 점심 약속을 잡았다. 이 국장은 그렇잖아도 나를 보고 싶었다면서 이번 주 금요일 점심에 담당자와 함께 시내로 나오기로 했다. 법무부와 협조가 가능하다면 좋은 그림을 그리고 싶다.   _2020. 11. 24.

점심에 법무부 인권국장 일행을 만났다. 나는 조형석 정책과장과 함께 나갔다. 나는 두 가지를 분명하게 전했다. 「인권정책기본법」
은 그 내용상 인권위의 역할이 분명하게 들어가야 하고, 이 법은
법무부가 단독 추진하기보다는 공동추진하는 게 바람직하다는
것. 나는 이에 대해 법무부가 빠른 시간 내에 답을 달라고 했다.
그에 따라 인권위 입장을 정하겠다고. 법무부장관도 이 내용을
제대로 이해만 하면 거절할 이유가 없을 것이다. 얼마 전 패스워드
법(수사기관이 범죄 혐의자의 스마트폰을 열어볼 수 있는 법률)을 추진
한다고 해 언론으로부터 인권의식이 없다고 강하게 비판받았는
데, 이 법률을 인권위와 공동추진할 수 있다면 다른 평가를 받을
수 있을 것이다. 법무부 장관은 정치적으로 득이 있고, 인권위는
혼자 힘으로 입법화하기 힘든 법률을 성공시킬 수 있는 것이다.
법무부로부터 긍정적인 답이 오길 기대한다.   _2020. 11. 27.

오후에 임시 상임위 간담회가 위원장실에서 있었다. 우리가 제안
한 「인권정책기본법」 공동추진 건이 난관에 부딪혔다. 예상한 것
은 아니지만 법무부는 수용하기 어렵다고 했다. 나는 분명히 말
했다. 공동추진에 대해서는 공론화하겠다고 법무부 쪽에 분명하
게 말하고, 그것과 관계없이 법무부의 법안에 대해서는 우리 의
견을 준비해야 한다고.   _2020. 12. 24.

법무부가 추진하는 「인권정책기본법」에 대해 논의하기 위해 위
원장실에 모였다. 오늘 논의는 우리가 법무부에 공동발의를 요구

하자 법무부가 실무적 협의를 하자는 제안에 대한 논의였다. 법무부 인권정책과의 이메일 답신에 대해 몇 사람은 불쾌감을 표시했지만 내가 나서서 그렇게 볼 필요가 없다고 했다. 실무적 협의를 통해 우리 입장을 충분히 전달하는 게 필요하다고 설득했다.

오늘 소득 중 하나는 향후 「인권정책기본법」의 방향을 논의하는 TFT(공식명, 「인권정책기본법」 자문위원회)를 만들었다는 것. 인권위에 대한 이해도가 높은 외부인사와 내부인사로 자문팀을 만들어 「인권정책기본법」의 내용을 검토하고 대응해가기로 했다. 이것이 최 위원장이 장점이다. 최 위원장은 자신의 부족한 전문성을 전문가의 도움을 받아 목표를 달성하는 방법론을 잘 터득한 사람이다. 나는 그것이 그가 지금의 위치에 오른 이유라고 본다. 나도 따지고 보면 한 전문가로서 그에게 지난 30년 동안 머리를 빌려주지 않았는가.   _2021. 04. 06.

22일 오후 「인권정책기본법」 자문위원회의 첫 번째 회의가 열렸다. 법무부가 추진하는 법안에 대해 우리 위원회가 어떻게 대응할 것인가를 놓고 외부 전문가들의 의견을 듣는 회의였다. 정강자, 이찬진, 최은순, 한상희, 김덕진 위원이 참여했다. 어제 회의에서는 법무부 안을 소개하고 그동안 우리가 내부적으로 논의해왔던 것을 설명한 다음, 전체적인 방향에 대해 의논했다.

이러저러한 이야기가 나왔지만 결국 내가 회의를 주도하는 수밖에 없었다. 법무부 안에 대해서 원칙적으로 찬성하지만 인권위의 역할과 기능을 분명히 하고 법무부와 인권위가 공동소관 부처로서 법률을 운용해야 한다는 나의 입장을 설명했다. 외부위원들도 대체로 동의했다. 앞으로 두 번 더 회의를 더 하기로 했는데, 다음 회의에서는 실무진이 구체적인 수정안을 준비하기로 했다. 오늘 퇴근 전에 조형석 과장과 김재현 사무관으로부터 제2차 회의 준비에 대해 보고를 받고 내 생각을 다시 한번 전달했다. 조 과장이 나름 이 분야에서 많은 생각을 해온 사람이라 잘하리라 기대한다. 그래도 노파심에 퇴근하는 차에서 조문 하나(인권위와 정부의 관계)를 만들어 조 과장에게 카톡으로 보냈다.   _2021. 04. 23.

오후 4시. 「인권정책기본법」 자문위원회. 지난주 목요일 1차 회의가 끝난 뒤 그것을 반영한 논의자료가 나왔다. 어제 일정이 바빠 내용을 진득하게 검토하지 못했다. 그렇지만 전체적인 방향성은 잘 잡혔다는 생각이 들었다. 인권위의 위상과 기능을 어떻게 할 것인가를 두고 진지한 토론이 진행되었다. 자문위원들 간에 공감대가 형성되어 간다는 생각이 들었다. 몇 가지 부분에서는 상반된 의견이 있었지만 실무진이 준비한 안에서 크게 벗어나지 않았다. 내가 가만히 있어도 특별한 문제가 없어 보였다. 다행스러운 일이다.   _2021. 04. 28.

오전 「인권정책기본법」 인권위 안을 완성하기 위해 정책과장과 담당자가 찾아왔다. 화요일에 열렸던 자문회의의 결과를 반영해 실무안을 가지고 왔는데, 여전히 몇 부분이 문제였다. 내 입장을 분명히 전달한 후 조문을 정리해 다시 내게 검토를 받으라고 했다. 점심 무렵 김 사무관이 조문안(개인진정에 관한 것)을 보내와 약간 수정한 후 내 보냈다. 이제 인권위 안이 대략 마련되었다. 앞으로 법무부 입장을 보면서 우리 의견을 조정해가면 될 것 같다.

_2021. 05. 07.

김재현 사무관이 「인권정책기본법」과 관련해 보고하러 왔다. 법무부가 우리 제안에 대해 이견을 보인다고 설명했다. 나는 우리 안 중에서 고수해야 할 것, 협상할 수 있는 것 등을 제시했다. 특히 우리 위원회와 정부의 관계를 규정한 총칙 조항은 절대 양보해서는 안 된다고 했다. 법무부가 이의를 제기한 개인진정 국내이행 관련 조항은 그쪽이 제대로 이해하지 못한 것이라 생각했다. 김 사무관이 제대로 이해해야 법무부 쪽에 제대로 전달할 수 있을 것 같아, 어쩔 수 없이 내 책(인권법)을 꺼내 관련 부분을 보여주며 설명했다. 담당 직원에게 이렇게까지 하면서 일해야 하는가 생각도 했지만 좋은 결론을 내기 위해서는 수고를 할 수밖에 없다. 이런 일을 하려고 상임위원이 된 것이 아닌가.   _2021. 05. 11.

오후에 「인권정책기본법」 자문위원회 회의가 있었다. 정책과에서 그동안 법무부와 실무협의한 결과를 보고하고 절충이 되지 않은 부분에 대해서 토론했다. 내가 강력히 주장해 인권위 안으로 제시한 것에 대해 법무부가 반대하는 것이 문제였다. 이 법률이 두 기관에 의해 공동발의되고 공동소관 법률이 되기 위해서는 상호 양보하지 않으면 안 되므로 나도 원취지를 존중하는 선에서 양보했다. 회의는 어느 때보다 짧게 끝났다. 밤이 되어 조형석 과장에게서 전화가 왔다. 오늘 논의한 대로 법무부와 협의가 되었다는 것이다. 「인권정책기본법」이 두 기관의 합의에 의해 발의되는데 걸림돌이 없어졌다. 모처럼 축하할 일이 생겼다.　　_2021. 06. 07.

수개월 간 공을 들여온 「인권정책기본법」의 논의가 열매를 맺어가는 상황이다. 실무협의를 통해 법무부와 인권위가 이 법안을 공동으로 발의하고 공동소관으로 운영해가기로 합의했다. 정부입법이므로 법무부가 실무적 절차를 책임지겠지만 매우 의미 있는 결과다. 나는 회의에서 이렇게 말했다. "이 법률안이 국회를 통과한다면, 「인권위법」과 더불어 한국 인권사에 획기적 사건이 될 것입니다. 이런 결과를 목전에 둔 것은 자문위를 만들어 적절히 대응했고, 실무팀에서 적절하게 법무부와 협의했기 때문입니다." 공은 확실히 인정해주는 것이 필요하다. 냉철히 이야기하면 이 합의는 우리의 노력보다는 법무부의 의지가 강했기 때문에 가능했다. 정치적 이유가 그 이면에 있을 것이라고 생각한다. 인권위와 합의한 법안을 세상에 내놓으면 그만큼 정부의 인권에 대한 의지를 읽을 수 있으니까. 모든 게 정치다. 정치 없이는 되는 일이 없다.　　_2021. 06. 17.

오후 늦게 법무부 장관(박범계)이 인권위를 예방했다. 지난번 최위원장이 법무부를 예방했으니 이번은 그 답방인 셈이다. 대화는 화기애애한 분위기에서 진행되었다. 나는 「인권정책기본법」 합의로 NAP의 법적 근거가 탄생한 점에 대해 높이 평가했다. 「인권정책기본법」의 제정을 위해 노력한 이상갑 국장은 어느새 법무실장이 되어 장관과 함께 와 사람들을 놀라게 했다.   _2021. 08. 19.

낙태죄 폐지 의견표명•

상임위원 1년 차인 2020년 하반기, 인권위를 뜨겁게 달군 일은 낙태죄 폐지 의견표명 건이었다. 나는 원칙적으로 낙태죄를 폐지하는 것에 대해 찬성하는 입장이었기 때문에 이 주제를 둘러싼 논쟁은 크지 않으리라 생각했다. 하지만 논의를 시작해보니 나의 입장과 다른 인권위원들의 입장 사이에 상당한 괴리가 있음을 발견했다. 이로 인해 위원들 간의 격론은 불가피했다. 특히 나와 정문자 상임위원 사이의 논쟁은 길이 기억될 만하다.

• 인권위는 2020년 12월 말 국회의장에게, 낙태를 형사처벌하는 것은 여성의 자기결정권, 건강권과 생명권, 재생산권을 침해하므로 낙태 비범죄화 입장을 견지하는 방향으로 관련 법률을 개정하는 것이 바람직하다는 의견을 표명했다.

다음 건은 낙태죄 안건. 정부의 입법예고안에 대한 의견표명 건. 나는 이 안건에 대해 한 달 전부터 이러저러하게 관여해왔다. 정부안은 2017년 헌재결정에 맞춰「형법」개정과「모자보건법」을 개정하는 것이다. 임신 주수에서 초기(12주)에는 산모에게 완전한 선택권을 주고 그 이후 22주까지는 몇 가지 사유가 있는 경우만 낙태를 허용하는 것이 골자. 여기에「모자보건법」을 고쳐 임신중절 절차를 강화하는 안이다. 거기에는 상담, 숙려기간, 양심적 거부 등이 들어가 있다. 사무처는 이 정부안에 대해 전면 반대하는 보고서를 작성했다. 나는 내 입장을 메모로 정리해서 읽었다. 나의 입장은 단순히 반대만 해서는 안 되고 입법 방향성에 대한 입장표명을 해야 한다는 것. 일반 시민단체라면 단순 반대도 할 수 있겠지만 시한을 앞두고 입법을 해가는 상황에서 단순 반대는 큰 의미가 없기 때문이다. 정문자 위원은 사무처안을 기본적으로 옹호하면서 약간 수정 보완하자고 했다. 이상철 위원은 신중하게 인권위 의견표명을 해야 한다고 했다. 헌재 결정이 낙태죄 완전 폐지를 의미하는 것은 아니며 정부안은 사실상 낙태 자유법안(일정 임신 주수까지)이라고 했다. 나와 이 위원이 전원위 상정을 요구했고, 위원장도 이에 대해서는 당연한 것으로 받아들여 결론은 전원위 상정 의결. 몇 주 후 전원위가 이 안건으로 뜨거워질 것 같다. 어제 네 명의 기자가 참관해 상임위 논의가 상세하게 보도되었다. 다음 전원위는 언론의 취재 열기가 더욱 높으리라 예상된다. 나는 과연 어떤 입장을 구체적으로 취해야 하는

가. 일응 머릿속을 맴돌고 있는 안은 낙태죄의 비범죄화, 그리고 절차강화안이다. 아마 이 안이 여성계와 인권단체의 요구에 부응하는 가장 적절한 안이라고 생각한다. 이 안을 어떻게 구체화할 것인지가 과제다.   _2020. 11. 07.

아침 상임위 간담회에서 전원위 상정 예정의 낙태죄 안건(정부의 입법예고안에 대한 위원회 입장 표명)의 논의 방법을 둘러싸고 논쟁했다. 내가 이 문제를 제기한 이유는 사무처 보고서가 과거(2019년) 헌재에 제출한 인권위 의견서를 그대로 옮겨놓은 상태라 자칫 큰 의미가 없는 논의가 될 것 같은 우려 때문이었다. 나는 지난번 상임위 때부터 이 안건에서 우리 위원회가 단순히 반대만 해서는 안 되고 입법 방향에 대한 의견도 함께 표명해야 한다고 주장해왔다. 이에 대해 정문자 위원은 과거 의견서에서 낙태죄 폐지를 주장했으니 그것에 기초해 입법예고안에 대해 의견을 주면 족하다고 주장했다. 아무리 생각해보아도 정 위원의 입장에 동의하기 힘들다. 인권위 의견서는 현행 「형법」의 낙태죄에 대한 입장이지 헌재 결정 이후의 입법 방향까지 제시한 것이 아니기 때문이다. 나는 전원위에서 우선 정문자 위원의 입장과 내 입장을 선택한 뒤 논의해야 한다고 주장했다. 만일 내 입장에 동의한다면 우리의 입장 표명은 크게 세 가지로 나눠리라 예측했다. 낙태죄 비범죄화+「모자보건법」상의 절차 보완, 낙태죄 비범죄화+「모자보건법」상의 절차 강화, 임신 주수에 따른 비범죄화+「모자보건법」상의 절차 보완/강화. 그리고 논의는 공개해야 한다고 주장했다. 과연 전원위에서 제대로 된 논의를 할 수 있을지 걱정된다. 사무처가 제대로 된 논의를 위해 보고서를 풍부하게 보완하고 복수의 의견 표명안을 만들어야 하는데, 그럴 수 있을지 모르겠다.

정 위원이 내게 박 위원님은 왜 그렇게 낙태죄에 관심이 많으냐고 물었다. 나는 웃으면서 이렇게 말했다. "이 문제는 생명과 관계가 있고, 인권사적으로 여성 인권 중 핵심 아닌가요? 그러니 인권을 공부해온 사람이 관심을 갖는 것은 당연하지 않나요?"

_2021. 11. 10.

오후 3시, 위원장실에서 간담회를 했다. 주제는 30일에 예정된 전원위 낙태죄 안건을 어떤 방식으로 논의할 것인가였다. 원치 않지만 나와 정 위원 사이에 냉기류가 형성되고 있었다. 나는 아직 입장을 정하지 못하고 있지만, 논의 방향과 논의 내용에 대해서는 확고하다. 위원회가 과거 헌재에 낙태죄 폐지 의견서를 제출했다고 해서 법무부가 내놓은 안(일부 낙태폐지론)을 일방적으로 무시해서는 안 된다. 의견제출 이후 위원 상당수가 바뀌었고, 그때는 입법 방향에 관해 결론을 낸 것이 아니라 현 낙태죄의 위헌성 여부에 초점을 맞추었던 것이다. 지금은 헌재 결정 이후 그에 맞춰 입법 방향을 논의할 때다. 법무부 입법예고안에 대해 반대만 하는 것은 인권위의 역할이 아니다. 누가 먼저 시작했는지 모르지만 간담 도중 큰 소리가 튀어나왔다. 나는 손으로 책상을 쳤다. 일찍이 없었던 행동이다. 나의 의사는 분명히 전달되었다고 본다. 사무실로 돌아와 정 위원에게 사과의 문자를 보냈다. 정 위원도 답을 보내왔다. 자기가 큰 소리를 내 미안하다고. 30일에 있을 논의를 위해 자료를 모아야겠다. 사무처의 자료만으로는 적절한 논의가 어렵다. 내 스스로 자료를 모아서 내 입장을 정리하는 수밖에.

_2020. 11. 18.

점심 후 여성단체연합 김문민정 대표가 사무실로 찾아왔다. 다음 주 월요일 임시 전원위에서 논의될 낙태죄 안건에 대해 여성계의 입장을 전달한다는 것이다. 여성계 입장은 이미 지상을 통해 아는 바이지만, 꼭 나를 만나 의견을 전달한다고 하니 거절 명분이 없었다. 30여 분간 우호적인 분위기 속에서 여성계의 입장을 들었다. 내 입장은 밝히지 않았다. 다음 주 회의에는 많은 사람이 방청할 것 같다. 제대로 준비하지 않으면 큰코다치겠다. _2020. 11. 27.

오늘 전원위는 임시 전원위로, 낙태죄에 관한 안건 하나만 논의했다. 정부의 입법안에 대해 의견을 내는 것이 목적이었지만 그동안 나의 줄기찬 노력으로 정부 입법안뿐만 아니라 현재까지 나온 여러 입법안에 대한 위원회의 포괄적 의견표명을 논의하기로 정리했다. 오늘 논의는 역사적인 토론이라 상임위원 세 명과 비상임위원 한 명이 서면으로 입장을 정리해 제출했고, 우선 그것을 듣는 시간을 가졌다. 정 위원이 정부의 입법안(일부 비범죄화)에 대해 헌재 결정에 반한다고 하면서 낙태의 완전 비범죄화를 강조했다. 이상철 위원은 기본적으로 완전 비범죄화론에 반대하며 정부안에 지지를 표시했다. 나의 입장은 비범죄화론에 찬성하지만(논거는 「국제인권법」적 차원에서 설명) 위원회가 그 입장만 표명해서는 안 되고, 비범죄화 이후 임신중절을 어떻게 규율할 것인가에 대해서도 입법 방향을 말해야 한다고 했다. 낙태는 여성의 건강권·생명권·재생산권을 존중하면서 태아의 성장과정에 따른 보호와 조화를 이루어야 한다고 했다. 이준일 위원은 사무처 보고서 중 정부안이 헌재의 헌법불합치 결정에 반한다는 부분은 잘못됐다고 지적했다. 이런 저런 논의 끝에 다수의견으로 비범죄화 결론을 냈다.

하지만 내가 제기한 「모자보건법」의 개정 방향에서 '태아의 성장과정에 따른 보호' 부분은 다수의 동의를 받아내지 못했다. 위원들이 이 문제에 관해 많이 생각하지 않은 것 같아 논의의 한계를 느꼈다. 그러나 나로서는 최선을 다해 준비한 것을 다 이야기했다. 최선을 다했으니 큰 여한은 없다. 향후 다수의견의 결정문을 보면서 내 의견이 반영되지 않으면 보충의견이나 별개의견을 쓸 예정이다. 나로서는 그것이 최선이라고 생각한다. 오늘 논의는 공개했기 때문에 제법 많은 사람이 방청했다. 아마 방청인들도 인권위 논의의 수준을 직접 판단할 수 있으리라 생각한다. 좀 더 깊은 논의를 하고 싶었고 방청인들에게 그것을 보여주고 싶었지만, 이 정도에서 만족해야겠다. _2020. 11. 30.

주말을 이용해 낙태죄 안건 별개의견을 작성했다. 얼마 전 전원위에서 낙태 비범죄화론을 중심으로 하는 의결이 있었지만 나로서는 여러 가지로 부족하다는 생각이 들었다. 다수의견을 보충하고 거기에서 빠진 논점에 대해 내 독자적 의견을 개진하는 별개의견을 결정문에 붙이는 것이 필요하다는 생각에 공을 들였다.

_2020. 12. 13.

낙태죄 폐지 의견표명(별개의견)

나는 「형법」상 자기낙태죄(제269조 제1항) 및 의사낙태죄(제270조 제1항)에 관한 헌법재판소의 헌법불합치 결정(2019. 4. 11)에 따른 입법 방향은 낙태 비범죄화의 입장에서 「형법」 및 「모자보건법」을 개정해야 한다는 다수의견의 결론에 동의한다. 또한 다수의견이 우리나라가 가입한 국제인권조약 감독기구들의 권고에 근거해 입법 방향을 제시한 것에 적극적으로 공감한다.

그럼에도 다수의견이 제시한 결론과 논거만으로는 입법 방향으로서 충분하지 않다는 생각에 따로 의견을 개진한다. 내가 별개의견으로 말하고자 하는 것은 크게 두 가지다. 하나는 낙태 비범죄화 이유에 대해 다수의견을 보충하는 것이고, 또 하나는 낙태 비범죄화 이후 낙태를 어떻게 규율할 것인가에 대한 방향을 제시하는 것이다.

1. 낙태 비빔죄화의 논거와 국제인권기구 권고의 핵심

낙태는 무엇보다 여성의 관점에서 판단해야 한다. 그 이유는 간단하다. 동서고금을 통해 많은 나라가 낙태를 범죄화해 여성을 처벌의 공포에

떨게 했음에도 결코 그것을 막지 못했다. 임신을 지속해 태아를 성숙시켜 세상에 인간을 내놓는 일은 여성의 몫이므로, 타인이 아무리 임신과 출산을 강요한들 여성이 거부하면 방법이 없다. 오히려 형벌을 무기로 여성을 위협하면 낙태는 음지로 들어가고, 결국 그것은 여성의 건강과 생명을 뺏을 뿐이다. 이것은 많은 나라의 여성에게서 공통으로 발생한 역사적 사실이다.

이런 깨달음이 지난 50년간 낙태에 관한 국제 인권적 흐름을 바꾸어 놓았다. 이제 국제인권기구는 더 이상 낙태를 여성의 선택권(pro-choice)과 태아의 생명권(pro-life) 간의 논쟁으로 보지 않는다. 낙태는 여성의 생명권·건강권·재생산권, 곧 여성의 인권에 입각해 논의되고 있다. 이런 흐름은 인권의 주체인 '인간'의 자격(personhood)은 출생과 더불어 생기는 것이지 임신 중에 생기는 것이 아니라는 생각을 전제한다.

물론 임신의 결과로 형성된 태아에게도 생명의 존엄성은 보장되어야 한다는 믿음도 보호받아야 하지만, 그 본질이 종교적임을 부인할 수 없는 바, 민주사회에서는 그 믿음을 다른 사람에게 강요할 수 없다. 따라서 낙태는 종교적 믿음에서 해방되어, 여성의 관점과 여성의 인권을 중심으로 판단하는 것이 무엇보다 중요하며, 그 전제하에 태아의 성숙도에 따른 조화로운 보호를 추구해야 한다.

이런 사고에 따라 유엔여성차별철폐위원회를 비롯한 국제인권기구는 낙태와 관련해 다음 세 가지 원칙을 정립했다. 첫째, 낙태를 이유로 여성에 대해 형사처벌을 해서는 안 된다(낙태 비범죄화), 둘째, 태아가 성숙해지면서 낙태는 제한될 수 있지만, 그것은 여성의 권리와 태아 보호의 사회적 이익 사이에서 균형점을 찾아야 한다. 셋째, 여성의 생명권·건강권·재생산권 보장을 위해 국가는 임신중절과 임신계속을 위한 의료지원 등의 서비스를 제공해야 한다. 나는 이 세 가지 원칙이 이번 「형법」 및 「모자보건법」 개정 과정에서 중요한 기준이 되어야 한다고 생각한다.

2. 다수의견의 한계

다수의견은 낙태 비범죄화에 강조를 둔 나머지, 그 이후의 문제인 낙태의 적절한 규제에 대해서는 사실 공백 상태로 남겨두었다. 다수의견이 말하는 낙태 비범죄화가 무제한적인 낙태로 의미되고 이해될 수는 없다. 낙태를 했다는 이유로 형사처벌을 해서는 안 되지만 어떤 낙태도 국가의 규율 속에서 통제되지 않으면 안 된다. 그것은 여성의 안전한 낙태를 위해서 필요할 뿐만 아니라 인간으로 형성되어 가는 태아 보호를 위해서도 국가가 반드시 살펴야 할 의무다. 따라서 이 부분에 관한 입장을 분명하게 내놓지 못한다면 다수의견의 낙태 비범죄화론은 자칫 낙태의 무제한적 자유라고 오인될 수 있어 결코 바람직하지 않다.

물론 다수의견은 "낙태의 비범죄화가 낙태를 법적 규율이 완전히 필요 없는 공백 상태에 놓아두자는 의미는 아니므로 만약 낙태에 대한 법적 규율이 필요하다면 「헌법」 제37조 제2항에 도출되는 과잉금지원칙 중 한 내용인 피해최소성의 원칙에 따라 형벌이 아닌 다른 형태의 법적 규율로 여성의 권리에 대한 침해를 최소화할 수 있는 대안이 모색되어야 할 것이다"라고 함으로써 무분별한 낙태를 경계하고 있음을 보여준다. 다만 여기에서 말하는 '다른 형태의 법적 규율'이 구체적으로 무엇인지 말하지 않기 때문에 입법 방향에 관한 의견 제시로서는 부족하다는 비판을 받을 수밖에 없다.

3. '낙태 비범죄화'와 '합법적 낙태'

낙태를 비범죄화(decriminalization)한다고 해서 국가가 낙태에 대해 손을 놓을 수는 없다. 국가는 낙태를 여성의 인권적 관점과 태아성장에 따른 태아 보호적 관점에서 일정한 규제를 할 수 있다. 이 규제 범위 내에서의 낙태는 '합법적 낙태(legal abortion)'로 법의 보호를 받지만 그것을 넘어서는 낙태는 불법적 낙태(illegal abortion)로 법적 제재(그렇다고 해도 여성에

게 형사처벌을 하는 일은 없고 대부분 불법적 낙태를 시행한 의료기관 등이 문제

될 것임)의 대상이 된다.● 그런 이유로 국제인권기구는 당사국에 낙태 비범

죄화와 낙태 합법화를 동시에 요구한다.

이와 관련해 국제인권기구가 우리나라에 권고하는 내용을 다시 한번

상기할 필요가 있다. 유엔여성차별철폐위원회는 2018년 한국 정부보고서

를 검토하고 최종의견을 냈는 바, 낙태와 관련해 다음과 같은 권고를 하고

있다.

"43. 여성차별철폐위원회는 당사국(대한민국)에, 종전의 권고를 다시 반

복하고 불안전한 낙태는 여성의 사망과 질병의 주된 원인이라는 사실에

비추어, 강간, 근친상간, 임산부의 생명과 건강의 위협, 혹은 태아의 심각한

손상과 같은 경우에 낙태를 합법화하고, 모든 경우에 낙태를 비범죄화하

며, 낙태한 여성에 대해 징벌적 조치를 제거하고 낙태에 따른(특히 불안전한

낙태에서 기인하는 질병에 대한) 높은 수준의 처우를 요구한다."●●

여기서 주목할 것은 여성차별철폐위원회가 대한민국에 낙태 비범죄화

와 낙태 합법화를 동시에 요구한다는 점이다. 전자는 어떤 경우에도 낙태

를 이유로 여성을 형사 처벌하지 말라는 것이고, 후자는 국가가 낙태를 법

적 테두리 내에서 규율하는 것을 전제로 일정한 조건(산모의 건강, 강간, 근

● 일반적으로 '합법적 낙태'는 일정 조건에서 낙태를 허용할 때 쓰이는 용어지만 낙태를 비범죄화
한다고 해서 '합법적 낙태' 개념이 불필요한 것은 아니다. 어느 국가든 낙태에 대해서는 정도의
차이가 있을 뿐 법적 규제를 할 수밖에 없고, 규제가 있는 한, '규제에 따른 합법적 낙태'와 '규제
에 따르지 않은 불법적 낙태'가 존재하기 마련이다.

●● "43. The Committee reiterates its previous recommendation (CEDAW/C/KOR, para. 35)
and, in view of the fact that unsafe abortion is a leading cause of maternal mortality and
morbidity, calls upon the State party to legalize abortion in cases of rape, incest, threats
to the life and/or health of the pregnant woman, or severe fetal impairment, and to
decriminalize it in all other cases, remove punitive measures for women who undergo
abortion and provide women with access to high-quality post-abortion care, in particular
in cases of complications resulting from unsafe abortions."

친상간, 태아손상 등)하에서 낙태를 합법적으로 허용하라는 것이다. 분명한 점은 이 권고에서 말하는 낙태 비범죄화를 모든 낙태를 무제한적으로 허용한다는 의미로 이해해서는 안 된다는 점이다.

4. 낙태 비범죄화 입법례

현재 국제사회를 살펴볼 때 낙태 비범죄화를 법률적 차원에서 해결한 나라는 거의 찾기 힘들다. 다수의견 속에 등장하는 캐나다의 상황은 비범죄화의 예가 될 수 있지만, 그곳은 입법적으로 비범죄화를 이룬 것이 아니고 법원 판례(R v. Morgentaler)를 통해 낙태죄 규정을 실효시킨 것이므로, 우리의 입법 방향에는 그다지 큰 도움이 되지 못한다. 오히려 우리가 주목해야 할 나라는 2020년 3월 비범죄화를 입법화한 뉴질랜드다.

뉴질랜드는 「Abortion Legislation Act 2020」을 개정해 낙태 비범죄화를 이루었고, 이 법률이 통과됨으로써 법률 두 개를 개정했다. 먼저 「Crimes Act 1961」을 개정했던 바, 그 개정 내용은 낙태는 자격 있는 의료인이 아닌 사람이 낙태시술을 하는 경우 처벌하지만 임신 당사자는 처벌하지 않는다는 것이다. 나아가 「Contraception, Sterilisation, and Abortion Act 1977」을 개정했는 바, 그 개정 내용은 낙태는 20주 이내에서 자격 있는 의료인(qualified health practitioner)에 의해 시행되어야 하고, 그 이후는 ① 의학적으로 적절할 것(clinically appropriate), ② 시행의료인은 최소 한 사람 이상의 자격 있는 의료인과 상의할 것(consult at least one other qualified practitioners)이라는 조건하에서 시행해야 한다. 그 외에 시행의료인은 낙태시술을 한 여성이 임신존속 여부에 대해 상담을 원하는 경우 상담기관에 대해 설명을 해야 하고, 의사가 양심적 거부를 하는 경우에는 반드시 다른 의료시설에 대한 정보를 제공해야 한다.

이와 같이 뉴질랜드는 낙태의 비범죄화를 입법적으로 실현하고 동시에 무분별한 낙태를 방지하기 위해 임신 20주를 기준으로 삼는 규제를 도입

했다. 규제의 정도로 보면, 세계에서 가장 제한 없는 낙태를 허용하는 것이라고 볼 수 있어, 그 기준이 비범죄화를 추진하는 다른 나라에 통용될 수 있을지는 쉽게 예상하기 힘들다. 다만 뉴질랜드가 취한 '낙태 비범죄화'와 '합법적 낙태'라는 기본 틀은 우리에게도 많은 시사를 준다.

5. 결론

위와 같은 논의를 바탕으로 나는 우리의 낙태죄 관련 입법 방향으로 다음 세 가지를 제시하고자 한다.

첫째, 어떤 경우라도 여성이 스스로 선택한 낙태는 비범죄화해야 한다(「형법」 제269조 제1항 및 270조 제1항 중 의사 부분 삭제). 이런 입장에서 낙태를 원칙적으로 범죄로 접근하고 있는 정부안에 찬성할 수 없다.

둘째, 합법적 낙태(임신중절) 허용 여부는 여성의 생명권, 건강권, 재생산권 등 여성 인권을 고려해 결정하되, 태아의 성숙도에 따른 보호이익 사이에서 일정한 균형을 이뤄야 한다. 그 방법으로써 「모자보건법」상 임신중절의 요건과 절차를 규정하되, 태아 성장의 정도(임신 주수)를 신중하게 반영하는 것이 필요하다. 단, 이런 규제가 여성의 낙태에 대한 접근권을 본질적으로 제한해서는 안 된다.

셋째, 합법적 낙태는 안전한 환경에서 자격 있는 의료인에 의해 이루어지도록 해야 하고, 거기에 들어가는 비용은 국가(자치단체)가 부담하도록 의료지원 체계를 갖춰야 한다.

임기가 거의 끝나가는 상황에서 상임위원회에서 의결된 일명 노
랑봉투법 의견표명●도 임기 중 빼놓을 수 없는 인권정책 권고로 기억
될 것이다. 노랑봉투법은 2022년 말 화물연대 파업으로 더욱 관심을 받
았다. 실질적으로 임금노동자에 불과한 사람들이지만 형식적으로 임금
노동자가 아니라는 것(이들은 대부분 사업자 등록이 되어 있음) 때문에 그
들의 노동쟁의는 정부로부터 적법성을 인정받지 못하고 있었다. 그리고
전국의 산업현장에서 파업이 일어나면 사용자 측이 파업에 참여한 조합
원들을 상대로 고액의 손해배상 소송을 하는 바람에 노동쟁의가 위축
되고, 개인적으로는 비극적 상황을 맞는 노동자들이 지난 20년 동안 속
출했다. 노란봉투법은 바로 이런 것을 막기 위해 사용자 개념을 넓히고
사용자의 손해배상 소송을 제한하는 법률이다. 노동자들의 인권을 조
금이라도 존중한다면 인권위가 이런 문제에 관심 갖는 것은 당연한 일
이다. 사실 인권위가 이제야 이런 의견표명을 한다는 것이 한마디로 만
시지탄이다. 그럼에도 불구하고 이 의견표명이 일사천리로 인권위 내에
서 처리된 것이 아니다. 예상치 못한 강력한 반론에 직면했는데, 그것
은 이상철 상임위원의 후임으로 임명된 이충상 위원의 등장 때문이었

●　인권위는 2022년 12월 28일 국회의장에게 쟁의 행위로 인한 거액의 손해배상소송 및 가압류
　　가 헌법상 보장된 노동3권을 위축시키고, 근로자와 그 가족의 생존권을 위협해 심각한 경제적
　　고통에 직면하게 하며, 정신적 우울로 인한 자살 등 심각한 사회문제를 야기하고 있어 이를 개
　　선할 필요성이 있다는 의견을 표명했다.

다. 이 위원의 반론도 강력했지만 그보다 나를 놀라게 만든 것은 그 과정에서 일찍이 경험해보지 못한 그의 업무 스타일이었다. 그는 이 안건의 처리 과정에서 상임위원회의 처리에 반대했고 그것이 어렵게 되자 처리 일자를 연기할 것을 요구했다. 연말이 다가오기에 자칫 의결이 상당 기간 뒤로 밀릴 것 같다고 생각하는 다른 상임위 구성원들은 연말 전에 의결을 하길 원했다. 하지만 이 위원이 자신의 입장을 정리하기 위해 시간을 달라고 강력하게 요구하니 이를 거절하기 어려웠다. 그런 이유로 안건 처리는 12월 말로 미루어졌다. 이런 상황이었음에도 그의 후속 언행은 동료 위원들에게 실망감을 안겨주었다.

오늘 기억할 만한 것은 이충상 위원의 이해하기 힘든 행동이다. 출근해서 게시판을 보니 이 위원을 비판하는 어느 직원 글이 익명으로 올라와 있었다. 내용인즉, 12월 29일 2소위(이 위원이 소위원장)가 개최될 예정인데 그것이 갑자기 취소되었다는 것. 그런데 그 이유가 이 위원이 28일에 있을 상임위 준비 때문이라는 것이다. 더 뜨악한 것은 이 위원이 그 글에 대해 실명으로 장문의 댓글을 달았다는 점이다. 소위 일정 취소는 28일 상임위에서 논의할 소위 노란봉투법 심의를 준비하기 위해서는 어쩔 수 없는 일이었다고 말하면서, 일이 이렇게 된 이유는 위원장이 무리하게 상임위를 주재하기 때문이라는 것이다. 소위 일정 취소의 책임은 자신보다는 위원장에게 있다는 희한한 논리를 펼친 것이다. 이 댓글에 다른 직원들이 반론을 펴는 댓글을 달았다. 대부분 이 위원의 행동을 조롱하는 내용이었다. 자신이 책임지는 소위를 상임위 안건 검토를 한다는 이유로 취소하고도 도무지 무엇이 문제인지를 알지 못한다는 것이다. 인권위 역사에서 이런 일은 들어보지 못했다. 자신의 입장을 준비한다고 상임위 일정을 바꾸자고 요구하더니 이제는 자신이 주재하는 소위원회까지 회의 준비한다는 명목으로 취소한다? 그리고 그런 문제를 가지고 사내 게시판에서 상임위원이 실명으로 익명의 직원들과 다툰다? 인권위에 먹구름이 서서히 만들어져 가는 것 같다.   _2022. 12. 27.

우여곡절 끝에 이 안건이 상임위에서 다루어졌다. 2022년을 마감하기 며칠 전이었다.

오늘 상임위는 내 인권위 역사에서 길이 기억될 것이다. 단 한 건이 의결안건으로 올라왔다. 지난번 논의를 끝내지 못한 소위 노란봉투법 관련 안건이다. 나는 원안 주문의 일부를 수정하는 것 외에는 대체로 사무처 안을 동의했다. 나 외에도 위원장과 남 위원도 같은 입장이었다. 사실 오늘 논의는 이충상 위원이 반론을 전개한다고 기회를 달라고 해서 만들어진 것이다. 회의장에 입장하니 과연 이 위원은 20쪽에 달하는, 거의 논문에 가까운 글을 준비해왔다. 벼르고 벼른 준비다. 거기다가 『조선일보』를 비롯해 다양한 매체의 기자들도 와 있었다. 이 위원이 자신이 준비한 반대의견을 폼나게 보여줄 장이 열렸다. 이 위원은 의기양양하게 보고서의 여섯 개 항목(근로자 및 사용자 개념 확대, 노동쟁의 개념 수정, 쟁위행위로 인한 손해배상청구권의 제한 등등) 하나하나에 대해 외국 판례와 입법례, 대법원 판례 및 헌재 결정례를 동원해 반대했다 (그러나 이 위원도 두 가지는 찬성했다. 하나는 신원보증인의 책임, 또 하나는 손해배상액의 경감). 이제 내가 말할 차례다. 나는 그동안 시간이 있을 때마다 이 안건 심의에서 내가 반론할 일이 있을 경우 무슨 말을 해야 할지 생각해둔 게 있었다. 하지만 그것을 문서로 정리해오지 않았기에 과연 이 위원 주장에 제대로 반론을 펼 수 있을지 순간적으로 걱정했다. 그러나 내 음성은 매우 차분했고 머릿속은 깨끗했다. 두서없는 말이 나오지 않을까 걱정했지만 발언 과정에서 내 스스로 놀랐다. 군더더기 없는 말이었다. 손해배상을 제한해야 한다고 하면서 쌍용자동차에서 희생된 노동자 이야기를 할 때는 눈물이 고이고 목에 메어 한동안 장내를 숙연하게 만들었다. 나는 이 위원의 반대에 하나하나 공격했지만, 그의 인격을 모독하는 우는 범하지 않았다. 마지막에는 이 위원의 소수의견까지 보도자료에 꼭 넣을 것을 요청했다. 회의가 끝나고 나오면서 이 위원에게 수고했다고 말하는 것도 잊지 않았다. 이 위원도 내게 자신을 존중하면서 비판해주었다면서 감사를 표했다. 나는 이 사건의 주심으로서 결정문 작성의 책임을 맡았다. 오후에 메신저를 통해 이 위원에게 가급적 빨리 소수의견을 내달라고 정중히 부탁했다. 퇴근 무렵 게시판에 이 위원을 조롱하는 글이 또 올라왔다. 언론사에서도 오늘의 논의에 대해 하나 둘 기사가 나오기 시작했다. 몇 개를 확인해보니 이 위원이 이루고자 하는 목표는 달성하지 못한 것 같았다. 이 위원의 발언에 동조하거나 그의 반대가 회의를 압도했다고 평가하는 언론은 발견되지 않았다.

_2022. 12. 28.

안건이 통과되었으나 그다음 절차가 문제였다. 결정문을 써서 마무리를 해야 하는데 시간이 없었다. 내 임기가 얼마 남지 않은 것이다. 2주가 채 남지 않았는 데다, 연말연초이니 직원들도 며칠 휴식을 취해야 한다. 어떻게 결정문 초안을 쓰라고 할까. 그렇지만 사무처도 내가 임기를 끝내기 전에 결정문을 마무리해야 한다고 단단한 결심이 선 듯 어떻게 해서라도 며칠 내에 초안을 작성해 내게 제출하겠다고 약속했다. 그 약속은 지켜졌다. 담당자인 김태영 선생은 연말연시 연가도 쓰지 않고 초안을 작성해 보내주었다. 안쓰러웠다.

김태영 선생이 보내온 「노동조합법」 결정문 초안을 거의 열 시간 정도 걸려 수정했다. 만족스러운 수준은 아니지만 사무처가 만든 초안을 많이 발전시켰다. 고친 부분을 붉은 글씨로 만들어 과장과 담당자에게 보냈더니 김태영 선생에게 문자가 왔다. "너무 감동적입니다! 고맙습니다." 나는 아직 더 고칠 게 많다면서 draftmanship(문서를 작성하는 사람의 자세)과 craftmanship(손으로 작품을 만드는 기술자의 자세)은 본질적으로 같다고 말했다. 도공이 최선을 다해 도자기를 만들 듯 우리는 최선을 다해 결정문을 만들어야 한다는 말이다.   _2023. 01. 03.

노란봉투법 의견표명 결정문은 약속대로 내 임기 종료 예정일 (2023년 1월 12일) 전에 완성했다. 여기에는 이충상 위원의 소수의견도 포함되었는데 분량이 다수의견의 두 배에 가까웠다. 이 위원도 고생을 많이 했다. 자신의 의견을 결정문에 반영시키기 위해 연말연시에 쉬지 않은 것이다. 의견 차이와 관계없이 그것은 인정할 만하다. 다만 2023년 정초에 한 언론사가 이 안건의 상임위 의결 절차가 날치기였다고 보도해 많은 사람을 또 놀라게 했다. 확인해보니 이 보도는 이 위원의 인터뷰가 발단이었다. 인권위원이라면 서로의 차이를 인정하면서 업무를 처리해야 한다고 믿는 나로서도 이 보도 내용은 도저히 받아들이기 어려웠다. 사무처 직원들도 게시판을 통해 이 위원을 강하게 비판했다. 우리(위원장, 나와 남 위원)도 위원을 불러 따지고 그 시정을 요구했다. 퇴임하기 불과 며칠 전의 일이었다.

오후 2시 위원장실에서 긴급 상임위 간담회가 열렸다. 이충상 위원의 『여성경제신문』 인터뷰 건을 논의하기 위함이었다. 이 위원은 자신이 그 매체와 인터뷰하는 줄도 몰랐고, 누군가에게 그와 관련된 이야기는 했지만 기사 내용대로 상임위 의결을 날치기라고 말하지는 않았다고 했다. 그러나 내용이 왜곡되었다고 하면서도 매체에 대해 특별히 정정 요구는 하지 않겠다는 의사를 표시해 나와 남위원, 그리고 위원장으로부터 집중적인 비판을 받았다. 이 위원은 아무 영향력 없는 매체와 싸워서 무슨 소득이 있느냐고 하지만 나는 그것은 쟁점이 될 수 없다고 말했다. 그 기사 내용은 우리 위원회의 위상을 실추시킨 것이니 사실이 아니라면 이 위원은 책임감을 느끼고 바로잡아야 하는 것 아닌가. 이 위원은 마지못해 그렇게 하겠다고 대답했지만 영 마뜩치 않은 눈치다.

2023. 02. 02.

여하튼 나로서는 이 안건을 완전히 정리하고 퇴임할 수 있게 되어 홀가분했다. 노동권과 관련해 인권위의 역사적인 결정에 핵심적인 역할을 했다는 데에 큰 자부심을 느꼈다. 여기에 그 결정문의 다수의견 중 일부를 소개한다. 왜 인권위가 이러한 의견표명을 하지 않으면 안 되는지 그 이유를 쓴 부분이다.

노란봉투법 의견표명 결정문(일부)

I. 의견표명의 배경

임금소득을 통해 삶을 영위하는 근로자에게 단결권을 비롯한 노동3권은 생존과 직결된다. 소유권의 절대 보장과 계약자유의 원칙을 골자로 하는 근대 사법원칙하에서 근로자 개인은 사용자와의 관계에서 결코 평등한 존재로서 자신의 권리를 스스로 지킬 수 없었다. 이런 자각 아래 19세기 이래 근로자들은 투쟁을 거듭했고, 그 결과 근로자의 단결권, 단체교섭권 및 단체행동권을 국가의 최고법인 「헌법」에 규정해 기본권으로 보장받기에 이르렀다.

이 과정에서 일반 민사법의 고용계약과 다른 새로운 법체계인 노동법이 탄생되었는 바, 이는 근로자 개인적 차원에서 노동조합이라는 단체 차원에서 교섭력을 극대화하는 방법으로 근로자의 노동조건 개선을 도모하는 법체계다.

이와 같이 현대적 노사관계에서 노동조합을 통한 단결권의 확보와 그 활동은 노동조건 개선을 위해 필수적이며, 그것은 「헌법」을 비롯한 노동법 체계에 의해 보장되고 있다. 그럼에도 한국의 노사관계 현실은 이러한 권리 보장이 제대로 지켜지지 않는 가운데 극심한 노사대립 상황이 노정되어 왔다. 실질적으로 근로자임에도 많은 근로자가 노동조합을 만들 수 없었고, 실질적으로 근로자를 지배하는 사용자임에도 자신들이 사용자가 아니라면서 근로자들의 집단적인 교섭권을 거부해왔다.

뿐만 아니라 사용자들은 근로자들의 단체행동을 쟁의 행위로 인정하지 않고, 노동조합과 근로자 개인을 상대로 거액의 손해배상을 청구하는 일도 비일비재하게 행했다. 이로 말미암아 근로자들의 단체행동권은 힘을 발휘하지 못하고 종이 위의 권리로 전락하기도 한다. 근로자들은 사용자의 수백, 수천억 원대의 손해배상청구소송에 따른 압박으로 백기투항할 수밖에 없는 경우가 생겨나고 있다.

사용자에 의한 거액의 손해배상청구소송과 가압류 관행은 「헌법」상 보장된 노동3권을 위축시키고 노동조합 존립 자체를 위태롭게 할 수 있다. 또한 그것은 근로자와 그 가족에게 심각한 경제적 고통을 주어 생존권을 위협할 뿐 아니라, 가족의 해체와 정신적 우울로 인한 자살 등으로 이어져 비극적인 사회문제를 일으키고 있다.

이런 상황에 대응하기 위해 현재 제21대 국회에는 「노동조합 및 노동관계조정법(이하 「노동조합법」)」 일부개정법률안」이 다수 계류 중인 바, 인권위는 이런 법률안의 제안을 적극 환영하고, 그 조속한 입법화를 위해 「국가인권위원회법」 제19조 제1호에 따라 의견을 표명하기로 결정했다.

4장 군대에 간 젊은이들을 위하여

2022년 7월 1일, 군인권보호관이 출범했다.

2021년 말 「인권위법」 개정으로 군인권보호관이 도입되었다. 나는 초대 군인권보호관으로 2022년 7월 1일부터 임기가 끝나는 2023년 2월 5일까지 일했다. 상임위원이 군인권보호관을 겸직하는 것이라 업무 부담이 급증했다. 법률이 통과되고 나서 6개월 정도는 출범 준비를 위한 준비단의 단장으로 일했다. 출범 후에는 틈만 나면 전국을 돌아다니며 군인권보호관 홍보에 앞장섰고 군인들을 상대로 인권 특강을 했다. 또한 군에서 사망 사건이 일어나거나 인권침해가 불거지면 과거와 다른 인권위 모습을 보여주기 위해 사무처 담당자들을 독려했다. 상임위원 임기 3년 마지막을 이렇게 1인 2역의 업무를 해가면서 바쁘게 보냈다. 그 과정에서 남겨야 할 말이 많다.

군인권보호관의 사무처 지휘권 문제

군인권보호관 도입은 오랜 기간 군대 내의 인권침해에 대응하기 위해 독립적인 외부기관이 필요하다는 시민사회의 요구에 대해 국회가 응답한 것이었다. 원래 시민사회가 요구한 것은 독립적인 기관, 즉 옴부

즈맨 방식의 국가기관이었지만, 현실적으로 설립이 어려우므로 인권위에 군인권보호관을 설치하기로 정리했다. 법률은 군인권보호관을 인권위 상임위원 중 대통령이 지명해 임명한 위원이 겸직하도록 했다.

군인권보호관이 도입되자 정부는 인권위 직제령의 개정을 통해 군인권보호관을 지원하기 위한 조직으로 인권위 사무처에 군인권보호국을 설치하는 데 협조했다. 이와 함께 인권위는 법률 시행일인 2022년 7월 1일까지 약 6개월 동안 군인권보호관의 업무수행을 위한 내부 절차 정비 등 출범 준비에 들어갔다. 나는 그 과정에서 출범준비단장으로 일했는데 그 일이 만만치 않았다. 처음에는 사무처에 지원조직만 확보되면 특별한 문제 없이 출범 준비가 될 줄 알았지만 예상과 달리 시간이 가면서 나와 위원장, 그리고 사무처 간에는 선명한 대립 구도가 형성되었다. 가장 큰 이슈는 군인권보호관이 사무처(군인권보호국)를 어떻게 지휘할 것인가의 문제였다. 이것은 인권위 설립 이래 처음 경험하는 일이었다. 사무처는 법률상 인권위원장이 지휘하는 것이지만 군인권보호관은 통상의 상임위원 업무를 하는 것이 아니기에 어떤 식으로든 사무처 지휘가 필요했다. 법률이 예상하지 못한 문제였다.

군인권보호관은 군에서 인권침해가 발생했을 경우 발 빠르게 대응하지 않으면 안 된다. 단지 소위원회인 군인권보호위원회의 위원장 역할만 한다면 이제껏 인권위가 해오던 군인권보호 업무와 다를 바가 없다. 군인권보호관 도입 이후 과거와 다른 인권위 활동을 보여주기 위해서는 법률상 군인권보호관의 지원조직으로 만들어진 사무처 군인권보호국을 어떤 방식으로든 지휘하지 않으면 안 된다.

법률은 군인권보호관의 지원조직을 둔다고만 했지 그것을 군인권보호관이 직접 지휘한다는 규정을 두지 않았기 때문에 위원장의 사무처 지휘권과 관련해 내부 조정이 필요한 상황이었다. 그러나 이것은 자칫 시어머니가 둘이 되는 상황이 될 수도 있는 일이기에 내부 규정을 통해 군인권보호관의 업무수행 방식을 잘 정한다는 것이 쉽지 않았다. 바로 이 작업을 내가 준비단장으로서 2022년 전반기 6개월 동안 이끈 것인데, 그 과정이 순탄치 않았고 지금도 많은 아쉬움이 남는다. 처음에는 내 생각이 위원장이나 사무처 간부들에게도 당연하게 받아들여졌으나 시간이 가면 갈수록 견해차가 드러났고 그 간극이 좁혀지지 않았다. 이하의 내 일기는 그 내막을 보여준다.

오늘 「인권위법」 개정안(군인권보호관)이 국회 법사위를 통과했다. 내일 본회의에서 통과되면 군인권보호관이 탄생한다. 초대 보호관이 바로 나다. 점점 어깨가 무거워진다. 과연 내가 잘 해낼 수 있을까. 위원회 내부를 잘 설득해 관련 규정을 만들어 업무를 개시할 수 있는 기반을 조성할 수 있을까. 나는 지금도 일이 많고, 내년도 이런 정도에서 마무리하고 싶은데……. 운명의 추는 그렇게 움직이지 않는 것 같다.   _2021. 12. 08.

군인권보호관 출범 준비단 구성이 끝났다. 내가 단장으로서 앞으로 몇 달간 준비단을 이끈다. 아침에 인사명령을 살펴보니 위원장이 나를 준비단장으로 임명했다. 나는 인사명령을 보고 문제라는 생각에 담당과장에게 한마디 했다. "상임위원은 위원장의 인사권 대상이 아닙니다." OOO 과장은 놀라는 눈치지만 나로서는 한번 따끔하게 말할 필요가 있었다. 사무처가 이런 인사안을 위원장에게 들고 가 결재받는 것은 아직 위원회가 국가기관으로서의 업무 관행이 제대로 만들어지지 않았음을 의미한다. 준비단 활동은 다음 주부터 시작이다. 빠른 시간에 가시적인 성과를 내야 하는데, 잘 될지 걱정이다.   _2022. 01. 14.

군인권보호관 준비단 첫 번째 회의가 열렸다. 첫 모임인 만큼 TF에서 앞으로 해야 할 일과 그 방향성에 대해 내 입장을 전달했다. 박광우 과장이 각각의 역할에 대해 설명하고, 송호섭 과장이 시민사회 간담회 준비건에 대해 설명했다. 독임제적 성격의 군인권보호관을 합의제 기구인 인권위에 어떻게 뿌리 내리게 할 것인가. 쉽지 않은 과제다. 앞으로 두어 달 이 문제를 두고 씨름해야 할 것 같다. 박 과장 보고에 의하면 군인권국 설립 문제는 비교적 순항 중이라고 한다. 문재인 정부가 끝나가면서 인권 분야 중 한 업적으로 군인권보호관을 생각하는 모양이다. BH가 힘을 실어주니 행자부도 따라 올 수밖에 없다. 며칠 내로 가시적인 결과가 나올 전망이다. 1국 3과 조직이라고 한다.   _2022. 01. 19.

기재과에서 군인권보호관 지원조직 관련 보고가 있었다. 어제 행안부 장관이 결재를 했다고 한다. 1국 3과 체제로 군인권지원조직이 생겨나게 되었다. 예산당국과 협의하는 일이 남아 있지만 조직 확대는 이제 기정사실이 되었다. 문제는 군인권보호관이 새로 생기는 조직을 어떻게 지휘할 것이냐다. 제대로 지휘하지 못하면 그저 사무처의 조직 확대에 불과하다. 그런 일이 없도록 운영방법을 세워야 한다. 그게 내게 주어진 임무다.   _2022. 01. 20.

간담회 자리는 시민사회로부터 군인권보호관 운영과 관련된 의견을 청취하기 위해 만들어졌지만 시종일관 불만의 소리를 들어야 했다. 우리 위원회가 이 제도를 만드는 데 소통에 실패했다는 것이다. 크게 틀린 말이 아니라 내가 진심으로 사과했다. 앞으로 만들어질 지원조직이 군인권보호관 임무를 뒷받침하기에는 터무니없다는 비판이 줄을 이었다. 조직은 우리 스스로 만드는 것이 아니라 정부와의 협조 속에 만드는 것이라 변명했지만 불만 어린 소리를 잠재우기는 어려웠다. 그렇지만 나로서는 최선을 다해 경청했고 앞으로 계속 협조와 지지를 부탁했다. 내가 할 수 있는 최선이라 생각했다. 나로서는 일종의 독배다. 앞으로 남은 임기 동안 조금 쉬면서 가려고 했지만 그것은 불가능해졌다. 내가 할 수 있는 최선을 다하는 수밖에 없다. 내가 이 자리에서 벗어난 후 조금 더 잘할 걸 하면서 후회하지 않도록 지금 할 수 있는 일을 해야 한다. 그 마음뿐이다.   _2022. 02. 08.

오전에는 군인권보호관 TF 회의가 있었다. ○○○ 과장이 지난주 논의한 것을 토대로 운영방안 초안을 만들어 왔다. 대부분 잘 만들어 크게 논란을 빚을 부분은 없었다. 다만 군인권보호관의 지휘체계를 어떻게 할 것인지가 가장 큰 쟁점이었다. 나는 운영규칙에 군인권보호관이 지원조직을 직접 지휘한다는 규정을 두고, 구체적인 방법은 위원장 훈령(전결 위임규정)으로 하자고 했지만, 좀 더 논의가 요구되는 부분이다.　　　　　　　_2022. 02. 16.

결정문을 고치는 사이 ○○○ 과장이 내일 TF 회의 자료를 가지고 왔다. 점검을 해보니 가장 중요한 부분(군인권보호관의 사무처 지휘체계)이 그동안 내가 지침을 준 것과 거리가 멀었다. 막상 문건을 만들려다 보니 위원장과 군인권보호관의 관계가 심상치 않을 것 같다는 생각을 한 모양이다. 나는 단호하게 문안 내용의 문제점을 지적했다. 어차피 이 문제는 나와 위원장이 풀어야 할 문제이니 내가 직접 해결하겠다고 했다. 이와 관련된 문제는 모두 내게 돌리고 사무처는 향후 지침에 따라 관련 규정을 정리하라고 했다. 바쁜 날이었지만 이것은 매우 중요한 일이라 상당한 시간을 들여 내 의견을 서면으로 정리해 사무처에 보냈다.　　_2022. 02. 23.

오후. 원래 군인권보호관 TF 전체회의를 하기로 했는데 사무총장이 와서 그보다는 TF 간부회의를 하는 게 어떻겠느냐고 제안했다. 총장의 의중을 모르는 바가 아니고, 그럴 필요도 있다는 생각에 간부회의로 바꾸어 회의를 진행했다. 오늘 논의의 핵심은 군인권보호관의 사무처 지휘체계. 나는 이것이 운영방법 준비에서 가장 큰 고비가 되리라 예상했다. TF 출범 시점에서 간부들 몇몇은 군인권보호관이 지원조직을 당연히 지휘해야 한다고 했는데, 오늘은 말이 달라졌다. 어제 내가 직접 써준 지휘체계 안을 놓고 사무처에서 회의를 한 모양인데, 위원장의 권한에 상당한 부담을 준다며 내부적으로 어렵다는 의견이 많았던 것 같다. 나는 내가 내놓은 안을 대체할 수 있는 좋은 안을 가져오라고 했다. 내가 검토해 괜찮은 안이라면 내 안을 고집하지 않겠다고 했다. 결국 한 주 후 다시 논의하기로 했다. 그때는 사무처가 안을 가져오겠다고 약속했지만, 과연 내가 수용할 수 있는 안일지 모르겠다. 나로서는 군인권보호관의 업무를 지금의 상임위원 일을 하는 방식대로 처리할 수 없다. 현장감 있고 신속하게 움직이는 군인권보호관이 아니면 군인권을 개선하기는 어렵다. 지금과 같은 방식으로 운영한다면 이 제도는 처음부터 실패를 안고 출발하는 것이나 마찬가지다. 준비가 험난하다. 가까운 시일 내에 위원장과 직접 이야기하는 수밖에 없다. 사무처가 나서서 해결할 수 있는 문제가 아니다.   _2022. 02. 24.

사무처가 만든 안은 결론적으로는 내 입장과 크게 다르지 않았다. 다만 총론으로서 군인권보호관의 성격에 대해서는 상당한 차이가 있었다. 사무처는 가급적 위원장 입장에서 군인권보호관의 성격을 규정하려고 노력했다. 성격을 어떻게 보든 사무처도 군인권보호관은 기존 소위원장과는 달리 사무처를 직접 지휘해야 한다는 입장을 가지고 있기에 실무적으로는 내 입장과 큰 차이가 있지 않다. 사무처가 만든 안 정도라면 위원장과 토론해 정리할 수 있다는 생각이 들었다. 사무처는 나와 위원장이 다른 입장을 취해 갈등관계를 빚을까 전전긍긍하고 있다. 나는 그 점에 대해서는 너무 염려하지 말라고 했다. 설혹 갈등관계가 있다고 해도 합의제 조직인 인권위에서는 있을 수 있는 일이 아닌가. 이번 주 내로 위원장과 시간을 갖고 이야기할 것이다. _2022. 03. 07.

오후에 군인권보호관 TF 회의가 열렸다. 어제 ○○○ 과장이 보고한 지휘체계에 대해 논의하고 대략적인 방향을 잡았다. 사무처가 나와 많은 차이를 보이면 큰 갈등이 노정될 텐데 다행히 그런 문제는 일어나지 않았다. 현행 법률하에서 우리가 할 수 있는 나름의 답을 찾아낼 것 같다. '군인권보호관은 독입제 기관은 아니다. 그러나 지금까지 해온 소위원장과 같은 방법으로 운영해서는 안 되고, 지원조직을 직접 지휘하는 것은 인정해야 한다. 이를 위해 군인권보호관은 사무처의 계선 조직으로 들어와야 한다.' 대체로 이런 결론이다. 이제 방안의 대략을 잡았으니 이것을 구체적으로 규정하는 규칙 등을 세우는 작업을 해야 한다. 나는 군인권보호관 운영규칙을 새롭게 만드는 것이 필요하다고 본다. 사무처는 나와 위원장이 논의해 결정해주면 그에 따르겠다고 한다. 이를 위해 나와 위원장 간에 진지한 대화가 필요하다. 사무처는 나와 위원장 사이가 벌어질까 봐 걱정하고 있다. 나는 너무 염려하지 말라고 담당자들을 안심시키지만 직원들 사이에서는 여러 가지 염려가 되는 모양이다. _2022. 03. 08.

오전에 위원장실을 방문해 군인권보호관 운영 문제에 관해 논의했다. 그동안 TF 활동이 대부분 보고되었기에 내가 따로 설명할 부분은 별로 없었다. 군인권보호관은 입법취지상 현재의 소위원장 활동방식으로 운영할 수 없다는 것에 대해서는 이미 인식을 같이하고 있어서 그 방법론은 사실상 정해진 상황이었다. 군인권보호관이 위원장의 사무처 지휘 계선을 넘을 수밖에 없다는 것. 이렇게 해야 군인권보호관이 사무처의 군인권국을 직접 지휘할 수 있는 것이다. _2022. 03. 11.

점심에 사무총장을 만나 여러 이야기를 나눴다. 여러 말이 나왔지만 박 총장이 나에게 하고 싶은 말은 따로 있었다. 군인권보호관 운영과 관련된 내용이었다. 망설이다가 내게 한 말은 지휘체계에 관한 규정(훈령)을 만들지 말고 그냥 운영해보자는 것이다. 훈령에 군인권보호관의 사무처 지휘권한을 두면 경우에 따라서는 위원장의 사무처 지휘에 혼란이 예상된다는 것이다. 나는 그 이야기를 듣고 내 생각을 다시 한번 분명하게 전했다. 초대 보호관으로서 내가 해야 할 일은 운영방안을 잘 만드는 것이고, 그 핵심은 사무처 지휘체계를 규정으로 만들어 놓는 것이라고. 박 총장은 내게 말한 것이 자신의 개인적 의견일 뿐이라고 했지만 과연 그런지 모르겠다. 이미 위원장과 총장이 의견을 조율한 다음 내게 말하는 것으로 들렸다. 만일 그렇다면 앞으로 운영방안에 대해 논의하기가 쉽지 않을 것 같다. 우려가 크다.　　　_2022. 03. 17.

인권위원을 맡으면서 제일 어려운 게 위원장과의 관계, 사무처와의 관계다. 합의제 조직에서 사무처는 위원장이 지휘한다. 일은 상임위원들에게 쏟아지지만 사무처에 지원을 받지 않으면 처리하기 힘들다. 상임위원은 사무처를 직접 지휘하지 못하나 일을 하기 위해서는 사무처 관계자를 불러 이런저런 지휘를 사실상 할 수밖에 없다. 이런 일이 평상시에는 특별히 문제가 되지 않지만 특정 사안에서는 잘 안 되기도 한다. 사무처가 그 안건에 대해 위원장의 지휘를 특별히 받을 때가 그렇다. 그럴 때는 사무처를 상대해서는 일이 안 풀리니 위원장을 상대로 설득하고 거기에서 나온 결론을 위원장이 사무처에 지시해 줘야 일이 풀린다. 지금 군인권보호관 준비과정도 그렇다. 내 마음대로 이것을 준비했다면 한 달 내에 대부분 문제를 해결했을 것이다. 지금 삐걱대는 이유는 사무처 조직이 처음에는 내 뜻을 존중하다가 언젠가부터는 위원장의 뜻을 따르기 때문이다. 피곤한 일이다.　　　_2022. 03. 18.

출근하자마자 사무총장이 찾아왔다. 군인권보호관 지휘체계에 관련해 할 말이 있다는 것이다. 어제 나와 위원장 사이에서 지휘권 문제는 원만하게 해결되었다고 하자 표정을 달리 지으면서 그것이 아니라는 취지로 말한다. 들어 보니 지난 목요일 내게 한 말 그대로다. 규정에 의한 지휘권을 행사하지 말고 사실상 지휘권을 행사하라는 것. 그러면 사무처가 적극적으로 뒷받침하겠다는 것. 갑자기 화가 났다. 나는 위원장이 최종적으로 그런 결정을 한다면 어쩔 수 없지만 그렇게 되면 인권위의 군인권보호관 운영에 관한 의지가 없다는 비판에 직면할 것이라고 우려를 표했다. 오전 상임위 간담회가 끝나고 위원장을 따로 만나 그 이야기를 했다. 이 문제는 위원장이 결단할 문제이니 확실한 의사를 말해달라고 했다. 위원장은 이제까지 자신에게 한 말을 안다며 사무처 간부들이 염려를 하니 쉽게 결정하지 못하겠다고 말한다. 여러 이야기를 주고 받았지만 '나는 군인권보호관에게 지휘권을 주지 않는 것에 대해 수용할 수 없다, 조속한 시일 내에 이 문제를 정리해주시라, 그때까지는 TF를 잠정 중단하겠다'고 말하고 위원장 방을 나왔다. _2022. 03. 22

출근하자 ○○○ 과장이 찾아와 지난주 두 번에 걸쳐 군인권보호관의 지휘체계에 대해 논의한 결과를 설명했다. 내용인즉, 훈령 규정으로 지휘권을 확보하는 대신 운영매뉴얼로 대신하겠다는 것이다. 나는 이에 대해 정면으로 반박했다. 법률에 군인권보호관의 지원조직을 사무처에 둔다고 했는데, 위원회가 지원조직 운용에 관한 구체적인 내부 규정을 만들지 않는 것은 법 취지에 맞지 않는 것 아닌가. 대신 나는 위원장이 당초 안에 반대한다면 군인권보호관 규칙을 만들고 거기에 '군인권보호관과 사무처의 관계'에 관한 조문 하나를 넣자고 했다. 적어도 그런 근거 규정이 있어야 보호관이 사무처를 실질적으로 지휘할 수 있다고 말했다. 나는 이 안을 가지고 위원장을 만났다. 위원장도 내 설명을 듣고 특별히 반대하지 않았다. 나는 위원장께 이 안을 사무처에 분명하게 지시해달라고 했다. 위원장실을 나온 다음 사무총장을 불러 위원장과의 논의를 설명하고 내 안을 주었다. 이것으로 지휘체계 문제가 끝날지 모르겠다. 중단되었던 TF 회의를 다시 재개한다고 통지했다.   _2022. 03. 28.

오늘의 하이라이트는 오후의 군인권보호관 TF 회의. 내가 인권위 상임위원으로 재임하면서 가장 피곤한 미션이 바로 이 TF를 끌고 가는 일이다. 초대 군인권보호관으로서 피할 수 없다고 여기지만, 할 수만 있다면 지금이라도 당장 내려놓고 싶은 일이다. 나로서는 가장 중요한 게 보호관의 사무처 지휘 문제인데 사무처 간부들은 어떻게 해서라도 이를 피하려고 한다. 위원장이 교통정리를 해주어야 하는데 분명한 지시가 없다. 오늘도 규정 담당인 ○○○ 과장은 내가 제안한 규칙안(군인권보호관과 사무처의 관계. ①사무처는 군인권보호관을 지원하고 보좌한다. ②군인권보호관은 업무 수행한 필요한 경우 사무처에 지원을 요구할 수 있고, 이에 대해 사무처는 즉시 응해야 한다)을 사실상 거부하는 검토안을 가지고 왔다. 사무총장은 지휘 문제에 대해서는 이제 그만 논의하고 군인권보호관으로서 무슨 사업을 할지에 관심을 두자고 한다. 지휘체계에 대해 오늘 결론을 내 운영방안을 정리하고 그에 맞는 규정 작업을 하고자 했지만 결국 그러지 못했다. 다음 주에 위원장과 몇몇 간부들이 모여 최종 방안을 정리하자는 것으로 회의를 마쳤다. 매우 피곤한 하루였다.   _2022. 04. 07.

오늘 있었던 일 중에서 하나만 기록한다. 어제에 이어 군인권보호관 지휘체계에 관한 일. 어젯밤 이러저리 고민해봐도 사무처 안대로 지휘체계가 정해진다면 군인권보호관으로서 업무를 적절히 하기는 어렵다는 생각이 들었다. 출근하자마자 ○○○ 과장을 불렀다. 이제까지 일을 복기한 다음 사무처 입장을 다시 한번 들었다. ○○○ 과장의 속내는 복잡했다. 원래 나와 같은 생각으로 안을 짰다가 사무처 내 반대에 직면하고 이제 그 반대 논리로 나를 설득하자니 얼마나 어렵겠는가. 군인권보호관의 사무처 지휘 규정이 없어도 매뉴얼로 충분히 커버가 될 거라지만 내가 조직 원리상 혼란스러운 상황이 올 것이라고 하자 사실상 큰 반론을 제기하지 못했다. 나는 당초안이 최선임을 다시 한번 상기시키고, 차선책으로 규칙에 사무처 지휘의 근거라도 남기고 매뉴얼을 만들어야 한다고 했다. ○○○ 과장이 내 의견을 듣고 나간 다음 위원장실에서 긴급 간부회의가 열린다는 소식이 들렸다. 이 문제를 논의하기 위한 것이다. 잠시 후 ○○○ 과장이 다시 들어와 상징적인 규정(이것에 대해서도 이미 나와 어느 정도 이야기가 된 상황이었다. ①사무처는 군인권보호관의 업무수행을 지원한다. ②군인권보호관은 사무처에 업무수행을 위해 필요한 지원을 요구할 수 있다)을 규칙에 넣는 쪽으로 가면 될 것 같다고 말했다. 나는 고개를 끄덕이면서 빠른 시간에 매뉴얼을 가져오라고 했다. 핵심 쟁점이 해결된 것 같아도 마음은 착잡했다. 과연 저렇게 해서 군인권보호관 업무를 제대로 수행할 수 있을까? 사무처가 오히려 두 개의 지휘 체제하에 들어가 혼란스럽다고 불평을 하지 않을까?   _2022. 04. 12.

오전에 위원장을 찾아갔다. 군인권보호관의 지휘체계를 다시 한 번 숙고해달라고 했다. 서면으로 내가 우려하는 부분을 정리해서 가지고 갔다. 위원장은 이 문제는 이미 다 정리된 것 아니냐며 다시 원점에서 논의하기는 어렵다고 했다. 나도 더 이상 논의하고 싶지 않지만 곰곰이 생각해보면 사무처 지휘가 일원화되지 않음으로 혼란이 올 가능성이 큰데 이것을 그냥 넘기면 후회할 것 같다고 말했다. 지휘체계를 일원화해야 한다는 내 생각을 다시 한번 강조했다. 위원장이 더 논의해보자고 해 소득 없이 방을 나왔다. 이 문제가 어떻게 정리될지 아직 잘 모르겠다. 하지만 최선을 다해 내 소신을 이야기하고 그것을 관철시키기 위해 노력할 수밖에 없다. 참 어려운 일이다.   _2022. 04. 15.

오늘 오전의 상임위 간담회. 한 시간 반 동안 팽팽한 긴장감이 접견실 공기를 갈랐다. 위원장은 군인권보호관 준비팀에서 만든 인권위 운영 규칙안(군인권보호위원회는 다른 소위와 달리 조사구제 업무뿐만 아니라 정책 등의 권고도 할 수 있도록 한다)은 상임위의 기능을 무시하는 것이라면서, 군인권 관련 정책, 교육 협력 분야도 다른 분야처럼 상임위가 의사결정권을 가져야 한다고 주장했다. 개정안은 군인권보호관 예정자인 나의 입김이 너무 세게 작용한 것이라고 부연 설명까지 하면서 말이다. 나는 이런 주장을 도저히 받아들일 수 없어 몇 번이나 위원장의 말을 자르면서, 아무런 장치 없이 상임위에 군인권 관련 정책 안건 심의의결권을 주는 것은 군인권보호관 제도를 사실상 무력화하는 것이라고 주장했다.

자칫 큰 논쟁으로 번질 수 있는 막다른 상황에서 결국 내가 양보했다. 정책 업무를 상임위에 두되 사무처의 안건 제출 시 보호관의 의견을 들어야 하는 것으로 정리했다. 이렇게 후퇴한 안으로 군인권보호관의 업무가 적절하게 행사될지 걱정하지 않을 수 없다. 비록 최악의 상황은 막았지만 처음부터 우려한 위원장과 군인권보호관 간 지휘권 논란은 결국 이렇게 막을 내리고 말았다. 최선이 안 되면 차선을 택해 최선을 다하는 수밖에 없다며 마음을 달랬지만 마음이 아팠다. _2022. 06. 07.

사실 위에 옮긴 이야기는 내가 일기장에 써놓은 것 중 몇 분의 일에 불과하다. 그만큼 나는 군인권보호관 준비과정에서 큰 어려움을 겪었다. 평소 나와 위원장과의 관계를 생각하면, 두 사람이 갈등한다는 것은 정말 원치 않는 일이었다. 나는 송 위원장을 오랜 기간 법조 선배로 존경해왔고, 인권을 대하는 방향성에서도 큰 차이가 없다고 믿어 왔다. 때문에 내 임기 동안 위원장과 좋은 팀워크를 만들어 그 어떤 시기보다 진보적인 인권위를 만들어 나가야겠다고 결심해온 터다.

그런데 군인권보호관 출범을 준비하면서 위원장과 나 사이에 의견이 자꾸 엇갈리는 것 같아 심적 부담이 커져만 갔다. 내 신념은 비록 합의제 기구인 인권위에 군인권보호관이 들어왔지만 입법 취지에 맞춰 기민한 활동을 할 수 있도록 내부 규정을 만들어야 한다는 것이었다. 이를 위해서는 군인권보호국을 군인권보호관이 직접 지휘하는 게 필수적이라고 생각했다. 위원장과 사무처는 기존 위원장의 사무처 지휘권에 예외를 인정하는 것에 큰 부담을 느꼈다. 이런 분위기에서 나는 최선을 다해 좋은 운영 체제를 만들려 했지만 아쉽게도 위원장과 사무처 간부들을 설득하는 데 성공하지 못했다.

뒤돌아보면 나와 위원장(사무처) 간의 이견은 인간관계로 해결될 일은 아니었다고 본다. 아마 내가 위원장이라고 해도 군인권보호관을 도입하는 과정에서 해당 상임위원과 이런 갈등이 있었을 것으로 충분히 예상할 수 있다. 20년 이상 만들어온 인권위의 업무 관행을 깨는 것은 쉬운 일이 아니지 않는가. 때문에 이 문제는 원래 입법과정에서 고려했어야 했다. 합의제 기구인 인권위에 독임제 성격의 군인군보호관이 들어갈 때 그 지원조직을 어떻게 지휘할 것인가를 「인권위법」에 분명히 명시했더라면 이런 문제는 일어나지 않았을 것이다. 그런 고려 없이 군인권보호관 운영 방법을 인권위에 일임하니 인권위는 오랜 기간에 걸쳐 만들어 놓은 위원장의 사무처 지휘 방식에서 벗어나지 못한 것이다. 나로서는 우리와 같이 합의제 기구인 군 사망 사고 진상규명위원회에서도 법률상 사무국의 지휘는 위원장에게 있지만 사건 처리에서 상임위원이 사무국을 지휘하는 예가 있듯이 인권위 내부 규정으로도 군인권보호관 지휘체계를 만들 수 있다고 생각했다.

그러나 내 힘만으로는 그런 생각을 인권위 업무 관행으로 만들기는 어려웠다. 사실 다른 상임위원들이 이 문제에 관심을 갖고 내 의견에 동참했더라면 상황이 달라졌을 가능성이 있지만 그것도 기대하기는 어려웠다. 왜냐하면 다른 상임위원들 입장에서는 군인권보호관을 겸직하는 상임위원이 자신들과 달리 사무처를 직접 지휘하는 데 대해 선뜻 동의하기 어려웠을 것이기 때문이다.

내 판단으로는 현재의 군인권보호관은 인권위 소위원회 중 하나인 군인권보호위원회 위원장 이상의 역할을 하기는 어렵다. 군인권보호관의 입법 취지에 비추어 볼 때 우려스러운 일이다. 과거에도 침해구제 제2위원회에서 군인권침해 사건을 처리해왔기에 군인권보호관 업무가 군인권보호위원회 위원장 업무로 사실상 국한된다면 군인권보호관 도입 이전의 상황과 크게 달라지는 것이 없다. 그러한 군인권보호관의 업무를 위해 사무처에 1국 3과의 지원조직을 만들 필요가 있었을까. 물론 현재와 같이 상임위원이 군인권보호관을 겸직하는 상황에서는 군인권보호위원회 위원장 업무 이상을 바라기도 어렵다.

그러나 우리 국민이 바라는 군인권보호관의 모습은 그런 게 아니다. 전문적이고 활동적인 군인권보호관이 전국 부대를 다니며 군인권

개선을 위해 동분서주하고 인권침해가 있을 경우 기민하게 대응하기를 기대한다. 만일 그렇다면 내가 만들고자 했던 운영체제가 맞을 것이다. 앞으로 군인권보호관 전담 상임위원의 임명 필요성과 함께 이 지휘 문제가 다시 수면 위로 올라올 가능성이 크다. 그런 논의가 있을 때 초대 군인권보호관으로 일했던 내 경험과 생각이 도움이 되길 간절히 바란다.

한 가지 첨언할 이야기가 있다. 내가 인권위에서 나온 이후 군인권보호관 업무와 관련해 많은 파열음이 들려온다. 보호관과 군인권보호국의 관계가 심상치 않은 듯한데, 그 상황은 국회에서 의원들이 인권위에 대한 질의답변하는 과정에서도 드러났다. 그 모습을 보고 있자니 초대 군인권보호관으로서 마음이 아팠다. 이런 일이 벌어진 것은 위에서 내가 염려한 군인권보호의 사무처 지휘 문제가 해결되지 않은 데서 그 원인을 찾을 수 있다. 그러나 내가 염려했던 것은 군인권보호관이 그 역할에 최선을 다하고자 할 때 위원장과 보호관의 지휘 혼선을 방지하려는, 순수한 조직 원리적 차원의 문제임을 강조해두고 싶다. 내 말대로 지휘체계가 만들어졌다고 해도 보호관과 위원장 사이에 갈등이 있는 경우 직원들이 일하기란 쉽지 않다. 인사권자인 위원장의 생각을 거스를 수도 없고, 군인권보호국을 직접 지휘하는 보호관의 생각을 거스르기도 어렵기 때문이다. 따라서 이런 조직 문제를 심도 있게 논의하기 위해서는 군인권보호관이 될 상임위원 임명의 적절성이 전제되어야 한다. 인권의식과 전문성에서 존경받는 사람이 상임위원으로 임명되어 군인권보호관으로 일한다면 내가 말한 지휘체계는 그에게 날개를 달아주겠지만, 그렇지 못한 사람이 군인권보호관을 맡아 사무처를 직접 지휘

한다면 인권위 내부는 지금보다 더 시끄러워질 가능성이 크다. 돌아보면 2022년 초 이 제도의 인권위 내부 운영 체계를 만들 때 사무처 직원들이 이러한 미래를 예상하면서 기존의 사무처 지휘 체계가 흔들리는 것을 우려했을지도 모른다.

군인권보호관 출범, 그리고 업무 개시

6개월간 군인권보호관을 준비하며 마음고생이 컸다. 결국 출범일이 다가왔다. 비록 부족한 게 많고 내가 원하는 대로 조직 운영은 되지 않았지만 임기 동안 최선을 다해야 한다고 다짐했다. 사무처 지휘 문제는 적어도 내 임기 동안은 큰 문제가 없으리라 생각했다. 출범과정에서 내가 워낙 이 문제를 집요하게 물고 늘어졌기에 내 임기 중 내가 군인권보호국을 지휘하는 것을 사실상 누구도 막기 힘들었고, 사무처 직원 중에서 내 업무에 대한 진정성을 의심하는 사람들도 없었기 때문이다. 나는 비록 짧은 기간이지만 군인권보호관 업무의 틀을 만들고 싶었다. 군인권보호관이 이렇게 업무를 수행하는 것임을 인권위 내외부에 보여주어야만 했다.

모든 것은 첫 출발이 좋아야 한다. 2022년 7월 1일 출범일, 나는 그날을 어떻게 기록했던가. 이날 나는 군인권보호관으로서 앞으로 어떻게 업무를 수행할 것인지에 대해 약속했다. 이날 내가 한 말은 퇴임 때까지 군인권보호관으로서 어딜 가든 단골로 하는 말이 되었다.

오늘 군인권보호관 출범식이 있었다. 9시가 조금 넘어 초청한 분들이 도착했다. 윤 일병 어머니, 이해람 중사 아버지 등 군인권침해 유가족들, 군사망사고진상규명위원회의 송기춘 위원장, 더불어민주당 진성준 위원, 국방부 신범철 차관 등. 환담을 하고 현판 제막식을 했다. 손님과 위원회의 위원장, 상임위원들이 양쪽에 선 다음 줄을 잡아당기자 '군인권보호관' 현판이 나타났다. 바로 이어서 출범식이 개최되었다. 기념사와 축사가 이어지고 내가 마지막으로 답사를 했다. 마음이 무거웠다. 내가 과연 잘해낼 수 있을지.

곧바로 1호 사건을 접수했다. 군인권센터에서 3자 진정의 방식으로, 한타 바이러스 감염 때문에 사망한 사건을 계기로 군의 의료 체계의 문제점을 지적하며 인권위가 조사해달라는 내용의 진정이다. 사진기자들은 1호 사건의 진정인이 군인권보호관에게 진정서를 접수하는 장면을 담기 위해 셔터를 눌러댔다.

이어서 제1차 군인권보호위원회. 비상임위원인 석원정과 한석훈 위원이 참석한 가운데 보고안건 하나를 다루었다. 군인권보호관이 출범하면서 역점 사업으로 다룰 내용을 정리해 보고하고 위원들의 의견을 개진했다. 회의 초반에 기자들이 들어와 사진을 찍었다. 보고가 끝나고 앞으로 일정을 확인했다. 보호위는 원칙적으로 매주 넷째 주 화요일 오후에 열기로 했다. 다음 회의는 7월 25

일 오후 2시.

점심에는 석원정 위원, 김은미 국장, 송호섭 과장, 이기성 과장, 정호균 서기관(교육협력과장 직대)을 유네스코 빌딩에 있는 '마노 디 쉐프'로 초대했다. 피자와 파스타로 맛있게 점심을 먹으며 앞으로 잘하자고 다짐했다.

군인권보호관 출범식이 진행되는 도중 국방부로부터 군인 한 명이 사망했다는 통보를 받았다. 첫날부터 바빠질 것 같다는 생각에 마음이 착잡해졌다. 군인권조사과장과 담당자가 사안을 정리한 보고서를 들고 방에 들어와 설명했으나 사실관계는 잘 알 수 없다. 우선 애도를 표하는 간단한 보도자료를 내고 모니터링을 한 후 문제가 생기면 즉각 개입하기로 했다.

저녁시간에 이기성 과장으로부터 연락이 왔다. 사망자의 시신이 있는 병원에 와 있는데 유족들이 인권위 개입을 원치 않는다고 해서 일단 철수한다고 한다. 우리 직원들이 수고 많았다.

_2022. 07. 01.

군인권보호관 출범을 즈음한 인사말

존경하는 국민 여러분,
친애하는 국군 장병 여러분,
오랜 기간 슬픔 속에 살아오신 군인권 피해자 가족 여러분,
군인권 피해자의 인권보장을 위해 애써오신 인권단체 관계자 여러분,

바쁜 의정 활동에도 불구하고 시간을 내주신 진성준 의원님,

오늘 출범식에 특별한 의미를 부여해주신 군사망사고진상규명위원회 송기춘 위원장님과 국방부 신범철 차관님,

인권위 송두환 위원장님을 비롯해 동료 인권위원님과 인권위 사무처 직원 여러분,

초대 군인권보호관을 맡게 된 국가인원위원회 상임위원 박찬운입니다. 오늘 드디어 군인권보호관을 출범하게 되었습니다. 기쁘다는 말씀을 드리기에 앞서 막중한 책임감에 어젯밤 밤잠을 설쳤습니다. 국민 여러분께서 기대하시는 만큼 군인권보호관으로서의 역할을 제대로 해낼 수 있을지 걱정이 많습니다.

군인권보호관 출범은 오랜 기간 군부대 내에서 일어난 인권침해 피해자들과 그 가족들의 절절한 호소가 있었기에 가능했습니다. 저는 이분들의 호소가 헛되지 않았음을 몸으로 증명해야 할 위치에 있습니다. 이 순간 제가 할 수 있는 말은, 능력은 부족하지만 주어진 제 소임을 다할 수 있도록 최선을 다하겠다는 것입니다.

군인권보호관이 어떤 과정을 거쳐 만들어졌는지 상기하고 싶습니다. 군인권보호관은 지난 2014년 일어난 윤 일병 사건과 관련이 있습니다. 당시 한 젊은 군인이 군부대 내 폭행으로 사망했습니다. 이 사건이 계기가 되어 「군인의 지위 및 복무에 관한 기본법」이 만들어졌고, 거기에 군인의 기본권 보장과 인권침해 구제를 위한 기관으로 군인권보호관을 두기로 했습니다. 그런데 아쉽게도 오랜 기간 군인권보호관을 만들지 못했습니다. 군인권보호관을 어디에 소속시켜야 할지, 구체적으로 어떤 권한을 어떤 방식으로 행사해야 할지 쉽게 결론을 내지 못했습니다.

그러다 작년 12월 군인권보호관을 인권위에 두는 것으로 결론을 내고 「국가인권위원회법」이 개정되었습니다. 이제 군인권보호관은 인권위 소속

으로 군인들의 기본권 보장을 위해 인권침해가 의심되는 경우에는 조사해서 구제조치를 하고, 군인 인권증진을 위해 관련 법령의 제정 및 개정 등을 권고하는 역할을 할 것입니다. 또한 인권침해를 미연에 방지하기 위해 군인 인권 교육에도 심혈을 기울여 나갈 것입니다.

군인권보호관 제도가 오랜 기간 만들어지지 못하다가 작년 말 관련 법률이 국회를 통과할 수 있었던 것은 최근에 발생한 군 내에서의 인권침해와 밀접한 관련이 있습니다. 잘 알다시피 공군의 이예람 중사 사건 등 몇 건의 성범죄 사건이 연이어 터졌습니다. 피해자의 극단적인 선택은 국민들에게 많은 슬픔과 충격을 안겼습니다. 더 이상 이런 사건이 일어나지 않도록 하는 것이 군인권보호관의 우선적인 임무라고 생각합니다.

또한 군에서 매년 자살 등으로 젊은 병사들의 고귀한 생명이 희생되고 있습니다. 이런 사건이 발생하면 즉각적인 대응이 필요합니다. 왜 그들은 사랑하는 가족의 품을 떠났어야 했을까요. 그 원인과 대책을 강구하지 않으면 안 됩니다. 군인권보호관으로서 그런 대응에 소홀함이 없도록 하겠습니다. 나아가 부대 방문조사 등을 체계적으로 실시해서 군대 내 인권침해 상황과 원인을 조기에 발견해 제도적 차원의 개선 권고를 해나가겠습니다.

저는 군인권보호관으로서 군인을 '군복 입은 시민'이라 생각하고 군인권을 보호하는 업무를 해나가고자 합니다. 그동안 우리 사회에서는 군인과 민간인을 과도하게 구별해왔습니다. 군인이 되는 순간 자유의 제한은 불가피하다는 인식이 광범하게 퍼져 있습니다. 그러나 이것은 잘못된 생각입니다. 군인에 대한 자유의 제한은 예외이지 원칙이 아닙니다. 군인도 우리와 똑같은 시민입니다. 군인은 국방의 의무를 수행하고 있기에 불가피하게 자유 일부가 제한될 뿐이지 본질적으로 그 권리를 제한해야 할 대상이 아닙니다. 이런 인식을 군인권보호업무 전반에 굳건한 원칙으로 만들어 나아가도록 하겠습니다.

군인권보호관 제도가 성공하기 위해서는 인권위의 노력만으로는 부족합니다. 인권위는 특별한 권력기관이 아닙니다. 업무를 처리할 인원도 많지 않습니다. 군인권보호관은 군에서 인권 문제가 발생했을 때 신속하게 대응해 적절한 조치를 취하도록 운영되어야 합니다. 이를 위해서는 국방 당국과 군, 그리고 장병 여러분, 나아가 시민사회와 언론의 협조가 절대적으로 필요합니다. 아무쪼록 새롭게 만들어진 군인권보호관 제도가 성공적으로 운영될 수 있도록 성원해주시기 바랍니다.

끝으로 군인권보호관이 탄생하는 데 있어 힘을 실어주신 군인권 피해자 및 그 가족 여러분, 군인권보호를 위해 힘을 써온 시민사회 단체 관계자 여러분들께 심심한 감사의 말씀을 드립니다. 더 이상 윤 일병의 비극도, 이예람 중사의 비극도 있어서는 안 됩니다. 군인권보호관이 앞장서겠습니다. 초심을 잃지 않고 군인권보호관의 역할을 다할 수 있도록 성원해주시고 필요한 경우 따끔한 비판도 해주시기 바랍니다. 오늘 참석해주신 피해자 가족 여러분께 다시 한번 위로와 감사를 드립니다.

대단히 감사합니다.

군대 내 사망 사고 처리

군인권보호관 업무를 하면서 제일 큰 문제로 직면한 것은 사망 사건 통보에 따른 처리였다. 「인권위법」은 군대 내 사망 사건이 발생했을 경우 그 조사과정에 입회권을 주고 있다. 이것은 그동안 군대 내 사망 사건이 일어난 경우 국방당국이 불투명하게 처리하면서 유족들의 불신을 자초한 데서 비롯된 것이다. 군인권보호관은 국방부로부터 사망 사건이 통보되면 바로 조사관의 입회 여부를 결정해야 한다. 그러나 이것이 쉽지 않았다. 인권위에 통보되는 사망 사건 수가 예상을 훨씬 초과했기 때문이다. 이 업무를 수행하는 군인권침해조사과 인력 여서일곱 명으로는 도저히 처리가 불가능한 상황이었다. 처음 군인권보호관이 출범했을 때 군인권보호국은 모든 사망 사건 통보에 조사관을 보내겠다고 보고했다. 그러나 이런 보고 내용대로 하는 게 거의 불가능하다는 것을 깨닫는 데에는 불과 한 달이 걸리지 않았다. 현재 군인권보호국은 사망 사건 처리에 세 개 과가 사실상 다 관여하고 있는데 업무 부담이 너무 큰 상태다. 그것이 얼마나 심각한지 사망 사건 처리에 관해 나는 이렇게 적었다.

오늘 군인권보호관 출범 이후 두 번째 사망 사건을 국방부로부터 통보받았다. ○○ 공군부대에서 부사관 한 명이 숙소에서 사망한 채 발견되었다는 것이다. 1년에 100여 건 사망 사건이 일어난다고 하더니 꽤 많은 사건이 있을 것 같다. 조사과장이 보고하면서 조사관을 급파하겠다고 해서 승낙했다. 퇴근 후 카톡 보고에 의하면 망인이 유서를 남겼는데 그 내용상(보지는 못한 모양) 부대 내 괴롭힘이 추정된다는 것. 문제 있는 죽음이다. 내일 출근하면 바로 향후 대처에 대해 논의해야겠다. _2022. 07. 06.

그나저나 사망 사건이 의외로 많다. 어제 세 번째 사망 사건을 접

했다. 장소는 진주. 조사관 두 명이 현지로 내려갔다. 지난밤 조사
과장으로부터 카톡 보고가 들어왔는데 시각이 11시가 넘었다.
사인은 부검 등을 통해 지켜봐야 한다고 한다. 조사관들이 수고
가 많다. 조만간 밥 한번 사줘야겠다.   _2022. 07. 08.

바쁜 하루였다. 아침에 조사과장이 와서 ○○사단 자살 사건의
망인 부검이 있는데 갈 만한 조사관들이 없어 가기 어렵다는 표
정을 지었다. 나는 단호하게 첫 번째 부검인 만큼 꼭 가봐야 한다
고 말했다. 마음이 아팠지만 어쩔 수 없었다. 얼마 전까지만 해도
당분간 모든 사망 사건에 조사관을 보내겠다고 약속했는데…….
이런 날이 올 줄 알았지만 너무 빨리 왔다.
군인권국 국과장과 전 조사관에게 '사망 사건 단계별 대응방
안'(사망 사건 처리 관련 군인권보호관 요망사항)을 보내주었다. 내가
오늘 새벽에 만든 것이다. 국방부로부터 통지를 받은 다음 어떻게
조사관을 보내 어떻게 조사과정에 참여할지에 대해 지난 몇 주간
경험을 토대로 만들었다. 마음 같아서는 내가 한 조사관으로서
직접 현장에 나가고 싶다. 내가 보내준 대응방안에 현장에 나가
본 조사관들의 경험을 보태면 당분간 사용할 매뉴얼이 만들어질
것이라고 본다.   _2022. 07. 22.

사망 사건 처리 관련 군인권보호관 요망사항

(다음 사항은 군인권보호관 출범 이후 3주 동안 보호관이 국과장 및 조사관에게 당부한 말을 정리한 것입니다. 여기에 현장을 다녀온 조사관들의 의견을 취합하면 일종의 매뉴얼이 만들어지리라 생각합니다. 앞으로 많은 전문적 사항이 여기에 포함되어 인권위의 사망 사건 처리 매뉴얼이 세워지길 소망합니다.)

1. 통지 시 대응

- 즉시 내용 정리 후 군인권보호관에게 보고 ⇨ 현장 파견 여부/ 조사과정 입회 여부 등 결정
- 현장 출동하는 경우 해당 부대 공문 통지

  [예시] "통지된 사건에 대해, 인권위는 군인권보호관의 결정에 따라 ○○○ 등 조사관을 해당 부대에 급파해, 「인권위법」 제50조의6에 따라 조사과정에 입회하고자 하오니, 협조해주시기 바랍니다."

2. 현장에서의 대응

(1) 업무의 기본원칙

인권위의 기본 임무는 군수사기관의 조사과정이 공정하게 진행하는 것을 감시 감독하는 것. 이 취지를 군수사기관과 유족에게 알리고 조사가 공정하게 진행되도록 노력함

(2) 망인의 유류품 처리

- 망인의 유류품(유서 등)을 군수사당국이 독점하려는 관행이 있어 유족 등과 다툼의 원인이 됨. 이에 대해 다음 사항을 숙지해야 함
- 망인의 유류품은 원칙적으로 유족에게 돌아가야 하므로 군수사당국

이 법적 근거 없이 우선 확보하는 것은 사실상 불법임. 군수사당국이 유류품을 확보하려면 압수영장에 의하거나 범죄 현장에서의 영장 없는 압수(사후영장 필요)에 의한 것이어야 하므로, 이런 근거가 없다면 유류품은 상속인인 유족에게 주어야 하고, 유족이 판단해 임의제출해야 함(유족은 당연히 이때 그것을 사본화해서 보관할 수 있음)

- 어떤 경우라도 조사관들은 군수사당국에 유류품의 내용에 대해 인권위와 정보를 공유해야 한다고 강조해야 함. 만일 유류품(특히 유서)을 군이 임의로 확보하고 이를 내놓지 않으면(그래서 유족과 갈등이 초래된다면) 공정한 조사가 되지 않을 수 있음을 경고해야 함

(3) 사체 검안 및 검시

군수사기관이 유족, 경찰관계자 등과 함께 사체의 검안 및 검시를 하는 경우 조사관은 입회해 사체 상태를 꼼꼼히 보고 기록함. 검안 및 검시의 주도는 군수사기관이 하도록 하되, 의문점이 있으면 현장에서 질문함

*조속한 시일 내에 검안, 검시, 부검에서 무엇을 봐야 하는지 법의학자에 의한 조사관 교육이 필요함

(4) 유족들에 대한 대응

유족에게는 군인권보호관 제도를 설명하고 조사관들이 사망 사건에서 무슨 일을 하는지 설명함. 만일 이 사망이 인권침해의 의혹이 있다면 유족으로서는 별도의 진정이 가능하다는 것과 그 절차를 설명함. 가급적 유족의 마음을 헤아려 최대한 위로하고 예우해서 인권위가 큰 힘이 되고 있다는 것을 인식시키도록 노력함

(5) 군수사기관에 대한 협조요청

- 인권침해의 가능성이 별로 보이지 않는 사건의 경우는 향후 인권위는

모니터링을 계속하겠다고 하고 군수사기관의 향후 조치를 공유하자고 요청, 이때 협조 채널을 정하는 것이 필요함
- 인권침해의 의혹이 짙은 사건의 경우에는 다음 사항을 정확히 전달(현장에서 구두로 하고 철수 후에는 공문으로 하는 것이 좋음) ① 사건조사는 공정하게 진행되어야 함, ② 인권위는 필요한 경우 조사과정에 입회할 것임, ③ 유류품 등 사인과 관련된 증거는 그 내용을 즉시 인권위와 공유해야 함, ④ 입회를 위해 조사계획(사체부검, 참고인 조사, 현장조사 등)을 공유(사전 통보)해야 함

(6) 군인권보호관에 대한 보고
- 현장에서 상황조치를 한 후 적절한 시점에서 철수하고, 즉시 보고서를 작성해 군인권보호관에게 보고하는 것을 원칙으로 함
- 단 현장에서 판단하기 어려운 경우에는 언제든 보호관에게 전화, 문자 등을 이용해 보고하고 조치를 받아 대응함

(7) 진정을 받은 경우 조치
- 사망 사건이 유족에 의해 진정된 경우 군수사기관이 조사하거나 민간 경찰이 수사에 들어간 경우에는 5호 각하 문제가 있을 수 있음. 이 경우 각하 특례 규정에 따라 위원회 의결을 받아 조사개시결정을 해야 함
- 사안이 중대하고 사회적 여파가 커 단순 개인사망 사건으로 결론 지을 수 없는 경우에는 진정과 관계 없이 직권조사를 하는 것이 좋으므로 이에 대해 판단을 하고 필요한 경우 군인권보호관과 상의한 후 군인권보호위의 직권조사 의결을 받을 수 있도록 준비

(8) 언론 대응

- 군인권보호관은 투명하게 임무를 처리해야 하고, 필요한 경우 즉시 국민에게 상황을 알려야 함
- 중요 사건인 경우, 군인권보호관의 결정으로 조사관이 급파되어 조사 과정에 입회하고 있음을 보도자료로 알림
- 만일 군당국이 조사과정에서 조사관의 활동을 거부하거나 협조하지 않는 경우 엄중경고하고 군인권보호관과 상의해 이에 대한 인권위의 입장을 보도자료를 통해 언론에 알림

(9) 기록 축적

- 군 사망 사고는 기록 축적이 중요함
- 출동한 조사관이 달라지더라도 동일한 업무 수행이 될 수 있도록 하고 그 결과를 기록으로 남겨야 함. 통보일시, 통보내용, 군인권보호관 보고 및 판단, 출동 조사관, 출동일시와 장소, 현장 임장 후 조치 및 입회 결과, 철수 후 조치, 유족의 인적사항 및 연락처 등 모든 상황을 알 수 있도록 해야 함(이를 위해 통일된 양식의 기록보존 시스템을 조속히 구축해야 함)

(10) 점검

국과장은 위의 사항들을 항상 점검해야 함

오후 3시 10층 인권교육센터에서 군사망 사건 결재 시스템 시연회가 있었다. 이것은 내가 지난 두 달 동안 계속 군인권국에 요구해 만들어진 시스템이다. 앞으로 사망 사건 통지가 오면 이 전산

시스템에 의해 체계적으로 보관되고 보호관의 의견이 담길 것이다. 이렇게 업무는 조금씩 발전해야 한다. _2022. 09. 08.

내가 자리를 이틀 비운 중에 두 명의 군인이 사망했다는 통보가 와 있었다. 하나는 ○○도 해병대 병사. 밤사이 자면서 사망. 이에 대해서는 향후 부검에 참여할 것을 지시했다. 또 하나는 ○○사단 전방부대에서 상사의 사망. 이것은 자살로 보이는데 면밀한 모니터링을 하고 필요한 경우 조사관이 나가서 살필 것을 지시했다. 이로써 7월 1일 군인권보호관 출범 이후 40건의 사망 사건이 통보되었다. _2022. 09. 28.

취침 전 카톡을 보니 조사과장의 문자가 와있다. ○○ 근처 ○○라는 섬에서 군인 한 명이 사망했다는 소식. 직원 두 명이 야간열차를 타고 내려간다고 한다. 7월 1일 이후 국방부로부터 통보된 사망 사건이 65건. 이틀에 한 번꼴이다. 20여 건의 사건에서 조사관들이 현장에 나갔다. 직원들의 수고가 너무 크다. 두 명의 직원을 알아보니 ○○○, △△△. 카톡으로 연락해 노고에 감사함을 표했다. 마음이라도 전해야겠다는 생각에 스타벅스 커피와 케이크를 선물로 보내주었다. 오늘 새벽 기상해보니 밤 1시쯤 보고가 들어와 있다. 두 사람의 얼굴이 떠올랐다. 다음 주 월요일에 저녁을 사주기로 했으니 그때 특별히 격려해야겠다. _2022. 11. 18.

두어 시간 전(새벽 1시 반 경)에 조사과장의 카톡이 와있었다. 또한 명의 병사가 자살을 했다는 것. 생각해보니 지난 주말부터 여서일곱 건의 사망 사건이 통보되고 있는데 대부분이 자살이다. 정말 심각하다. 군인권보호관 업무가 거의 마비 일보 직전이다. 이 과장에게 위 사건의 입회를 통보한 뒤 또 하나 메시지를 보냈다. 오늘 중으로 성명을 준비하라고. 국방 당국에 자살 사건 급증에 대해 심각성을 촉구하고 특단의 대책을 요구해야 할 것 같다. 도대체 멀쩡하게 걸어 들어간 젊은이들이 왜 그렇게 주검으로 돌아오는가. 도대체 무슨 일이 벌어졌다는 말인가. 이런 일을 계속 보고만 있어야 할 것인가. 참담한 심경이다.　　　_2022. 12. 30.

부대 방문, 연이은 인권교육

군인권보호관 업무를 하면서 본격적으로 출장을 다니기 시작했다. 그전까지는 코로나 사태로 인해 불가피한 경우가 아니면 외부 출장은 삼갔다. 군인권보호관 출범일인 2022년 7월부터는 코로나 사태도 어느 정도 진정돼 출장 가는 데 제한이 하나하나 사라졌다. 군인권보호관을 제대로 활용하기 위해서는 무엇보다 군인들이 이 제도를 아는 게 중요하다. 이를 위해 전국의 부대를 돌아다니며 홍보하는 게 필요하다고 생각했다. 우선 신병 교육을 담당하는 육군훈련소(논산), 해군교육사령부(진해), 공군교육사령부(진주), 해병대교육훈련단(포항)을 찾았다. 신병 입소식에 들어오는 병사들을 만나 홍보물을 나누어 주며 인권침해를 당하면 곧바로 인권위에 연락하라고 당부했다. 훈련소의 책임자인 훈련 소장과 교육사령관 등을 만나 신병 인권 문제에 대해 논의하고 신병들 이 생활하는 시설을 둘러보았다. 각 군 사관학교(육해공 사관학교 및 육 군삼사관학교)를 다니면서 생도들을 만나 인권 특강도 했다. 인권 문제 에 취약한 부사관들을 만나기 위해 익산에 있는 육군부사관학교도 방 문해 특강과 함께 부사관들의 어려움을 듣는 특별 간담회도 진행했다. 뿐만 아니라 군수사기관의 핵심인 국방부 검찰단을 방문해 군검사와 수 사관을 대상으로 수사절차에서의 인권 보호를 특별히 강조했다. 각 군 의 최고 지휘관을 만나 군인권보호관 출범을 알리며 협조를 부탁하기 위해 계룡대의 육·해·공 참모총장, 그리고 평택의 해병대사령부를 찾 았다. 나아가 국방부 장관을 만나 전군의 군인권보호관 홍보를 특별히 부탁했다. 그뿐 아니다. 〈국방 TV〉에 출연하고 『국방신문』과 인터뷰를 통해 군인권보호관 제도의 내용을 설명했다. 퇴임 전에는 장군으로 진 급한 3군 장성들을 상대로 특별강의도 했다. 이런 일정이 2022년 7월 이후가 숨 가쁘게 이어졌다. 물론 군인권보호관 업무만 하는 게 아니라 다른 일도 종전처럼 해야 하는 터라 사무실로 돌아오면 두 개 소위원회 업무와 상임위 및 전원위 업무에 관한 산더미처럼 쌓인 자료를 읽어야 했다.

긴 하루를 보냈다. 논산 육군훈련소와 육군본부 방문. 오전에 집에서 바로 논산으로 향했다. 훈련소에는 인권위 직원 10여 명이 어제부터 홍보 준비를 했다. 신병이 입소하는 곳에 전광판 홍보 차량을 준비하고 부스를 마련한 다음 들어오는 신병과 그 가족들에게 군인권보호관 소개 팜플렛과 홍보문구가 새겨진 대일밴드를 한 통씩 나눠 주었다. 자식들이 군에 들어가 무슨 일이든 당할지 모른다는 생각이 들어서인지 가족들이 몰려와 팜플렛 등을 받아 갔다. 순간 많은 생각이 들었다. 이들의 기대에 어떻게 부응해야 할까…….

홍보행사를 한 다음 훈련소를 방문해 소장과 간담회를 가졌다. 소장은 군인권 문제에 큰 관심을 갖는 장군이었다. 현재 훈련소의 환경이 인권침해적이라고 솔직하게 고백하면서 하루빨리 개선되어야 한다고 인권위의 협조를 부탁했다. 내무반의 밀도가 교도소 수준으로 과밀하고 훈련장의 화장실은 아직도 재래식 구조라 신병들의 고충이 크다고 했다. 나는 곧 방문조사를 통해 상황을 파악하고 국방당국 등에 강력한 개선권고를 하겠다고 약속했다. 육군훈련소 방문을 마치고 서울로 올라오는 길에 계룡대 육본을 방문해 신임 육참총장(박정환)을 만났다. 40여 분간 환담을 나눴는데 군 인권 문제가 개선되어야 한다는 데에는 한치의 차이도 없었다. 육군훈련소에서 나눈 이야기도 전하면서 훈련소의 환경 개선이 조속히 이루어지도록 관심을 가져달라고 부탁했다. 올 가을 육본에서 내게 특강을 요청한다고 해 그때 총장과 주요 간부들이 참석하는 조건으로 오겠다고 했다.

서울로 오는 길 많은 생각이 들었다. 짧은 임기의 군인권보호관 업무지만 제대로 해야겠다는 다짐을 했다. 뭔가 존재감 있는 일을 보여줘야겠다. _2022. 07. 18.

오후 5시, 용산 국방부 청사로 이종섭 국방장관을 방문하러 갔다. 군인권보호관으로서 한번 예방해야 한다는 생각에 여러 차례 일정을 조율했으나 쉽게 이루어지지 못하다가 오늘에서야 만나게 되었다. 30여 분 동안 비교적 좋은 분위기 속에서 대화가 이어졌다. 주로 내가 협력을 요청하고 장관이 화답하는 방식이었다. 나는 군인권보호관 홍보, 사망사고 통지 시 구체적 정보 공유, 성폭력 사건의 피해자 보호조치 등에 대해 국방 당국의 특별한 관심을 요청했고 장관은 협력을 약속했다. _2022. 08. 11.

진해 해군교육사령부와 해군사관학교를 다녀왔다. 어제 집을 떠날 때만 해도 혹시 폭우가 쏟아지지 않을까 걱정이 많았으나 창원역에 도착하자 비는 멎고 곧 햇살이 보이기 시작했다. 산뜻한 출발이었다. 교육사에 가서 신병으로 들어오는 장전과 그 가족들에게 군인권보호관 안내 팜플렛을 나누어주며 격려했다. 입소자는 물론 가족들도 나를 보면서 근심이 줄어들었다고 인사한다. 홍보 행사를 한 다음 사령부의 신병 교육을 담당하는 기군단장(대령)의 안내를 받아 훈련소 이곳저곳을 살펴보았다. 생활관은 해병대와 구조는 유사했으나 훨씬 쾌적했다. 식당도 둘러보았는데 이곳은 취사병 제도를 없애고 식당 운영 일체를 외주화했다고 한다. 그 결과 신병들의 만족도도 높아졌다고 한다. 가끔 인권위에 취사병들이 진정을 해오는 것을 생각하면 이런 변화가 전군에 빨리 전파되어야 할 것 같다.

사령관과의 간담도 예정 시간을 훨씬 넘겨 진지하게 진행되었다. 제일 심각한 문제는 올해 1만 명의 해군 신병이 들어와야 하는데 6,000여 명만 들어온다는 것. 신병 자원이 무려 40% 가까이 부족하다는 것이다. 이렇게 된 가장 큰 이유는 윤석열 정부가 병사 월급을 더 준다고 하자 신병 입소 예정자들이 입소를 연기했기 때문이라는 것. 새 정부가 이런 사실을 알고 있는지 모르겠다. 선거에서 젊은이 표를 조금 얻는다고 던진 공약이 이런 큰 문제를 낳게 된 것이다.

오늘 아침 해사를 방문해서 특강을 진행했다. 1~2학년 생도 전원이 수강을 했다. '군복 입은 시민으로서의 군인'이라는 제목으로 혼신의 힘을 들여 강의를 진행했는데 얼마나 감동을 주었는지 모르겠다. 강의가 끝난 다음 해사 박물관장의 안내를 받아 해사 앞 바다에 정박되어 있는 실물 크기의 거북선에 들어갔다. 임진란 때 사용되었던 거북선을 고증에 따라 건조했다고 하는데 얼마 전 본 영화 〈한산〉이 생각났다. 조만간 또 한 척의 거북선이 건조된다는 말을 들었다. 오찬은 교장과 진해 기지 내에 있는 공관에서 가졌다. 이곳은 대통령의 여름 별장으로 사용되는 곳인데, 평상시에는 진해 기지에 특별한 손님이 올 때 숙박과 식사 장소로도 이용된다고 한다. 해사 교장이 나를 귀빈으로 대접한다는 의미로 들렸다.

마지막 일정은 청해진함 방문. 청해진함은 우리나라에 하나뿐인 잠수함 구조선이다. 잠수함이 수심 수백 미터 아래로 침몰했을 때, 이 배가 가서 잠수정을 동원해 구조작업을 한단다. 배의 이곳저곳에 대해 함장으로부터 설명을 들은 다음 승조원들과 대화하는 시간을 가졌다. 이곳에서는 내 말은 줄이고 가급적 병사들의 말을 듣고자 했다. 처음에는 쭈빗쭈빗하면서 말을 하지 않았지만 곧 씩씩하게 어려운 점을 이야기했다. 모두 들을 만한 이야기였다. 그중에서 함장이 병사들을 대신해 한 말이 기억에 남는다. 해군 함정이 연중 해상 훈련을 하는 것이 아니고 기지에 정박해 있는 날이 많은데, 이럴 때는 육상에 숙소가 있어 그곳에서 수병들이 생활했으면 좋겠다고 한다. 수병들의 함정 내 내부반을 둘러보니 함장의 그 말이 무슨 의미인지 알 듯했다. 창문도 없는 밀폐된 공간에 3층 침대를 사용하는 병사들을 보니 눈물이 나올 것 같았다. 폐쇄공포증을 가진 사람이라면 단 몇 시간도 견디기 힘든 공간이었다. 그 좁은 공간에 있는 화장실과 샤워장도 요즘 젊은이들이 견디기 힘들 정도로 열악해 보였다. 군인권보호관이 꼭 염두에 두어야 할 수병들의 어려움이라 생각했다. 내가 힘이 닿는 한 이런 문제를 해결하는 데 앞장서야겠다는 마음으로 서울로 올라오는 기차를 탔다. 1박 2일 동안 빡빡한 일정으로 몸은 힘들었지만 나름 의미 있는 시간이었다.   _2022. 09. 20.

1박 2일로 청주 공군사관학교, 영천 육군3사관학교를 다녀왔다. 어제는 공군사관학교에서는 4학년 생도를 대상으로 강의하고 학교장 등과 오찬을 하며 간담을 했다. 오늘은 3사에 가서 간부 및 생도를 대상으로 강의하고 역시 학교장 등과 오찬을 하면서 간담을 했다. 3사 방문은 나로서는 매우 특별한 행사였다. 35년 전 3사에서 기초군사 교육을 받고 장교로 임관된 이래 처음으로 간 것이다. 당시 충성연병장에서 태권도 연습을 하면서 발이 올라가지 않는다고 훈육관들이 달려들어 발을 찢으려 할 때 지르던 비명소리가 어제처럼 들렸다.

3사에서 간담을 하면서 어떤 문제가 3사 출신 장교들에게 시급한 과제냐고 물었다. 답은 예상대로 육사와의 관계에서 차별대우를 받는다는 육사는 졸업과 동시에 모든 장교가 장기 군인이 되지만 3사는 그렇지 못하다는 것이었다. 임관 이후 근무 평가에 따라 장기 군인으로 진입한다는 것이다. 그런 이유로 3사 출신은 육사와의 경쟁에서 불이익을 받을 수밖에 없다는 것. 3사를 일반대학 편입생으로 뽑아 만들었다면 그에 걸맞는 대우를 해야 할 텐데, 이런 차별대우를 받다 보니 입학 과정에서 좋은 자원을 확보하기 어렵다고 한다. 이런 말을 들으니 마음이 무거웠다. 언젠가는 인권위 차원에서 우리 군대 내 고질적인 출신별 차별 문제를 정면으로 제기하는 권고를 해야 한다고 생각했다.

어제 저녁에는 포항 해병교육훈련단에 가서 방문조사를 하는 군인권총괄과 조사관들을 경주로 불러 식사를 같이했다. 그저 간단히 밥을 먹는 자리였지만 그렇게 하니 마음이 한결 가벼웠다. 조사관들도 많이 좋아했다. _2022. 10. 18.

익산 육군부사관학교에 다녀왔다. 학교장 정정숙 소장에게 환대를 받았고 그의 참석 아래 수백 명의 부사관을 상대로 강의를 했다. 원래 준비한 강의안을 중심으로 강의했지만 부사관들의 입장을 고려해 부분부분 다른 이야기를 하려고 노력했다. 강의가 끝난 다음에는 예정에 없던 학교 원사들과의 간담회를 갖고 부사관들이 겪는 어려움을 들었다. 내용인즉, 부사관들의 업무 정체성이 약하고 처우가 장교에 비해 차별적이라는 것이었다. 예상한 내용이었지만 부사관들의 입을 통해 직접 들으니 임팩트가 달랐다. 제시한 의견들을 인권위로 가지고 가 향후 정책개선 권고에 참고하겠다고 약속했다.

오늘 익산에 간 것은 잘한 선택이었다. 부사관들에 대한 최소한의 예우이자, 군인권보호관이 그들에 대해 특별한 관심을 갖고 있다는 것을 보여준 것이다. 학교장을 비롯해 부사관들이 크게 호응해줘 나 자신도 큰 보람을 느꼈다. 내 능력의 한계를 느끼지만 임기 끝날 때까지 내 할 일을 다해야겠다. _2022. 12. 05.

5장

인권위, 최고의 인권전문기관으로

2023년 1월 12일, 직원을 대상으로 했던 마지막 강의

조사관 전문성을 위한 노력

누군가 내게 3년간 인권위원을 하면서 어떤 기여를 했느냐고 묻는다면 나는 주저 없이 인권위 전문성에 역할을 했다고 말할 것이다. 나는 자타가 공인하는 '인권위 맨'이다. 많은 사람(특히 인권위 직원들)이 나를 '걸어다니는 인권위'라고 부른다. 나로서는 부담스럽지만 영광스러운 말이다. 나는 이 말에 걸맞는 상임위원으로서 일하고자 했다. 그것은 인권위의 업무 질을 높이는 것이기도 했다. 상임위원의 소관 업무 중 가장 중요한 부분이 진정 사건을 처리하는 것이라 자연스레 조사관들이 전문성을 갖추는 게 내게는 큰 관심이었다. 조사관의 능력이 담보돼야 적정한 조사를 통해 적정한 결론에 도달할 수 있다. 인권위원들은 아무리 인권 감수성과 전문성이 있다고 해도 실제 조사업무를 하는 게 아니다. 인권위원들은 조사관들의 보고서를 통해 인권침해 여부를 판단하기 때문에 그들이 아무리 훌륭해도 인권위의 수준을 담보하는 것은 아니다. 오히려 현실에서는 훌륭한 조사관이 그렇지 못한 인권위원보다 더 중요한 역할을 하기도 한다. 소위원회나 전원위원회에서 하는 논의가 수준 높지 못하면 결국 조사관 1인이 만든 보고서에 의존해 결론을 낼 수밖에 없다. 이런 현실을 잘 알고 있었기에 나는 기회가 있을 때마다 조사관의 전문성을 강조했고 그것을 위해 내가 할 수 있는 일을 했다.

이는 크게 두 가지로 나눌 수 있다. 하나는 소위원회 운영을 조사관 교육의 장으로 만든 것이다. 나는 소위원회에서 그저 결론을 내는 데 급급하기보다 인권적 혹은 법률적 쟁점이 있는 사안에서 자유로운 토론을 하는 것을 중시했다. 물론 미리 준비한 것이 있기에 결론은 대부분 내가 주도했지만 심의 과정을 통해 담당 조사관과 그 심의를 지켜보는 다른 조사관들에게 많은 메시지를 전달했다. 조사방법, 쟁점 정리, 법률 적용, 보고서 작성 방법 등에 대해 매번 반복해 수정을 요구했다. 그리고 그것을 표준화할 것을 요구했고, 결정문 작성을 통해 내가 직접 그 모델을 보여주었다.

다른 하나는 조사관 학교에 강사로 참여해 소위원장으로 조사관들에게 요구했던 것을 인권위 전체 조사관에게 전달했다. 나는 조사관들이 과거의 관행에 무조건 쫓아가서는 안 된다고 누누이 말했다. 관행을 쫓아간다면 그럴 만한 이유가 있어야 한다고 했다. 누구나 모방하면서 배우지만 그것을 이론화해야 지속적이고 표준적인 업무 처리가 가능하다는 것을 강조했다. 모방에서 이론으로! 이것이 내가 강의 때마다 내건 구호였다. 인권위의 조사관들이 작성하는 모든 조사보고서와 결정문 초안은 이론에 입각해 작성해야 한다고 이야기하고, 내가 그 이론화를 주도했다. 이 과정을 통해 나는 조사관들이 보고서의 주요기재 내용인 진정요지, 인정사실, 판단 등의 작성 방법을 표준화했다. 나는 수시로 내가 정리한 강의안 등을 사내 메신저를 통해 조사관들에게 보내주었고, 필요한 경우 조사관을 불러 토론했다. 이것은 내가 로스쿨 교수이기 때문에 가능했을지도 모른다. 직원들도 내가 오래 법률가 생활을 했고 로스쿨 교수이기에 그 전문성을 신뢰했을 것이다. 그 점이 나로서는 고마웠다. 내가 조사관들에게 요구했던 내용은 마지막 강의(2023. 01. 12.)(부록2)의 강의안에 잘 정리되어 있다. 이것은 퇴임을 기념해 내가 조사관들에게 준 선물이기도 하다.

오전 상임위 간담회. 두 가지를 논의했다. 첫 번째는 조사구제 분야 TFT를 만들어 운영한다는 것에 대한 논의. 여러 차례에 걸쳐 조사구제 분야를 개선해야 한다고 말해왔으니 그런 TFT를 만드는 데 반대할 이유는 없다. 나는 두 가지를 강조했다. 하나는 조사관들의 역량을 어떻게 강화할지 고민하라는 것. 이를 위해 조사관의 전문성에 따라 레벨을 붙여주자고 했다. 조사관, 책임조사관, 지도조사관 등으로.
또 하나는 조사관 학교를 조사관들 수준에 맞춰 좀 더 치밀하게 운영할 것. 조사관 학교를 연간 몇 회에 나누어 초급, 중급, 고급 등으로 나누어 운영할 필요가 있다. _2020. 03. 16.

5월 중순에 조사관 학교가 열리니 강사로 참여해달라는 부탁에 기꺼이 수락했다. 이것이 내 본연의 임무라고 생각했기 때문이다. 나는 유독 부임 이래 인권위의 전문성을 강조해왔고, 그것을 달성하기 위해 조사관 학교를 내실 있게 운영할 것을 요구해왔다. 예년 같으면 한번 정도 조사관 학교를 여는데 올해는 세 번을 계

획 중이라 한다. 내 노력의 소산이라 생각한다. 5월 18일 강의에
서는 이제껏 해온 내용(결정문 및 보고서 작성 요령)을 좀 더 심층적
으로 해볼 생각이다.   _2022. 04. 26.

어제 일을 정리해보자. 어제 일과 중 가장 큰 일은 오후의 조사관
학교 강의. 보고서 및 결정문 작성법에 대해 100분 동안 강의했
다. 조사관 학교는 부임 이래 우리 위원회가 가장 힘써야 하는 부
문이다. 항상 조사관 학교에 더 투자하고 더 전문성 있는 교육이
되도록 해야 한다고 강조해왔다. 나는 모범을 보이기 위해 틈나는
대로 강의안을 다듬어 조사관 학교 강의에 대비해왔다. 어제 강
의에서는 진정요지와 진정원인사실의 구별, 인권침해의 개수 이
론 등에 대해 강조했다. 참여한 50여 명의 조사관들이 내 성의와
진정성을 읽었으리라고 생각한다.   _2022. 05. 19.

오후 3시에 고별강연이 시작되었다. 배움터에 50여 명의 직원들
이 모였다. 영상으로도 중계되었으니 사무실과 지방 사무실에서
도 보았으리라 생각한다. 적어도 100여 명의 직원이 보았을 것이
다. 일주일 이상 준비한 강의안을 중심으로 강의하고 후반부에
는 질의 응답하는 순서를 가졌다. 나로서는 만감이 교차하는 마
지막 강의였다. 이것으로 나의 공적 서비스가 다 끝났다는 생각도
했다. 이것이 내가 직원들에게 해줄 수 있는 마지막 선물이었다.
아마 직원들도 내 심정을 잘 이해했으리라 생각한다. 내가 얼마나

인권위를 사랑하고 직원들을 애틋하게 대해왔는지 알 것이다. 인권위가 아무리 정치적 외풍에 흔들린다 해도 사무처가 잘해준다면 기본은 할 수 있을 거라 말했다. 끝내면서 내 책『궁극의 독서』두 권을 참석자 두 사람에게 선물했다. 정호균 서기관과 박한우 사무관.   _2023. 01. 12.

수준 높은 결정문 작성을 위해

상임위원 임무를 수행하면서 가장 어려운 일은 결정문 작성이다. 상임위원은 자신이 주재하는 소위원회의 결정문은 물론 상임위와 전원위의 의결 안건의 주심으로 지명되면 그 결정문도 작성해야 한다. 법원의 판사에게 가장 큰 일이 판결문을 작성하는 것이라면, 이에 버금가는 게 인권위 상임위원의 결정문 작성이다. 문제는 상임위원을 보좌하는 전문인력이 너무 부족하다는 것. 대법관이나 헌법재판관에게는 그 업무를 보좌하는 연구관이 다수 있지만 인권위 상임위원은 그렇지 못하다. 딸랑 5~6급 직급인 직원 한 사람이 정책비서라는 이름으로 도움을 줄 뿐이다. 나는 이런 상황에서 3년간 500건 이상의 결정문을 작성했다. 이 말은 평균 주 서너 건의 결정문을 썼다는 의미다.

나는 3년간 결정문을 작성하면서 조금이라도 그 수준을 높여 보고자 고심했다. 결정문 작성의 프로세스는 통상 사무처에서 초안을 상임위원실에 올리면 그것을 수정하는 방식으로 진행된다. 초안이 잘 되어 있으면 수정 작업은 쉽고 빠르지만 그렇지 않으면 어렵고 더딜 수밖에 없다. 나는 이 작업을 좀 더 생산적으로 하기 위해 대체로 결정문 초안을 A, B, C 카테고리로 분류해 처리했다.

A 초안은 정책비서가 수정한 것을 읽어보고 간단히 몇 글자 고치는 정도에서 끝낸다. 대체로 유사 선례가 많은 사안에서 그렇게 한다. B 초안은 정책비서가 수정해오면 상당 부분을 고쳐야 한다. 특히 판단 부분은 경우에 따라 거의 새롭게 쓴다. C 초안은 아예 처음부터 내가 전부 새롭게 쓰는 것이 예정된 경우다. 이때는 초안이 올라오면 정책비서가 볼 필요도 없다. 바로 내게 주면 하루 이틀 시간을 내서 결정문 작성 작업에 들어간다.

500건 중 8~9할이 A 혹은 B 그룹에 속하고, 약 1할 정도가 C 그룹에 속했다고 생각한다. 내가 웬만하면 집으로 일을 가지고 가는 사람이 아닌데, 결정문이 밀리는 경우는 어쩔 수 없이 들고 가 새벽이나 주말을 이용해 썼다. 내가 기회가 주어진다 해도 상임위원을 절대 두 번은 못하겠다고 하는 이유가 바로 이런 일 때문이다. 이 일을 3년간 계속하다 보니 점점 육체적 한계를 느끼기 시작했고 급기야 건강상의 문제로 나타났다. 그렇게 건강하게 살던 사람이 인권위 3년을 보내면서 불면증에 시달리고 극도의 피로감으로 몸 상태가 바닥을 쳤다. 특히 2021년 4월에서 8월까지 5개월간은 여러 병원을 전전하며 건강진단을 받고 치료를 받아야 했다.

결정문과 관련해 내가 어떻게 작업했는지 한 예를 여기에서 보여주려 한다(가장 좋은 예는 진정 사건의 결정문인데, 그것은 개인의 프라이버시 문제가 있어 공개하기가 곤란하다). 2022년 8월 전원위에서 헌법재판소에 계류 중인 「국가보안법」 제7조 위헌 소원 사건에 의견서를 제출하기로 의결하고, 그 의견서 작성을 내가 하기로 했다. 이 의견서는 해당 과 (인권정책과)의 담당자가 초안을 작성한 후 국과장의 검토를 거친 다음 상임위원실로 올라왔다.

어제 새벽 그리고 오전, 시간이 나는 대로 내가 주심인 사건의 결정문을 썼다. 「국보법」 제7조 헌재 의견서 제출 건이다. 정책과에서 보내온 사무처 초안은 나름 고생을 해서 쓴 게 분명하지만 그것을 그대로 헌재에 낼 수는 없다고 판단했다. 여러 부분을 내가 손보지 않으면 안 되었다. 체재를 간명하면서도 논리적으로 바꾸고 설명이 부족한 부분은 보충하고 새로 써야 할 부분(「국제인권법」적 검토)을 찾아 대거 보완했다. 한마디로 대보수 작업을 했다. 저녁 무렵 수정 초안이 완성되어 이 비서에게 보내 회람하라고 지시했다.   _2022. 09. 04.

〈부록1〉 수정본은 내가 초안을 고친 다음, 다음 위원들에게 회람하기 전 상태의 결정문 초고다. 여기저기 밑줄이 보이는데 바로 이곳이 내가 손을 본 부분이다. 나는 이 상태의 수정본을 담당자와 담당과장에게 보내주고, 위원들에게는 밑줄을 지운 후에 보낸다. 담당자와 담당과장에게 이렇게 보내는 이유는 이것을 보면서 원 초안과 대조해보라는 뜻이다. 어느 부분을 어떻게 고쳤고 왜 고쳤는지를 알아야 발전이 있기 때문이다. 나는 이런 과정을 거쳐 사무처 직원들의 전문성 강화에 조금이라도 도움을 주려고 했다. 많은 담당자들이 이런 수정 초안을 보내주면 사내 메신저를 통해 내게 이런저런 인사를 해왔다. 내가 수정함으로써 자신이 쓴 초안이 많이 업그레이드돼 고맙다는 인사였다. 이런 것이 나로 하여금 3년을 버티게 한 힘이었다.

사무총장과 국과장의 업무 능력

사무처 전문성 이야기가 나왔으니 한마디 안 할 수 없는 것이 사무처 사무총장과 국과장들의 업무 능력이다. 사무처가 위원회의 여러 업무를 잘 지원하기 위해서는 사무총장과 국과장들이 업무를 잘 파악하고 각 담당자를 잘 이끄는 게 무엇보다 중요하다. 관리자의 중요성이야 모든 국가기관의 공통사항이지만 특히 인권위 업무는 타부처 업무보다 연구와 조사가 많아 담당자들의 역량에 좌우되는 경우가 많다. 타부처는 위에서 지시하는 대로 아래에서 따르는 것이 많지만 인권위에서는 위에서 지시한다고 아래에서 그대로 따르기는 어렵다. 담당자가 수십 쪽의 보고서를 써서 과장, 국장, 총장의 결재를 받지만 이들 결재권자가 무조건 이래라 저래라 할 수는 없다. 근거와 논리를 대면서 문제점을 이야기하고 적절한 방향성을 제시해야 담당자도 따를 수 있지 않겠는가. 그런 점에서 인권위 사무총장과 국과장은 다른 부처의 관리자들보다 쉽지 않은 자리다. 쉽게 자리나 지키려면 아랫사람들로부터 무능하다는 수근거림을 감수해야 한다.

나는 상임위원으로 출근한 2020년 초부터 사무처 간부들의 업무능력이 과거에 비해 크게 나아지지 않았음을 발견하고 적잖게 실망했다. 내가 부임하자마자 책상 위에 올라온 것은 전임자가 끝내지 못한 결정문 결재였는데, 초안을 읽고 많은 허점을 발견하고, 어떻게 이런 초안이 사무처 국과장의 결재를 받고 올라왔는지 의아해 했다. 일기장에 이런 내용이 기록되어 있다.

하루 동안 11건의 결제와 한 건의 결정문 검토를 했다. 각하로 사건을 종결하는 예비조사결과보고서를 읽고 몇 건은 원안대로 결재하기도 했지만 몇 건에 대해서는 새로운 의견을 주거나 본조사를 하라고 지시했다. 세 건의 결정문 보고에 대해서는, 비록 이 결정이 전임자들에 의해 이미 결론이 난 것이지만, 결정문 완성의 최종 책임은 내게 있기에 그냥 결재할 수는 없다고 했다. 결론을 바꾸지는 않지만 꼼꼼하게 읽고 문장을 정리하며 다듬었다. 위원회의 조사업무와 결정문 작성 역사가 20년이 되었지만 아직도 멀었다는 느낌이다. 조사관들의 개인 역량도 차이가 있고 국과장이 제 역할을 못한다는 느낌이다. 내가 한동안 시어머니 역할을 할 수밖에 없다. 직원들 사이에서는 불평이 나오겠지만 어쩔 수 없다. 사람 좋다는 소리만 들으려면 이곳에 오지 않았어야 했다. 직원들에게 최대한 예의를 갖춰야 하지만 일에서는 물러섬이 없어야 한다. 그래야 인권위가 조금이라도 국민들 앞에 떳떳해질 수 있다.

_2020. 01. 23.

내가 본격적으로 일을 하고 난 후부터 내 업무와 관련된 국과장들은 나의 잔소리를 수없이 들어야 했다. 나는 내가 주재하는 소위 회의에서 조사관은 물론 참석한 국과장들에게 불편한 말을 애두르지 않고 했다. 그렇게 하는 것이 내가 인권위 상임위원으로 들어온 큰 이유라고 생각했다.

오후 소위 회의가 있었다. 60여 건의 사건을 처리했다. 1시 반부터 꼬박 네 시간, 중간에 딱 한 번 화장실에 가기 위해 5분 정도 쉬었을 뿐이다. 많은 말을 했다. 회의가 끝날 때쯤 몸이 말을 안 들을 정도로 피곤했다. 오늘 여러 건에서 조사관들에게 불편한 말을 하지 않을 수 없었다. 그럼에도 어떤 사건은 결론에 대해, 어떤 사건은 조사방법에 대해, 어떤 사건은 보고서 기술 방법에 대해 시간상 메모해간 것 전부를 말하지는 못했다. 하지만 중요한 것은 다 말했다. 나의 진정성이 잘 전달되었으면 좋겠다.

나는 우리 위원회가 조금 더 전문성을 갖추기를 바란다. 조사관들의 조사가 조금 더 치밀하고, 법리 검토가 조금 더 정확하고, 결론이 조금 더 적정했으면 좋겠다. 많은 부분이 부족하다. 위원회에 안건으로 올리기 전에 국과장의 리뷰가 필요한데 이 부분이 너무 약하다. 그럼에도 나는 최선을 다하고자 한다. 나에게 주어진 3년이라는 기간이 헛되지 않도록, 나로 인해 대한민국 인권위가 조금은 더 발전했다는 소리를 듣고 싶다.　　　_2020. 11. 04.

　　사실 나는 국과장들의 업무 능력을 개선시키는 방법을 잘 알고 있는 사람이다. 왜냐하면 나도 인권위에서 국장을 해보았기 때문이다. 내가 인권정책국장을 했던 2005-2006년에는 지금 상황과 확연히 달랐다. 나를 신임했던 두 분 위원장(최영도, 조영황)의 배려가 크기도 했지만, 나는 위원회 회의에 들어가면 참여위원 못지않게 말을 많이 했다. 안건의 기본 설명은 담당자가 하지만 그 외 위원들의 질문에 답변하는 것은 국장인 내가 담당했다. 회의 전에 중요 안건의 경우에는 상임위원이나 반대하리라 예상되는 위원을 찾아가 설명하고 안건 통과가 필요함을 설득했다.

　　그런데 지금의 인권위에는 이런 모습이 아쉽게도 거의 보이지 않는다. 누가 보아도 돋보이는 자질과 능력을 갖춘 간부들임에도 인권위 각종 회의에서 침묵하는 경우가 너무 많다. 그것은 국과장의 능력문제라기 보다는 주재자의 회의 진행방법에서 우선적인 원인을 찾을 수 있다. 회의 주재자인 인권위원장이나 소위원장이 회의 도중 사무처 관계자(국과장 및 안건 담당자)에게 수시로 발언할 수 있는 기회를 주지 않으면 사실 이들이 나서서 말하기 어렵다. 나는 소위 회의에서 위원들의 논의로는 결론이 쉽게 나오지 않을 경우 적극적으로 국과장에게 의견을 이야기하라고 독려한다. 이렇게 하면 국과장은 무엇인가 책임 있는 발언을 해야 하니 회의 전에 중요 사건에서 자신이 할 발언에 대해 준비하고 들어온다. 그 과정에서 국과장이 안건을 심도 있게 검토하고 담당자와 토론을 하게 되니 업무 장악력이 자연스레 높아질 수 있다. 그럼에도 사무처 간부들이 역동적으로 업무를 수행하겠다고 하는 자세 없이는 아무것도 할 수 없다. 설혹 회의 주재자가 자신에게 발언권을 주지 않아도 꼭 말하고 싶은 것이 있으면 기회를 찾아 적극적으로 의견을 개진하는 노력이 필요하다. 그렇게 함으로써 그 밑에서 일하는 직원들이 국과장의 결재가 그저 형식이 아니라 결재 순간 곧 국과장의 일이 된다는 사실을 알게 해야 한다. 한마디로 국과장은 자신이 한 결재에 책임을 져야 한다.

> 점심은 OOO 조사과장과 OOO 사무관을 초청해서 함께했다. 무거운 이야기는 하지 않으려 했지만 하다 보니 위원회의 역량을 어떻게 강화할지에 대해 말했다. 위원회와 사무처의 역할이 잘 분담되어 각자 맡은 일을 잘해야 한다는 점을 강조했다. 현재는 이두 부문이 다 약하다는 것에 서로 공감했다. 위원들의 역할도 한계가 있고, 사무처는 전문 역량으로 위원회를 받쳐 주지 못한다. 국과장들이 좀 더 활발하게 회의 석상에서 의견을 개진해야 한다고 했다. 두 사람이 내 말에 경청하고 자신들도 그렇게 생각한다는 말에서 희망을 느꼈다. 내 역할이 중요함을 다시 한번 느끼는 순간이었다.
>   _2021. 04. 14.

나는 회의 도중 사무처 업무 처리의 난맥상을 볼 때마다 그것을 그냥 지나치지 않았다. 문제가 있다면 그것을 정확히 지적하고 사무처가 무엇이 문제인지 알게 하는 게 상임위원의 역할이라고 생각했다. 물론 임기 말년으로 가면서 그 톤을 낮추고 질타해도 격려를 아끼지 않았다. 이것은 쉽지 않은 일이었다. 누군들 쓴소리하기가 쉽겠는가. 성격이 강하다고 할 수 있는 것도 아니다. 이것은 굳은 신념이 없으면 불가능하다. 그리고 무엇보다 중요한 것은 지적을 위한 지적은 그 진정성이 사무처에 전달도 안 될뿐더러 오히려 반감만 불러일으킬 수 있다. 상임위원으로서 따끔하게 지적하면서도 그 진의가 사무처의 전문성을 높이기위한 고언임을 보여줘야 하고, 어떤 방식으로든 직원들의 사기를 높여주는 게 필요하다. 사람이 아무리 똑똑해도 혼자 일할 수는 없지 않은가. 한 예가 일기장에 이렇게 적혀 있다.

어제 상임위원회. 권고수용보고[*]를 하는 데 두 건이 2017년, 2018년에 의결된 건이었다. 무려 권고를 한 지 2~3년이 지난 건이다. 내가 쓴소리를 하지 않을 수가 없었다. 이런 안건을 올리는 경우 담당 국과장은 죄송하다는 말부터 하고 그 경위를 설명한 후 안건 보고를 해야 한다고 했다. 참여한 국과장들이 뜨끔했을 것이다. 다음 사건이도 유사했는데, 그때는 내 말대로 담당 과장이 사

- 사무처는 인권위가 각 관련 기관에 권고한 사항에 대해 그 수용 여부를 조사해 담당 위원회에 보고한다. 보고를 검토한 후 각 위원회는 수용 정도를 평가하고 필요한 경우 수용 상황을 외부에 공표하는 결정을 한다.

과하면서 보고를 했다. 회의에 참석한 사람들이 모두 웃었다. 이 웃음이 진짜 웃겨서인지 일 처리가 코미디 같아서인지. 나도 웃으면서 씁쓸했다.

이런 날카로운 시간을 보냈지만 회의가 끝나고 나서 내가 크게 질책을 한 과장과 담당자를 점심에 초대했다. 남산이 보이는 멋진 식당에서 즐거운 담소를 나누면서 마음을 풀어주었다.

_2021. 07. 02.

6장 코로나 속 세계를 향해

2022년 10월 27일과 28일, 모로코 마라케시에서 열린
세계인권기구연합 이사회에 아시아태평양 지역 대표로 참여했다.

나의 임기 3년은 코로나 시기와 겹친다. 임기가 2020년 1월 13일부터 시작했는데, 코로나가 그달 하순부터 본격적으로 시작했다. 그 후 3년은 마스크 착용을 일상화했다. 2023년 2월 나는 인권위를 나왔다. 마스크를 벗고 말이다. 아직 코로나 상황이 완전히 끝난 것은 아니었지만 3년 전 혹은 2년 전에 비하면 이제 코로나는 물러가고 있는 것이 분명하다. 이처럼 나의 임기는 코로나와 같이했으니 역사는 '코로나 인권위원'이라고 부를지 모른다.

사실 코로나는 내 업무에 상당한 지장을 주었다. 심각한 시기에는 대면 회의를 하기 어려워 주로 비대면 회의를 했고(그럼에도 소위원회, 상임위원회, 전원위원회는 한 번도 비대면 회의를 한 적이 없다) 국외 출장은 물론 국내 출장도 금지였다. 그럼에도 방역수칙의 변화에 따라 외부 출장을 조금씩 늘려갔는데 내 경우는 지방인권사무소 방문, 교정기관 방문, 경찰 등 수사기관 방문, 군인권보호관으로서 각급 부대 방문 등을 주로 했다.

외부 일정 중에서 기억나는 것이 국제행사 참석과 외국 대사와의 만남이다. 인권위가 주최하는 국제행사에 기조 발제자로 나가거나 세션 사회자로 나가기도 했고, 인권위를 찾는 외국 대사와의 만남도 중시해 그들에게 한국의 인권기구에 대해 설명을 해주고 그들 나라의 인권기구에 관한 정보도 얻었다.

보통 상임위원들은 1년에 두어 차례 해외 출장도 가는 게 관례인데 나는 그러지 못했다. 인권위 설립 이래 해외 출장을 거의 가보지 못한 인권위원은 나와 이상철 두 사람이 아닐까 생각한다. 우리 둘은 임기가 4달 정도 차이가 나는데 임기 3년 중 단 한 차례 해외 출장을 다녀온 게 전부다. 이 장에서는 이런 기록을 모아 본다.

인권위 주최 국제행사 참석

오후에는 혐오차별과 관련된 국제행사에 참여했다. 오전부터 오후, 그리고 만찬까지 이어지는 행사였다. 나는 두 번째 세션 사회를 맡기도 했다. 코로나 상황임에도 여러 국가의 대사들이 참여했다. 몇 발표자는 웨비나나 유튜브로 참여했다. 특별히 준비되지 않은 상태로 가서 사회를 보려니 어떨떨했지만 특유의 자신감으로 진행했다. 중간에는 아예 영어를 썼다. 잘하든 못하든…… 무리 없이 두 시간 동안의 사회를 마쳤다.

3세션에서는 청중으로 자리를 지켰다. 그런데 그냥 넘어가기 어려운 발표를 하는 교수가 있었다. 우리 위원회가 발표한 「차별금지법」안에 대해 오해하고 있었던 것이다. 「차별금지법」안은 차별행위를 했다고 형사처벌을 하는 것이 아닌데 마치 그런 듯 발표한

다. 조문도 틀리고…… 아마도 과거 버전을 본 것 같고 그것도 잘
못 이해한 것 같다. 젊은 분인데 그냥 넘길 수가 없어서 내가 보완
을 한다고 하면서 우리 위원회 안을 설명했다. 아마 발표자는 얼
굴이 붉어졌을 것이다. 다른 사람도 아니고 주최 측 상임위원이
틀렸다고 하니. 사실 이것은 내가 고쳐줄 게 아니라 국장이나 어
느 실무자가 지적했어야 했다. 이것도 나의 성격이자 병증이다. 끝
나고 나니 신혜수 위원이 그 점이 자기도 이상했는데 잘 지적했다
고 칭찬을 한다.

오랜 만에 만찬에 참석해 스테이크를 먹었다. 얼마만인가. 방역수
칙을 지키기 위해 마스크를 쓴 채 투명 차단벽이 설치된 테이블
에 앉았다. 그 상태에서 밥을 먹는다는 것이 쉽지 않지만…… 고
기는 여전히 맛이 있었다.   _2020. 09. 18.

어제는 위원회의 국제행사에 참석했다. 위원회와 EU, 그리고
APF가 공동주최한 COVID-19와 「평등법」 국제컨퍼런스. 나는
이 행사에서 기조발제를 했다. 30분간 COVID-19하에서 인권의
역할과 「평등법」 제정 문제에 대해 열정적인 영어 연설을 했다.
마스크를 쓰고 연설한다는 것이, 더욱 영어로 한다는 것이 쉽지
않았지만 그런대로 잘했다. 많은 사람에게 박수를 받았다. 말미
에는 최영애 위원장이 3년간 「평등법」 제정을 위해 혼신의 힘을
썼다고 소개하면서 박수를 유도했다. 최 위원장에게 준 나의 선
물이다.   _2021. 08. 25.

외국 대사와의 만남

임기 중 외국 대사를 개인적으로 만날 수 있는 기회가 있었다. 이런 기회를 갖게 된 것은 최영애 위원장 덕분이라고 할 수 있다. 최 위원장은 외국 대사들이 인권위를 방문할 때 상임위원들이 특별한 스케줄이 없으면 같이 만나자고 권했다. 그렇다 보니 나는 곧잘 최 위원장과 함께 외국 대사를 만나 인권위를 대사들에게 소개하는 일을 맡았다. 이런 만남은 일회적으로 끝나기도 했지만 간혹 인권위 밖으로 이어지는 경우도 있었다. 인권위를 다녀간 대사들이 내게 개인적으로 연락해와 외부에서 만나 여러 대화를 나눈 적도 있다. 그중 기억에 남는 대사는 오스트리아 대사와 스웨덴 대사다.

어제 저녁 오스트리아 대사 볼프강 부부 초청 만찬이 대사 관저에서 있었다. 나는 시간에 맞춰 꽃 한 다발을 들고 관저에 도착했다. 알고 보니 20명 이상이 초대되었지만 이런 선물을 가지고 간 이는 나 하나뿐…… 대사 부부에게 특별한 환영을 받았다. 한국 사람 절반, 외국 외교사절 절반 정도가 초대받아 이야기를 나누다가 뷔페로 차려진 음식을 가져가 테이블로 가져간 다음, 테이블 별로 담소를 나눴다. 특별하지는 않았지만 즐거운 경험이었다. 가까운 시일 내로 점심 초대를 하기로 했다. 볼프강과는 무언가 통하는 게 있다. _2020. 10. 21.

오전에는 조선호텔에서 한국 주재 외교관을 초청해 위원회가 집중하는 「평등법」을 설명하고 각국의 상황을 듣는 시간을 가졌다. 회의장이 호텔 내에서 환구단을 가장 잘 볼 수 있는 룸이라 가을 하늘을 배경으로 환상적인 뷰에 모두가 눈을 호강했다.

15개국에서 대사와 부대사 혹은 담당 서기관을 보냈다. 시간이 빠듯하고 미숙한 진행으로 시종일관 재미없는 것이 흠이라면 흠. 외국 대사를 초청해 행사를 하려면 뭔가 사전에 준비를 철저히 해야 하는데 국내 행사와 크게 다르지 않은 방식으로 그저 통역이나 붙인 어색한 회의였다. 나도 원래 한마디 하려고 준비해갔지만 분위기상 그런 말을 할 계제가 아니어 창밖에 보이는 환구단을 설명해주는 것에 그쳤다. 물론 그 말이 끝나고 몇 번 사이사이 「평등법」에 관해 말하기는 했지만 아쉬웠다.　　　　_2020. 10. 23.

오후에는 EU 대표부 대사가 위원회를 방문했다. 위원장, 정문자 위원, 그리고 내가 대사를 맞이했다. 인권 문제에서 EU와 협력할 수 있는 방안을 논의했다. 대사가 오래 동안 한국과 북한을 담당한 외교관이라 향후 EU와 인권 교류를 하기에 좋은 기회라 생각한다. 나는 말미에 오늘 너무 진지하게 대화했다고 하면서, 스페인 드라마 이야기를 꺼냈다. 2년 전 흥미롭게 본 스페인 드라마 〈종이의 집(Casa del Papel)〉을 이야기하자 대사의 눈이 휘둥그래졌다.

위원장과 정 위원을 소개하면서 한국의 여성운동은 매우 강력하

다고 하면서, 그 증거가 여기에 있는 두 분이라고 웃으면서 이야기
했다. 위원장과 정 위원이 박장대소했다. 나도 가끔은 이렇게 웃기
는 이야기를 한다. 특히 외국 손님이 올 때는 내가 그 적임이다. 한
국 사람들 앞에서는 낯간지러워 말하기 어렵지만 외국인 앞에서
는 그런 게 없다. 그저 정확하게 내 하고 싶은 말을 하면 되니 남
눈치 볼 일이 없다.   _2021. 01. 26.

오후 3시에 스웨덴 대사가 방문했다. 위원장과 상임위원 두 사람
(나와 이상철 위원)이 맞이했다. 스웨덴 대사는 최근 행정명령 건과
「차별금지법」에 대해 관심을 보이며 토론하길 원했다. 한 시간 동
안 질문에 대해 답변하고 상호협력을 위한 의견을 교환했다. 같이
온 일등서기관은 라울 발렌베리에서도 일했다고 한다. 세상이 좁
다. 내가 그곳에서 1년을 있었다고 하니 대사와 일등서기관이 놀
란다. 다음에 내가 개인적으로 오찬에 초청하겠다고 했다. 나는
천부적인 외교관이다. 외국 대사들이 방문하는 날이면 내 어깨에
날개가 달린 느낌이다. 영어 능력보다는 성격, 그리고 경험의 문제
다. 지난 30년의 이력이 그냥 이루어진 것은 아닌듯하다. 내가 나
름 쓸모 있는 공직자라는 데 자부심을 느낀다.   _2021. 03. 25

점심에는 시내 식당에서 오스트리아 대사 볼프강을 만났다. 내가
초청한 오찬 자리다. 나는 이 자리에서 내 책 『빈센트 반 고흐 새
벽을 깨우다』를 선물했다. 그림 몇 점을 설명하니 그가 나의 식견

에 깜짝 놀랐다. 밥을 먹으며 코로나 사태, 행정명령 건, 과거사 문제 등에 대해 진지하게 토론했다.

특히 과거사 문제는 한국만의 아픔이 아니라고 그는 설명했다. 오스트리아의 경우 1934년 좌우익의 내전이 지금까지 영향을 미치고 있다고 한다. 할아버지와 아버지대에서는 침묵으로 일관했다면, 이제 손자 대에서 진실을 밝히는 작업이 이루어지고 있다는 것. 외교사절과 우의를 돈독히 하는 것은 그들에게나 우리 모두에게 좋다. 주재국에서 좋은 친구를 하나씩 만들어가는 일은 대사로서는 보이지 않는 업적이 될 것이다. 우리도 위원회 업무를 소개하고 필요한 협조를 구할 수 있으니 좋다. 다음에는 스웨덴 대사와 일등서기관을 초대하기로 했다. 어제 아침 문자로 방문 시 내가 찍은 사진을 인사와 함께 보내주었다. 감사 메시지와 함께 조만간 다시 만나자는 답신이 왔다.   _2021. 03. 27.

오늘 두 명의 대사를 만났다. 강남의 음식점에서 스웨덴 대사(할렌)와 서기관(빅토리아)을 만나 점심을 같이했다. 많은 대화가 오갔다. 사형제도, 양심적 병역거부, 외국인에 대한 강제 코로나 검사, 한국과 스웨덴의 문화 차이 등등. 한 시간 반 동안 즐겁게 대화하고 친분을 쌓았다.

할렌은 룬드 근처 란스크로나가 고향이고, 빅토리아는 룬드대학에서 법학을 전공했다. 나로서는 고향에서 온 손님처럼 느껴졌다. 내가 룬드에서 작성했던 룬드 사진첩을 출력해가서 선물로 주었다. 그들이 깜짝 놀랐다. 더욱이 그 내용이 룬드의 역사적 건물을 찾아내 사진과 함께 설명한 것이니……. 아마 한국 사람 중에서 이런 선물을 줄 수 있는 사람은 없으리라 생각한다.

3시에는 캐나다 대사를 위원회에서 만났다. 「평등법」을 포함한 여러 인권 문제가 대화 소재였다. 위원장이 답변하면 내가 보충 설명을 해주었다. 일복이 많은 것인지. 적어도 내가 참석하면 우리 인권위를 확실하게 대사들에게 설명할 수 있다. 아마 최 위원장이 내게 참석을 요청하는 것은 이 때문이리라.   _2021. 04. 23.

마라케시 국제회의 참가

어젯밤 12시 인천공항을 떠나 모로코 출장길에 올랐다. 여기는 경유지인 이스탄불 공항. 11시간 비행 동안 거의 잠을 자지 못해 무척 피곤하다. 상임위원 임기 중 첫 번째이자 마지막이 될 국외 출장인데, 너무 피곤한 여행이다. 하지만 이 같은 경험을 언제 또 하랴, 기쁜 마음으로 모로코로 간다.   _2022. 10. 25.

어제 오후 3시 반 마라케시 공항에 도착했다. 집 떠난 지 27시간이 넘어서다. 모로코 인권위의 직원들이 공항에 나와 귀빈실로 안내해 입국 수속을 도와주었다. 그 시각 세계인권기구(이하

'GANHRI') 집행이사회의 멤버들이 속속 입국하고 있었다. 의장인 카타르 인권위원장도 잠간 귀빈실에서 볼 수 있었다. _2022. 10. 26.

오후에는 공식 행사가 시작되었다. 먼저 GANHRI 의장인 카타르 인권위원장을 부의장인 모로코 위원장, 그리고 제네바 사무국의 대표와 함께 만났다. 나는 이 자리에서 이번 행사의 의미를 부여하고 특히 우리 위원회가 주도하고 있는 유엔노인인권협약에 대해 관심과 협력을 부탁했다. 30~40분간 좌중을 내가 완전 장악한 느낌이었다.

4시부터 주최 측의 안내로 마라케시 주요 포인트를 관광했다. 먼저 마졸레 정원에 갔다. 마라케스 북쪽 외곽에 위치한 정원으로, 프랑스 예술가 마졸레가 삭막한 사막 도시 마라케시에 일종의 파라다이스를 만든 것이다. 300종이 넘는 식물(야자수와 선인장 등)을 심어 가꾼 곳인데, 밖에는 붉은 황토빛 사막에서 갑자기 맑은 물이 흐르는 푸른 오아시스가 펼쳐지고 있었다. 1980년대 입센로랑이 매수해 지금은 그가 만든 재단이 소유해 일반인에게 공개하고 있다.

그 옆에는 베르베르 박물관이 있는데 규모는 크지 않지만, 그들을 유목민으로만 알고 있었던 관광객들에게 그들이 훌륭한 문화를 간직했음을 알려주었다. 특히 세공품이 아주 정교하고 우수했다. 어떻게 사막 한 가운데에서 천막을 치고 살던 사람들이 그런 공예품을 만들었는지 가늠이 안 갔다.

그다음 행선지는 제마 알프나 광장. 가이드의 안내를 따라 광장과 수크 이곳저곳을 본 다음 광장이 다 보이는 레스토랑의 옥상에 올라가 광장 전체를 굽어 보았다. 여기에서 GANHRI 사무국의 대표 카타리나와 깊은 대화를 했다. 그녀는 독일 훔볼트 대학을 나온 법률가로 스위스와 이탈리아를 배경으로 활동하는 국제인이다. 내가 다녀온 독일 몇 곳을 내 블로그를 보면서 설명하자 입에서 연신 탄성을 뱉었다. 특히 로덴부르크의 발할라에 간 이야기를 하니 자신도 거기는 알지 못한다면서 나의 호기심과 여행 경력에 무한한 경외심을 보냈다. 이번 출장에서 그녀를 만난 것은 성과 중 하나다. 오숙현 선생을 통해 들은 바에 따르면, 그녀도 나를 만난 것이 무척 기뻤다면서 진작 만났으면 더 좋은 대화를 했을 텐데 내 임기가 끝나 가 아쉽다고 했다 한다.

저녁이 되자 잠시 쉰 다음 만찬에 초대되었다. 원래 8시부터 근처 식당에서 하는 줄 알았는데 알고 보니 광장에 위치한 식당에서 열리는 것이었다. 시간은 이미 9시. 그 시간에 만찬을 하다니 우리 일행은 피곤함을 이기지 못하고 테이블에 앉아 있는 사람들과 대화를 나누면서 식사를 했다. 밥을 먹으면서 공연이 시작되었는데 무희 한 명이 나와 춤을 춘다. 그런데 무슬림 국가에서 반나의 춤을 추다니……. 이곳도 사람 사는 곳임을 알 수 있었다. 10시 무렵 도저히 피곤함을 참을 수 없어 자리를 일어났다. 광장은 그 시각 입추의 여지 없이 수많은 사람으로 차 있다. 여기저기에서 공연을 하고 노래를 한다. 돌아오는 택시에서 이들이 진짜 '살아 있다'는 생각이 들었다. 무언가 원초의 강한 본능과 꿈틀거림을 마라케시에서 느끼는 순간이었다.   _2022. 10. 27.

어제는 너무나 바쁘고 힘든 하루였다. 이틀간 이어지는 GANHRI 집행이사회 첫날. 많은 안건이 처리되고 논의되었다. 나는 내가 할 수 있는 한도 내에서 최선을 다해 참여했다. 9시부터 5시까지 중간 한 시간 점심시간을 제외하고는 회의장을 떠나지 않았다. APF 의장국으로서 연간 활동을 보고하고, 한국 위원회가 주도하는 노인인권협약 제정을 위한 활동도 소개하면서 협력을 요청했다.

어제의 하이라이트는 B 지위에 있는 인권기구의 특별심사를 위한 정관 개정의 건. B 지위에 있는 인권기구가 GANHRI의 개선요구를 제대로 받아들이지 않는 경우 완전 제명할 수 있는 규정을 두자는 것이다. 문제는 이 개정안을 회의 참석 전에 듣지 못하고 어제서야 내가 알았다는 것이다. 우리 실무진이 회의 준비를 위해 정보를 입수했지만 이에 대해서는 전혀 모르고 있었다. APF 사무국은 알고 있었는데 제대로 공유되지 않았던 것이다. 그런데 이와 같은 사정은 다른 쪽도 정도의 차이는 있지만 비슷했다. 점심 중에 유럽 쪽 사람들과 식사하면서 조율 해보니 이 규정 개정안을 오늘 통과시키는 것은 시기상조라는 데에 의견을 모았다. 회의가 시작되자 아프리카 지역기구부터 개정안 반대에 나섰고, 유럽도 신중을 요구했다. 나는 보다 분명하게 이 건은 APF로서는 중요 사안이라고 말하면서 APF 내에서 논의된 바가 없다고 했다. 그리고 우리에게는 좀 더 시간이 필요하고, 좀 더 논의를 해야 한다고 덧붙였다. 이에 대해 미주 지역과 여러 참가자가 동조했다. 결국 이 안건은 어제 통과되지 못하고 당분간 TF를 구성해 논의한 다음 2024년 GANHRI 전체회의에 내놓기로 했다.

어제 회의를 통해 느낀 것이 많다. 나는 어제 회의 일정이 끝나자 문 과장과 오숙현 선생을 불러 간단히 소회를 밝히고 앞으로를 위해 대비하자고 했다. 첫째, 언어의 장벽을 딛고 APF 의장국으로서 역할을 하기 위해서는 회의 준비가 철저해야 한다. 단지 회의 참가를 위한 준비를 넘어 회의 안건에 대한 면밀한 자료조사, 우리가 밝혀야 할 입장 정리, 어디에서 개입할 것인가를 결정하고 그에 대한 발언준비 등등.

둘째, 이를 위해서는 현재의 우리 인력으로는 어려우니 APF 사무국을 적극적으로 활용해야 한다. 그쪽으로 해금 의장국에 적절한 지원을 할 수 있도록 우리가 리더십을 발휘해야 한다. 셋째, 이런 협조를 위해 우리 위원회에서 연락관을 사무국에 파견하는 것이 필요하다고 했다. 두 직원도 내 말에 전적으로 동의했다. 나는 이런 것을 귀국하면 위원장에게 말하고 적극적으로 임하라고 주문하겠다고 말했다.

공식 만찬이 저녁 9시가 되어서야 시작되었다. 장소는 호텔에서 떨어진 알 파시아. 이곳은 모로코 위원장에 의하면 마라케시를 넘어 모로코 전체에서 최고의 식당으로 알려져 있다고 한다. 식당 분위기는 스페인풍인데, 품격이 남달랐다. 나는 의장과 부의

장, 미주 지역 대표, 유럽 지역 대표 등과 같은 좌석에서 식사를 했다. 소위 헤드 테이블인데 쉽지 않은 시간이었다. 각양의 언어가 들렸다. 스페인어, 아랍어, 간간이 영어 등. 언어 문제보다 더 어려운 것은 내 취침시간에 밥을 먹는다는 것. 이런 시간에 기름진 음식을 먹는게 건강에 좋을 리 없다. 나는 피곤에 지쳐 연신 하품을 연발했다.

하지만 정신을 차리고 옆의 핀란드에서 온 유럽 대표와 여러 이야기를 나누고 간간이 의장과 부의장과도 가벼운 대화를 이어갔다. 무슬림 여성이 셋인데 히잡을 모로코와 카타르 대표는 쓰지 않고, 요르단 대표는 쓰고 있어 그 이유를 물었다. 셋의 공동된 답변은 그저 문화일 뿐 이 스카프를 강요하지는 않는다는 것이다. 많은 젊은이가 요즘 쓰지 않고 있고 자신들의 자녀들도 쓰지 않는다고 한다. 이슬람 문화권의 변화를 그들을 통해 알 수 있었다. 건강 이야기가 나와 모로코 위원장이 어떻게 하면 몸무게를 줄일 수 있느냐고 묻길래 두 가지를 강조했다. 운동과 다이어트. 그러면서 이런 식사를 자주 하면 어쩔 수 없이 체중이 늘 것 같다고 했다. 내가 최근 3킬로 정도를 감량했는데 마라케시에 와서 완전 과거로 돌아갔다고 너스레를 떨었더니 좌석에 앉아 있는 참가자 모두가 웃었다. 모로코 위원장이 자신의 경험담을 웃으면서 말했다. 얼마 전에 파티가 있었는데 9시부터 새벽 2시까지 춤을 추면서 놀다가 2시부터 저녁식사가 시작해 아침 7시에 끝났다고. 완전 레벨을 달리하는 사람들이다. 나는 두 손 두 발 다 들고 이것이

다른 문화임을 인정했다. 오면서 곰곰이 생각하니 이들이 꽤 낭만을 가지고 사는 것 같았다. 나같이 규칙적으로 살아가는 사람이 이해할 수 없는 어떤 영역이 있는 듯. 그것도 한 번은 경험하고 살아볼 만한 일이 아닐까 생각해보았다. _2022. 10. 28.

7장 직원들과 보낸 망중한

세운상가 건물군 중 한 상가 이름이 세운상가다.
이 사진은 청계천 방향에서 찍은 것이다.
건물 양쪽에 공중 데크가 설치되어 있어서
차도와 관계없이 퇴계로까지 걸어갈 수 있다.

나는 평소에 일찍 자고 일찍 일어나는 습관이 몸에 밴 사람이다. 이 패턴을 유지하면 매우 건강하게 지낼 수 있지만 그것이 깨지면 바로 건강에 문제가 생긴다. 이런 이유로 특별한 사정이 없는 한 지인과의 약속은 가급적 점심을 선호한다. 물론 나도 사회생활을 하는지라 가끔 늦게까지 밥 먹고 술 마시는 일도 있지만 나이가 들수록 그런 모임을 즐기지 않는다. 이런 삶의 패턴과 3년간의 코로나 기간은 나의 일상을 더욱 공고화시켰다. 이러다 보니 직원들과 술 한잔 제대로 못하고 인권위를 떠난 것 같아 많이 아쉽다. 직원들은 내가 금연에 금주(나는 결코 금주가가 아니다. 소주는 잘 안 마시지만 맥주, 와인, 고량주를 꽤 좋아한다. 회식을 하면 의례히 맥주에 소주를 타서 마신다), 그리고 퇴근 후 바로 집으로 들어가는 것을 보고 꽤 금욕적 삶을 사는 사람으로 기억할지 모른다. 할 수 없는 일이다. 지난 3년을 돌아보면 나도 낭만도 있고 본능적 인간이라고 항변하기 어려우니 말이다. 직장 상사로서 친근감 있게 다가가 내 속살을 보여주지 못해 미안하다.

그런 이유 때문인지 인권위 3년 동안 내 일상생활에서 기억할 만한 것은 점심시간이었다. 직원들과 저녁시간을 함께하지 못하는 대신 나는 이 시간을 이용해 그들을 만났다. 사실 공무원에게 점심시간만큼 즐거운 시간은 없을 것이다. 점심을 먹고 잠시 개인 시간을 보내는 것은 오후 업무에 활력을 준다. 상임위원의 업무 중 무시할 수 없는 것이 점심시간을 이용해 직원들을 격려하는 일이다. 이것은 위원장을 비롯해 상임위원과 사무처의 간부들이 공히 하는 일이지만 나는 특히 이 시간을 이용해 직원들과 대화하는 것을 좋아했다. 회의 시간이나 사무실의 딱딱한 분위기를 벗어나 잠시라도 격의 없는 시간을 보내면 그 후에 그 직원들과의 관계가 부드러워져 어려운 일도 한결 즐겁게 할 수 있었다. 이를 위해서는 직원들이 좋아할 만한 식당을 골라야 하고 제때 초청해야 한다. 그게 생각보다 쉽지 않은 일인데, 이 일은 3년간 행정비서 업무를 해준 세 비서(유은주, 김효진, 박소연)가 훌륭히 맡아주었다. 내가 가끔 새로운 맛집을 찾아주기만 하면 나머지는 비서가 약속 장소 예약과 직원 초청을 해주었다. 일기장을 읽어보니 점심시간에 관한 기록이 자주 보인다. 그 기록 몇 개를 찾아 그 시간으로 돌아가 직원들과 어떻게 점심 시간을 보냈는지 회고해본다.

상임위원으로 첫 출근을 한 2020년 1월 두어 주 업무 파악을 하고 본격적으로 직원들을 점심에 초대했다. 초기에는 과 단위로 초청했는데 시간이 가면서 코로나 방역 제한으로 많은 인원을 초청하는 게 어려워졌다.

오늘부터 각과 단위로 점심식사를 함께한다. 상임위원으로 취임하면 모든 직원과 한 번은 점심을 해야 한다는 관례에 나도 따르기로 한 것이다. 첫 번째 오찬은 조사총괄과 10여 명의 직원을 초청해 명동의 한식집 '진사댁'에서 했다. 말을 줄이며 직원들의 말을 듣고 비교적 가벼운 분위기를 만들려고 했지만 쉽지 않았다. 어색한 시간을 끝내고 작별 인사를 하고 나서야 어깨가 가벼워졌다. 점심 먹는 것도 스트레스인지 잠시 나만의 아지트 '가무'로 옮겨 카페라테 한 잔을 마셨다. 학교에 있을 때는 사근동의 '베이루트'가 하루 중 나만의 낭만 공간이었는데 이젠 가무가 그 역할을 한다. 가무, 이곳과 나의 인연은 길다. 1983년 아내를 처음 만나는 해부터 이곳을 이용했으니 무려 37년의 인연이다.   _2020. 01. 31.

나는 사무처 각과나 팀 중에서 특별히 관심을 받지 못하고 소외된 환경에서 일하는 직원들을 가끔 점심에 초대했다. 그런 중에 청원경찰로 일하는 박정훈 선생을 초청해 함께 밥을 먹으면서 많은 것을 느꼈다.

어제 점심에는 청원경찰 박정훈 선생을 초청했다. 인권위에 첫 출근하는 날 만난 이분은 인상이 좋았고 적극적으로 자신의 임무를 수행한다는 느낌을 받았다. 특히 코로나 국면에서 매번 회의장 입구에서 발열 체크를 하는 일을 도맡고 있어 한 번 격려해야겠다는 생각을 가졌다.

밥을 먹으면서 그의 이야기를 들으니 이 시대에 열심히 사는 젊은 사람의 삶을 알 수 있었다. 박 선생은 육군 장교 출신으로 2018년 인권위에 들어왔다. 들어올 때 청원경찰을 한 명 뽑는데 70명이 넘는 사람이 지원했다고 한다. 그 높은 경쟁을 뚫고 임명되었지만 첫달 월급을 받아보니 150여만 원. 두 아이의 아빠로서 도저히 살 수가 없어 직장을 쉬고 있는 부인이 요양보호사 자격을 따 일했다고 한다. 그의 급여는 과거 경력을 인정해주지 않기에 더 박봉이었다. 과거 경력을 인정하는 인권위 규정이 없었기 때문이다. 그는 자신의 권리를 찾기 위해 담당 부서에 관련 규정안을 만들어 제시해 드디어 경력을 인정받기에 이르렀다. 단번에 월급이 50만 원 이상이 올랐다고 한다.

그는 지금 전국의 청원경찰관을 위해 네이버 카페(대청사)를 운영한다. 회원이 700명. 그는 틈만 나면 이 카페에 청원경찰을 위한 여러 정보를 올리고 그들의 권익을 위해 상담을 해준다. 나는 이야기를 들으며 그의 삶에서 고결함과 당당함을 느꼈다. 어려운 환경에서 투지를 잃지 않고 살아가는 그에게 큰 복이 있길 빈다. 삶은 녹록지 않지만 분명 길이 있을 것이다. _2020. 06. 09.

직원 중에는 오랜 기간 큰 대우를 받지 못했으면서도 유난히 사명감이 높은 사람이 있다. 그런 직원을 볼 때마다 나는 이들이 인권위의 기둥이라고 생각했다. 특히 매일 같이 민원인을 상대하는 것은 피곤한 일임에도 그들의 아픔을 듣고 그것을 해결하기 위해 동분서주하는 직원들을 발견할 때는 상임위원으로서 무슨 일이든지 도와주고 싶었다. 진정 사건을 접수하는 ○○○ 조사관의 경우도 그에 해당했다.

금요일 점심에 상담센터에서 일하는 ○○○ 조사관을 격려하기 위해 점심을 같이했다. 특별히 ○○○ 조사관을 오찬에 초대한 것은 그의 근무태도가 다른 직원에 비해 월등히 좋기 때문이었다. 센터의 기초조사팀에 있으면서 진정 사건 중 일부를 조기에 골라내 각하로 종결하는 일을 맡고 있는데 업무 역량이 탁월하다. 무엇보다 성실하고 집요한 성격을 갖고 있다. 말이 없으면서도 속이 꽉 찬 사람이라 느껴진다. 말하는 것에서 약간의 외로움을 읽었다. 동료 중에서 자신과 함께 위원회 업무를 처리해나갈 직원이 많았으면 좋겠다고 말했다. 내가 할 수 있는 일은 이런 직원을 발견해 격려하고 지원하는 것이다. 결코 외롭지 않고 누군가는 그 일을 알아준다는 것……. 바로 내가 해줄 수 있는 일 아닌가.

_2020. 04. 19.

나는 비서실 직원들과 매우 즐겁게 생활하려고 노력했다. 일과 중 가장 많은 시간을 보내는 사람들인데 그들과의 관계가 껄끄러우면 그것만큼 고역이 없을 테다. 비서들이 나를 크게 부담스러워 하지 않도록 의전을 최소화하고 격의 없이 명동 주변의 맛집을 찾아내 자주 밥을 같이 먹었다. 그러다 보니 비서실을 떠나도 다른 직원들과는 달리 내 사무실을 친정 같이 생각해주었다.

오찬은 이번 조사관 교육에 참여한 전 행정비서 유은주 선생을 초청했다. 원호준 비서, 김효진 비서도 함께했다. 유 선생은 작년 말까지 비서 업무를 성실해 수행하다 대전 사무소로 전보되었다. 이제 조사관 업무를 시작하는데 부담이 큰 모양이다. 조사 시 어려운 문제가 있으면 언제든지 연락하라고 했다. 원 비서에게도 특별히 챙겨줄 것을 부탁했다. 그에게 특혜를 줄 수는 없지만 이런 정도야 해주지 못할 이유가 없지 않겠나. _2021. 01. 27.

점심은 원호준 비서와 작별 오찬. 특별한 오찬이라 귀한 손님을 접대할 때 가끔 가는 명동의 한 호텔 레스토랑으로 안내해 품격 있는 식사로 대접했다. 원 비서는 꽉 찬 2년간 나를 보좌했다. 소위원회 보좌를 잘해줘 많은 사건을 무난하게 처리할 수 있었다. 셀 수 없는 결정문이 그의 손을 거친 다음 내 손에 들어왔다. 밥을 먹으며 내 방에 있으면서 무엇을 가장 많이 배웠느냐고 물어보았다. 결정문 작성과 보고서 작성에 관한 능력을 키울 수 있어 좋았다고 한다. 여러 가지를 당부했지만 특히 나는 그에게 이런 말을 해주었다.

- 그동안 배운 능력을 충분히 활용해 조사관으로서 기량을 발휘할 것
- 과장을 비롯해 동료들이 원 비서에게 빚을 졌다고 생각하게끔 행동할 것
- 능력도 중요하지만 그것만큼 중요한 것은 인간성이니, 항상 사람과의 관계에 유의할 것

원비서의 무운장구를 빈다. _2021. 12. 31.

점심에 비서실 전원을 데리고 이태원에 가서 이채영 사무관 송별 오찬을 했다. 지난 1년간 큰 일 없이 나와 같이 일한 것에 대해 사의를 표하고 앞으로 감사원으로 가서 능력을 인정받고 잘 성장해 가라고 기원해주었다. 겸사겸사 한 마디씩 하라고 하니 모두 나에 대해 이야기한다. 나쁜 소리는 없다. 내가 잘 해주었다고 다들 말한다. 내 앞이라 인사치레라고 생각할 수도 있지만 사실과 크게 다르지는 않을 것이다. 그런대로 내가 비서진과는 좋은 관계를 유지한 것 같아 다행이라 생각했다. _2023. 01. 16.

점심시간에 특별한 격려를 했던 것도 기억난다. 나는 각종 회의에서 사무처가 잘못한 것을 보면 그냥 지나치는 법이 없었다. 어쩌면 나는 사무처 직원들에게 호랑이 시어머니였을지도 모른다. 어떤 때는 위원장도 쉽게 못하는 지적을 공식 석상에서 거침없이 했다. 하지만 이런 말을 할 때마다 내 마음속도 타들어 갔다. 몇 번씩 심호흡하면서 그런 말을 했다는 사실을 사람들은 잘 모를 것이다. 나는 그런 일이 있고 나면 지적받은 직원들을 불러 마음을 도닥여 주었다. 빠르면 빠를수록 좋으니 그날 점심은 의례히 그 직원들과 자리를 같이했다.

(상임위 자리에서) 쓴소리(권고수용보고 안건이었는데 담당과에서 그 시기를 한참 놓친 다음 보고한 것이다)를 하고 나니 마음이 불편했다. 어쩌면 오늘 담당과장과 담당자는 전임자들이 잘못한 것을 뒤집어쓴 것이고, 위원들의 지적을 예상하면서도 일을 마무리한다는

차원에서 보고했을 것이다. 좀 달래주어야겠다는 생각에 메신저를 보냈다. 상임위원의 역할상 그런 쓴소리를 하지 않을 수 없었다고 말하고 이해해달라고 했다. 곧 답신이 왔다. 둘 다 위원님이 그렇게 지적해주시고 먼저 문자까지 보내주시니 몸 둘 바를 모르겠다고 했다. 두 사람을 다음 주 오찬에 초대했다. 따끔하게 지적할 것은 해야지만 사람을 잃을 수는 없는 일 아닌가.   _2021. 04. 08.

사실 점심을 먹으면서 나는 직원들에게 업무 이야기를 많이 했다. 식사 장소에 가기 전에 오늘은 업무 이야기를 하지 않겠다고 다짐도 하지만 그것이 쉽지 않았다. 어떤 때는 말을 너무 많이 했다고 생각해 후회도 했다. 물론 직원들은 재미있었다고 말하지만 그것은 나에 대한 인사 차원의 말임을 나도 잘 안다. 내가 인권위에 있으면서 고치지 못한 병통이었다. 그렇지만 직원 중에서는 점심시간에 내 이야기를 듣고 무엇인가 새로운 도전을 하고 싶어하는 경우도 많았다.

오찬에는 ○○○ 과장과 ○○ 업무 담당 ○○○ 선생을 초청했다. 업무에 관한 이야기는 하지 않겠다고 마음먹고 나선 자리인데 또 지키지 못했다. 이런 날이 얼마나 많은가. 왜 나는 그리도 말이 많은지 병통이다. 왜 나는 침묵을 참지 못하는 것일까. 그 순간만 참고 견디면 나도 조금 과묵한 사람이 될 수 있을 터인데 그것을 이기지 못하고 말을 한다. 다변은 항시 실수가 따르는 법인데…….
_2021. 05. 14.

2소위를 맡은 후 처음으로 담당과인 침해조사과 직원 세 명을 오찬에 초청했다. 밥 먹으면서 들어 보니 직원들 사이에서 걱정이 많은 모양이다. 내가 강하게 밀어부칠 것이라는 생각 때문이다. 일부 직원들 사이에서는 내가 그리 보이는 모양이다. 일벌레에 목표를 설정하면 밀어붙이는……. 나도 따지고 보면 부드러운 사람인데……. 그런 분위기를 읽으니 일과 관련된 말은 더 안 하려고 노력했다. 이들도 곧 알게 될 것이다. 내 진정성을 알면 직원들도 잘 따라올 것이라 생각한다.   _2021. 08. 25.

오늘 ○○○ 과장과 같은 과의 ○○○ 사무관을 초대해 오찬을 했다. 밥을 먹으며 주로 정책 안건의 과제선정, 의견수렴 과정, 보고서 기술, 상임위 등에서의 논의, 의결 후 과정 등에 대한 내 경험을 이야기해주었다. ○○○ 과장은 내 말에 귀를 기울이며 열심히 해보겠다고 의지를 불태운다. 잘할 것이라고 생각하고 아낌없이 격려를 해주었다.   _2023. 01. 12.

점심을 마치면 나는 잠시 산책을 하곤 했다. 직원들과 헤어져 나만의 시간을 잠시 갖는 것이다. 망중한이란 이런 것 아니겠는가. 명동을 한 바퀴 돌아 근 40년째 단골인 카페 '가무'에 들르거나 아니면 퇴계로 한옥마을 뒤에 있는 조그만 카페로 가서 나 홀로 잠시 차를 마시며 생각을 정리했다. 날이 좋으면 퇴계로, 을지로, 청계천을 넘어 종로로 진출하기도 했다. 세운상가 공중 가도를 걸어서 호랑이 카페에서 커피 한 잔을 사 마시기도 하고, 어느 날은 거기서 종묘를 들러 도심 속의 공원을 걷기도 했다. 인사동의 이곳저곳을 기웃거리기도 하고 조계사에 들러 백송 앞에서 기도도 했다. 이런 시간이 없었다면 인권위의 분주함 속에서 피곤함을 이기지 못하고 중간에 손을 놓았을지도 모른다. 나의 점심 산책은 그저 걷기만 한 것이 아니다. 나의 호기심은 산책 중에도 발동한 경우가 많은데 그것은 주변에 대한 향토사적 관심사였다. 자주 가던 세운상가나 을지로 주변의 재래시장에 들릴 때마다 어떻게 도심에 이런 것들이 만들어졌을까 의문이 들었다. 그런 의문이 들면 자료를 찾아 글로 정리도 했다. 여기에 당시 쓴 두 편의 글을 옮겨 본다.

너무 늦은 세운상가 탐방기

어쩌다 공무원이 되니 하루하루가 과거와 사뭇 다르다. 역시 교수 생활에 비하면 일과가 빡빡하고 좀처럼 나 홀로 시간을 갖기 어렵다. 그래도 점심 산책만은 바꾸고 싶지 않다. 직원들과 밥을 같이 먹고 나면 의례 홀로 산책 시간을 갖는다. 하루는 명동의 이곳저곳을, 다음날은 충무로의 이 골목 저 골목을 누빈다. 코로나 시대에 얼마나 많은 사람이 고통받고 살아가는지를 매일 목격한다.

오늘은 모처럼 혼밥을 했다. 갑자기 점심 약속이 취소되니 어찌

나 반가운지(ㅎㅎ). 1년 전 내 모습으로 돌아가, 사무실에서 조금 떨어진 후미진 골목으로 들어가 국수 한 그릇과 김밥 한 줄로 간단히 점심을 때우니, 산책할 시간이 넉넉하다. 오늘은 어딘가를 가고 싶다. 발걸음을 재촉해 도착한 곳은 세운상가. 이곳을 둘러보는 일은 내게는 오래된 숙제나 마찬가지였다.

서울에서 50여 년을 살면서도 세운상가를 찬찬히 둘러본 적이 없다. 그러면서도 나는 이곳 건축에 대해 종종 신랄하게 비판해 왔다. 역사 도시라고 자랑하는 서울 한 가운데에 어떻게 이런 거대한 콘크리트 덩어리를 만들어 놓을 수 있다는 말인가……. 그 가벼운 미학에 혀를 찼다.

더욱이 이 건물을 디자인한 김수근이 만든 다른 건축물을 기억하면 세운상가는 독재의 상징물에 불과했다. 그가 설계했다고 한 남영동 대공분실, 그곳에서 박종철이 죽었다. 그의 또 다른 작품인 서초동 법원 청사, 그곳은 얼핏 보아도 시민의 삶과는 동떨어진 권위주의 그 자체. 내게 세운상가는 남영동 대공분실이자 서초동 법원청사에 다름 아니었다. 이런 평가는 나만의 독단이 아니다. 세운상가가 세워질 무렵 서울시에서 도시계획을 담당했던 한 공무원의 소회에서도 찾아볼 수 있다. 손정목의 『서울 도시계획 이야기 1~5』(한울, 2019~2022 이 책에 대한 독후감은 별로로 있음)에는 이런 부분이 나온다. 우선 김수근에 대한 그의 기억을 보자. "나는 건축을 깊이 알지 못하지만 김수근을 예술가라고 생각해본 일은 없다. 그가 설계한 작품 중 내가 좋아하는 건축물이 적지 않게 있기는 하나 그를 만날 때마다 느꼈던 그 강한 속기(俗氣)가 끝내 그를 예술가라고 생각하게 해주지 않았다. 그는 예술가이기에 앞서 다재다능한 사업가였다고 생각하고 싶다."(제1권 142~143쪽).

세운상가에 대한 그의 평가는 어땠을까? 손정목의 비판은 여전히 혹독하기 그지없다. 몇 가지 세간의 비판을 소개하지만 그중에서도 역시 정점은 이 부분이다.

"[네 번째의 비판은] 그것[세운상가]이 남북 방향으로 긴 건물군이라는 점이다. 남산 위에 올라가서 서울시가지를 내려다보면 시가지의 주된 맥이 청량리-광화문-신촌 마포 방향으로 흐르고 있음을 뚜렷이 알 수가 있다. 이 동서 방향의 시가지 흐름의 중심부에 남북 방향으로 건물군이 들어서서 흐름의 선을 차단하고 있는 것이다. 이것은 결코 용납될 수가 없다. (중략) 김 시장(김현옥)의 제안에 겁도 없이 뛰어든 '김수근 일생일대의 실수'였다고 생각한다."(1권 282~283쪽)

이런 이유로 오랜 기간 나의 발걸음은 이곳을 향하지 못했다. 그저 먼발치에서 흉물스러운 건물을 보며 하루빨리 철거를 기원했을 뿐이다. 그럼에도 내가 이곳을 아직 제대로 보지 못한 것은 변명의 여지가 없는 게으름이다. 이제라도 찬찬히 세운상가를 둘러보게 되었으니 그나마 다행스러운 일이다.

세운상가는 우리나라 최초의 주상복합 빌딩이다. 정확히는 종묘 앞 종로3가에서 퇴계로3가를 남북으로 잇는 주상복합 건물군을 통틀어서 부르는 이름이다. 1966년부터 몇 년간 속도감 있는 공사로 1970년대 초, 여덟 개의 건물(현대상가, 세운상가, 청계상가, 대림상가, 삼풍상가, 풍전호텔, 신성상가, 진양상가)이 탄생한다. 원래 이곳은 일제 말 미군 공습을 대비해 화재 연소를 막기 위한 공터였다고 한다. 해방 후 이곳에 하나둘 무허가 건물이 들어서고, 한국전쟁 후에는 피난민까지 밀려온 데다 집창촌까지 만들어지니, 수도 서울의 명암이 교차하는 도시 슬럼가의 대명사가 되었다.

박정희 정권하에서 서울이 본격적으로 개발되면서 이 일대는 일거에 철거되는 운명을 맞는다. 당시로서는 획기적인 도시 재개발 사업인데 르 코르뷔지에로부터 영향을 받았다는 김수근이 이곳에 남산과 이어지는 주상복합형 아파트를 만들어 서울 도심을 완전히 변모시킨다. 빌딩의 하부 몇 개 층은 상가, 그 이상은 고급 아파트가 들어섰다. 서울의 돈 있는 사람들이 마치 파리 시내의 센강변 아파트에 산다는 착각을 하면서 모여들었고, 솜씨 있는 기술자를 거느린 수백 수천의 상인들이 이곳에 들어와 빼곡하게 전자상가를 만들었으니, 1970~80년대에 이곳은 서울 최고 부촌이자 최고 상권이라고 해도 과언이 아닐 것이다.

그런 세운상가에 변화가 온 것은 강남 개발이 가져온 여파 때문이다. 돈 있는 사람들이 하나둘 이곳을 떠나 강남으로 이사 갔다. 1980년대에는 용산에 대규모 전자상가가 만들어지면서 상권마저 흔들리기 시작했다. 건물은 낡아가고 투자는 없으니 이곳을 찾는 이는 줄어들었다. 서울 도심에 어두운 그림자가 드리워진 것이다. 그러면서도 근근이 명맥을 이어가다가 2000년대에 이르러 지방자치 시대가 되니 새로 뽑히는 시장마다 이곳을 탈바꿈시키 겠다고 장밋빛 공약을 내놓는다.

오세훈 시장은 이곳을 과감히 철거해 녹지화하고 주변 지역에는 마천루 빌딩을 짓는 재개발 계획을 발표했다. 그러나 상인들의 반발과 경기침체로, 세운상가 초입의 현대상가 하나만 철거한 상태에서 계획은 표류되었고, 그런 중 시장직을 내놓았다. 그 뒤를 이은 박원순 시장은 오 시장의 계획을 원점으로 돌리고 새로운 발상으로 이곳을 개발하기로 결심한다. 원형을 보존하는 도시재생사업으로 방향을 돌린 것이다. 서울역 앞 고가도로를 공중공원화하듯, 그는 이곳도 공중데크로 상가를 연결해, 남산으로 이어지는 보행로를 만든다. 현재 이 사업은 세운상가-청계상가-대림상가까지 완공되었고, 조만간 전 상가가 보행로로 이어지는 공사가 진행 중이다.

오늘 세운상가를 돌아보면서 이런저런 생각을 했다. 오랫동안 생각해온 세운상가 철거는 이제 접을 때가 되었다. 흉물스러운 콘크리트 건물도 서울역사의 한 부분이 되었다. 뜯어서 흔적도 남기지 않는 것보다 있는 그대로 보존하고 가꾸면 그것도 나쁘지 않다는 생각이 들었다. 계획대로라면 앞으로 몇 년 후 세운상가 주변은 21세기 빌딩숲으로 탈바꿈할 것이고 그 가운데에 공중 데크로 이어진 고풍스러운 주상복합 건물이 사람들의 눈을 사로잡을 것이다. 그날이 오면 서울 도심은 비로소 선진국 도시로서의 품격을 갖출 것이다.

아련한 추억을 찾아-중부건어물시장 탐방기

점심을 간단히 해결하고 나 혼자만의 산책 시간을 가졌다. 오늘 간 곳은 을지로4가 근처, 중부건어물시장(중부시장). 발걸음을 재촉하면서 아주 먼 옛날 생각이 머릿속에서 계속 맴돌았다.

1973년 충청도 벽촌을 떠나 서울로 올라왔다. 말 그대로 서울은 가까운 친척 하나 없는 사고무친한 곳. 아버지는 한국전쟁 당시 장교로 참전했고, 전쟁 후에는 시골 면장을 하신 분이다. 나름 자존심이 센 분임에도 피치못할 이유로 식솔을 거느리고 낯선 서울 땅을 밟았다. 아무리 먹고살기 어려워도 아버지 성품으로 감당하기 힘든 일이 장사였다. 그런 아버지가 서울에 올라와 처음 손을 댄 일이 도심 한 가운데 건어물 시장에서 마른 멸치를 파는 것이었다.

뒤에 안 사실이지만 군대시절 친구 중 한 분이 멸치로 유명한 통영 출신이었던 모양이다. 그분의 소개로 아버지는 생전처음 멸치 장사를 하게 된 것이다. 아버지 일터가 바로 중부시장! 기억 속에 남아 있는 중부시장은 엄청난 인파가 몰려 발 디딜 틈조차 없고 왁자지껄한 소리에 옆 사람과 말도 주고 받기 어려운 곳이었다. 지

7장 직원들과 보낸 망중한   251

금은 건어물을 사려면 어디로 갈까? 제기동의 경동시장? 거기도 좋다. 가락동 농수산물시장이나 노량진수산시장? 물론 거기도 좋다. 하지만 한때 그들 시장과는 비교가 안 되는, 정말 비까번쩍한 영화가 중부시장에 있었다.

장안에 큰 시장이라면 남대문시장과 동대문시장인데, 이 두 시장만으로는 수요 감당이 안 되니, 두 시장 사이에 또 하나의 큰 시장을 만든 것(1950년대 말), 그게 중부시장의 출발이다. 처음에는 일반 시장으로 출범했으나 1960년대 중반쯤부터는 건어물 시장으로 특화되었다. 전국에서 밀려오는 사람들과 모든 물산이 서울로 몰리는 덕에, 이곳은 설립 10년도 안 돼 전국 최대 규모의 건어물 시장으로 발돋움한다. 뒤돌아보니 나의 초등학교, 중학교 시절인 1970년대 초중반이 이 시장의 전성기였다. 빛이 번쩍번쩍 나는 서울 최고의 번화가였다.

그 시절 특별히 기억에 남는 것은 내 인생 최초로 함흥냉면이라는 것을 먹어 본 것. 그 식당이 이 중부시장 남쪽 입구 건너편에 있는 오장동함흥냉면이다. 이 냉면집이 얼마나 인기가 있었는지가는 날마다 입구가 장사진이었다. 식당 안으로 들어가지 못하는 손님들이 문 앞에 줄을 섰는데, 그 길이가 족히 50미터가 넘을 정도였다. 어머니가 갈 때마다 내게 말씀하시길, "이 집은 밤에 돈을 가마니에 담는다고 하더라"였다 없이 사시는 어머니가 얼마나 부러웠으면 그런 말씀을 매번 하셨을까…….

역시 아버지는 장사와는 거리가 먼 분이었다. 젊은 시절부터 서울에 올라와 장사로 잔뼈가 굵어진 사람들과 경쟁할 수가 없었다. 시골에서 가지고 온 얼마 안 되는 돈마저 순식간에 날리고 멸치 장사를 접고 말았다. 그 뒤로 가족의 궁핍함이 운명처럼 다가왔다. 중학교 시절 일곱 정거장이 되는 거리를 거의 뛰다시피 통학한 것은 부모님께 차비 달라는 말을 차마 못했기 때문이었다. 지금도 누구보다 걸음이 빠른데 그 이유가 중학교 시절 그 다리 훈련에서 비롯되었다고 말하면 누가 믿을지…….

거의 50년 만에 시장 곳곳을 살펴보았다. 시장 한 가운데 점포들은 제법 현대화된 상설시장의 면모를 갖추었지만 후미진 골목 가게는 수십 년 동안 전혀 바뀌지 않은 것 같다. 당장이라도 철거하지 않으면 안 되는 점포들이 수두룩하다. 언제 재개발이 될지 모르니 점포주들이 투자를 하지 않는 모양이다. 마음이 짠하다. 더욱 코로나 태풍이 시장 전체를 쓸고 가 손님 구경하기가 어렵다. 가게 상인들의 한숨이 지나가는 나를 붙잡는다. 그냥 지나치기 어려워 계획 없는 쇼핑을 했다. 신안 앞바다에서 왔다는 곱창 김을 샀다.
_2020. 12. 10.

가끔 직원들에게도 점심 후 함께 산책을 하면서 관광 가이드 역할을 했다. 을지로 명동 일대 동네의 내력과 주요 건물, 시장 등의 역사를 말해주면 직원들은 신기한 눈으로 나를 바라보았다. 내가 을지로 명동 일대와 50년이 넘는 인연이 있다는 사실을 모르니 당연한 일 아니겠는가.

오늘은 침해조사과 직원 두 명을 불러 오장동 복집(뽁지)에 갔다. 맛있게 식사를 한 다음, 걸어서 위원회까지 오면서 그 일대에 대해 설명해주었다. 세운상가, 중부건어물시장 등에 대해서. 그들은 나에게 여행 가이드 같다고 한다. 답하길, 정년이 되면 이런 일을 하고 싶다고 했다.   _2022. 09. 24.

점심시간에 ○○과의 ○○○ 과장, ○○○, ○○○ 선생을 방산시장의 순흥옥으로 안내해 오찬을 했다. 을지로 맛집인데 처음으로 제대로 그 집의 대표 음식(꼬리찜 정식)을 먹었다. 오고 가는 중에 중부시장, 방산시장, 광장시장, 세운상가의 역사에 대해 말해주었다. 직원들이 내 설명에 신기해 했다. 어떻게 그런 것을 다 아느냐고……   _2023. 02. 01.

8장

인권위의 미래를 구상하며

2023년 1월 12일, 직원을 대상으로 했던 마지막 강의

지난 3년간 상임위원을 하면서 인권위가 조금 더 나은 인권전문기관으로 국민으로부터 신뢰를 얻기 위해서는 어떻게 해야 할지에 대해 자주 생각했다. 사실 나는 현 송두환 위원장이 임명되는 2021년 가을, 인권위에서 추천 절차가 진행될 때 위원장에 지원하는 문제에 대해 심각하게 고민한 적이 있다. 지난 30년간 오로지 인권 문제에 천착해왔고, 누구보다 인권위를 잘 아는 전문가인 내가 인권위를 끌고 간다면 보다 전문성 있는 인권기관으로 빠른 시간에 바꿔놓을 수 있다는 자신감도 있었다.

그럼에도 현직 상임위원이 인권위원에 지원했던 전례가 없고, 나보다 더 나은 인권계의 명망가가 올 수 있다면 굳이 내가 나설 필요가 없다는 생각이 나의 지원을 가로막았다. 더욱이 당시 내 마음은 하루빨리 상임위원 임기를 마치고 학교로 돌아가고 싶은 마음이 하루에도 몇 번씩 일어나는 시기여서 인권위에서 3년 더 일하는 것은 도저히 감당하기 힘들겠다는 생각도 많았다. 모든 것이 때가 있는 법인데, 내 때는 아직 오직 않았다고 생각한 것이다.

하지만 그때나 지금이나 인권위가 조금 더 나은 기관으로 발전하기 위한 방안에 대해서라면 여러 이야기를 할 수 있다. 이에 8장에서는 그런 내 방안을 내놓기로 한다. 당분간 위원장이 될 일이 없으니 편한 마음으로 이야기하는 것이다.

오랫동안 끙끙거리던 문제를 끝냈다. 인권위원장 지원을 포기했다. 아쉬운 마음이 크다. 나만큼 준비된 인권위원장은 어디에도 없다고 나는 항상 자부하면서 살아왔으니 서운한 마음이 크지 않을 수 없다. 그러나 인생사가 늘 그렇듯 아쉬움을 갖고 사는 게 아닐까. 이제부터 인권위에서 일하는 방법을 바꾸어야겠다. 많은 짐을 내려놓아야겠다. 주어진 일에 최선을 다하고 그 외는 가급적 신경을 끄는 게 좋겠다. 내 몸만 무리가 가고 남는 게 별로 없다. 중도에 사퇴하지 않으려면 그 길밖에는 없다. 무엇보다 건강이 중요한데, 오늘 혈압을 재보니 110-160. 고혈압이다. 두 번을 재도 그대로다. 덜컥 겁이 난다. 어째 이런 일이……. 수면 부족과 스트레스가 심혈관 계통에 영향을 주는 것이 아닐까. 푹 쉬어야겠다. 잠이 보약이다. _2021. 06. 25.

인권위 헌법기관화

인권위는 업무를 독립해 수행한다고 「인권위법」은 선언한다. 더욱 「인권위법」은 통상의 국가기관과 달리 소속하는 상급기관이 없다. 즉 인권위는 무소속 독립기관이다. 법률적으로는 행정부의 어떤 국가기관보다 독립성이 강하다. 하지만 일을 하다 보면 이 독립성이 인권위의 고립화라는 현실로 돌아온다. 업무의 독립성만 보장될 뿐 일을 하기 위해 필요한 조직과 예산은 정부에 의존할 수밖에 없다. 인권위는 내부 조직도 마음대로 만들지 못하고 250여 명 직원도 마음대로 배치하지 못한다. 그러니 인권 문제에 관심이 없는 대통령을 만나면 인권위는 빛 좋은 개살구 신세를 면치 못한다. 대통령이 인권위의 권고에 힘을 실어주지 않으니 관련 부처가 그것을 중요하게 생각하지 않고, 정부의 도움이 절실한 조직과 예산 문제는 더욱 어려워진다. 인권위가 진정한 독립기구로 활동하기 위해서는 권고의 권위도 더 높여야 하고, 조직과 예산의 독립성도 지금보다 한 차원 높이지 않으면 안 된다. 이를 위해서는 법원이나 헌법재판소 같이 인권위도 헌법기구가 되지 않으면 안 된다. 인권위의 헌법기구화는 인권위의 독립성과 기능의 실질화를 위해 단순한 장래의 희망사항이 아니라 당장이라도 실현해야 할 긴요한 사안이다.

따라서 인권위를 헌법기구화하는 문제를 정치 어젠다로 만드는 것이 필요하다. 이런 논의는 이미 여러 곳에서 나온 바 있다. 인권운동가는 물론 학자들도 정치권에서도 그 필요성을 말한다. 추후 「헌법」 개정시 인권위의 헌법기구화를 이루어 낼 수 있도록 인권위는 만반의 준비를 해야 한다. 지속적으로 그 필요성을 여론에 호소해야 하고 정치권을 향해 구체적 메시지를 던져야 한다. 나는 이것이 인권위의 미래를 결정하는 가장 중요한 어젠다라고 생각한다.

인권위원 임명 절차 개선

인권위는 합의제 기구인 만큼 인권위를 구성하는 11명의 인권위원을 어떻게 임명하느냐가 무엇보다 중요하다. 아무리 사무처가 지원을 잘해줘도 인권위원인 위원장, 상임위원, 비상임위들이 위원회를 잘 이끌어가지 못하면 인권위가 제 기능을 발휘할 수 없다. 인권위원장은 인권 감수성과 전문성, 그리고 조직 관리 능력을 지녀야 한다. 인권위원장은 단순히 한 명의 인권위원이 아니다. 인권위를 대표하고 인권위 조직을 관리하며 인권위의 의사결정을 주도한다. 따라서 인권위원장으로 가져야 할 조건 중 하나만 부족해도 인권위의 존재감은 낮아질 수밖에 없다. 상임위원도 마찬가지다. 세 명의 상임위원 중 두 명만 굳게 연대하면 인권위원장이 하고자 하는 일도 막을 수가 있다. 상임위에 올라오는 정책 안건을 통과시키기 위해서는 인권위원장 포함 네 명 중 세 명의 찬성이 필요한데, 두 명이 다른 생각을 가진다면 위원장인들 방법이 없다. 비상임위원도 무시할 수 없다. 비상임위원이 속한 소위원회는 만장일치제로 운영하기 때문에 비상임위원 중 한 사람이라도 끝까지 반대하면 안건을 통과시킬 수가 없다. 이러니 모든 인권위원이 인권 감수성과 전문성을 갖지 않으면 인권위가 신뢰받을 수 있는 인권전담기구가 될 수 없다.

상당수 법률가가 인권위원이 되는 것은 원활한 업무수행을 위해서는 어쩔 수 없으나, 문제는 인권 감수성이 없는 법률가가 인권위원이 되면 오히려 인권위의 존재감이 떨어진다는 데 있다. 인권위의 판단은 사법기구보다 반보 혹은 한 발 앞서는 판단을 하는 게 바람직한데, 법조문만 달달 외우는 법률가들이 인권위원이 되는 경우 그 가능성은 매우 낮아진다. 그들은 모든 판단을 실정법 내에서만 하는 경향이 있기 때문이다. 그들은 법률가이면서도 국내 실정법에만 관심이 있지 인권위의 존립 이유 중 하나인 「국제인권법」에 따른 인권보장에는 관심이 없다. 따라서 법률가가 인권위원이 된다 해도 「국제인권법」에 관한 최소한의 전문성을 가져야 하며, 부족한 인권 감수성을 타 분야의 전문가들로부터 배우려는 자세가 필요하다.

이런 것들을 생각해볼 때 인권위 설립 이래 오늘날까지 인권위원장을 비롯해 인권위원들에 대한 외부의 평가는 높기 어렵다. 인권위원 11명 중에는 도대체 인권위가 무슨 일을 하는 곳인지조차 모르고 오는 사람도 있는가 하면 인권위의 기능과는 전혀 어울리지 않는 과거 경력을 가진 사람도 있다. 인권위를 인권위답게 만들려면 최소한 이런 사람들이 인권위원으로 임명되지 못하도록 인사 절차에서 거르는 장치가 필요하다. 이것은 인권위가 회원으로 들어가 있는 GANHRI이 회원 등급을 매기면서 우리나라에 항상 요구하는 사항이기도 하다. 우리나라 인권위원 임명 절차는 국제적 원칙에 입각할 때 인권 감수성 있는 인권 전문가들이 임명되기에는 매우 부족하다는 것이다. 현재 인권위원 11명은 대통령과 국회가 각 네 명, 대법원이 세 명을 각각 지명하면 대통령이 임명하는 방식이다. 무엇보다 각 추천기관의 추천 절차를 보면 적임자가 추천될 수 있는 절차를 제대로 갖추고 있지 못하다. 대통령 지명 절차에서만 지난 문재인 정부 때부터 인권위에 추천위원회를 두어(추천위원은 대통령실과 협의해 구성) 후보자 지원공고 절차를 거친 다음 추천위에서 심사해 대통령에게 추천하는 절차를 갖고 있지만, 국회와 대법원은 이런 절차를 갖고 있지 못하다. 그러다 보니 국회와 대법원에서 추천되는 인사는 밀실에서 어느 날 갑자기 등장하는 경우가 반복되고 있다. 국회와 대법원에 추천기구를 두어 추천 과정을 공개하면 부적절한 인사에 대해서는 언론 등을 통해 금방 문제가 제기될 것이므로 지금보다 훨씬 좋은 인물들이 추천될 가능성이 크다.

사무총장과 국과장 역할 강화

앞에서 본 대로 현재 사무총장과 국과장의 역할은 기대에 못 미친다. 사무처 전문화의 첫 번째 방안으로 총장과 국과장의 역할을 강화토록 하는 것이 급선무다. 사무총장은 위원장과 사실상 임기를 같이하므로 적절한 인물이 대내외에서 천거되어 임명되는 것이 필요하다.

총장은 크게 두 가지 스타일이 있을 수 있다. 하나는 인권 전문가형. 이런 총장은 인권위의 고유 기능인 조사구제 업무나 인권정책 업무를 리드할 수 있는 사람이다. 또 하나는 조직 관리형. 이런 총장은 인권위의 조직, 예산 등의 업무를 잘 챙겨 위원장을 보좌하는 사람이다. 위원장이 전자를 중시하면 외부에서 발탁하는 게 필요하고, 후자를 중시하면 내부 인물 중 적임자를 고르는 게 좋다. 이제까지 사무총장 중에서 성공적인 임무 수행을 했다고 하는 사람들이 적은 이유는 이런 성격을 알고 총장을 임명하지 못한 위원장들에게 일차적인 책임이기 때문이라고 볼 수 있다. 사무처가 책임감을 갖고 지원 업무를 하기 위해서는 사무총장과 국장들에게 그 지위에 맞춰 적절히 권한을 주고 거기에 맞는 책임을 지도록 하는 업무 관행을 만드는 게 중요하다. 국장-사무총장-위원장 결재를 받아 제출된 안건에 대해서는 사무총장과 국장이 위원회(전원위, 소위원회, 상임위)에서 책임지고 설명해 인권위원들을 설득할 수 있도록 해야 한다. 그러기 위해서는 각종 위원회 회의에서 사무총장을 비롯해 국과장들이 자신의 역할을 다할 수 있도록 회의 주재자인 인권위원장과 소위원장들이 이들에게 적극적인 의사 개진을 할 수 있는 기회를 주어야 한다.

조사구제 업무의 개선

인권위의 가장 중요한 업무 중 하나는 인권침해(차별 포함)에 대한 조사구제 활동이나, 아쉽게도 지난 20년 동안 뚜렷하게 발전을 해오지 못했다는 비난에 직면하고 있다. 우선 인권위의 조사대상을 지금보다 더 넓혀야 한다. 지금은 법률상 소위 자유권 영역(평등권 침해 포함)에 국한해 인권침해 여부를 판단하고 있는데 그 영역이 너무 좁아 때때로 인권위가 꼭 조사해야 할 인권침해도 조사대상이 아니라고 각하하는 경우가 있다. 노동3권이 침해되었다고 진정하는데 인권위가 그것은 법률상 인권위의 조사대상이 아니라고 하면 국민들이 인권위에 대해 무엇이라 생각하겠는가. 조속한 시일 내에 「인권위법」을 개정해 인권위가 조사하는 조사대상을 넓혀야 한다.

물론 그 이전에 현행법에서도 할 수 있는 최선을 다해야 한다. 사회적 파문을 일으킨 인권침해 사건에 대한 적시 개입, 인권조사관들에 대한 교육 강화, 중요 사건에 대해서는 조사관 중에서 전문성을 갖

춘 인력을 책임조사관으로 임명해 팀별 운영 강화, 지역사무소의 조사
구제 업무의 조정과 감독 개선 등을 빠른 시간 내에 이루어내지 않으면
안 된다. 이런 것들은 인권위가 내부 역량을 모아 힘을 쓰면 개선할 수
있는 것들이다. 지금 당장 인권위 내에 조사관 교육 프로그램을 강화해
야 한다. 현재 1년에 한두 차례 2~3일 조사관 학교를 개설하고 있지만,
그 정도로는 인권위의 조사구제 분야를 전문화시킬 수 없다. 초급, 중
급, 고급 과정의 조사관 학교를 만들고 인권위에서 가장 유능하다고 평
가받는 조사관과 상임위원들이 발 벗고 강사로 나서야 한다. 인사에서
도 필수적인 직무연수 코스를 이수하지 않으면 승진·승급 대상에서 제
외하는 강력한 조치를 취하지 않으면 안 된다.

인권정책 권고의 수용률 강화

인권위의 조사구제 기능과 더불어 양대 기능이라고 할 수 있는 인
권정책 권고의 경우 그 수용률이 조사구제 부문과 비교했을 때 크게 떨
어진다. 이는 정책 권고의 특수성에서 기인한 면도 있지만 내가 3년간
분석해보니 권고 자체의 문제도 크다. 인권정책 권고는 꼭 필요한 어젠
다를 선정하고(필요성의 원칙), 권고 내용은 현실에 기초해 수용 가능하
도록 해야 하며(현실성의 원칙), 추상적인 내용보다는 구체적인 권고를 해
야(구체성의 원칙) 피권고기관으로부터 수용될 가능성이 높다. 향후 성
적 소수자, 장애인, 외국인, 탈북자 등 우리 사회의 소수자 및 약자의 인
권증진을 위해 수많은 인권정책 권고가 예상되는데 이런 원칙이 없으면

인권위 권고는 그저 담론적 성격을 벗어나기 어렵다.

「국제인권법」의 국내 이행을 위한 인권 제도의 정비

인권위 설립 이후 가장 큰 과제 중 하나인 「국제인권법」의 국내 이행을 위한 제도적 정비가 시급하다. 국제인권기구에서 매년 한국 정부에 인권개선을 위한 여러 권고가 있지만 그것이 국내에서 어떻게 이행할 것인가에 대해서는 정부가 크게 고민하고 있지 않다. 앞으로 국내 절차에서 만족하지 않은 인권 피해자들이 유엔의 인권조약 감독기구로 개인진정을 할 가능성은 늘어가고 그 기구로부터 한국 정부에 권고하는 계기도 많아질 텐데 언제까지 우리 정부는 국내 이행을 위해 노력하겠다는 말만 할 것인가. 이것은 관련 법령의 부족에서 기인한 것인데, 이와 관련 있는 법안이 앞서 본 「인권정책기본법」이다. 문재인 정부에서 인권위와 법무부가 어렵게 합의해 만들어 놓은 「인권정책기본법」안이 지금 캐비닛 속에서 나오지 못하고 있다. 이것을 꺼내 하루빨리 법률로 성안해야 한다. 그렇게 해서 NAP의 법적 근거 및 수립절차, 유엔 인권기구의 권고 및 개인진정 결정의 국내이행을 위한 새로운 수단을 제시해야 한다.

지역 인권사무소의 개선

현재 지역사무소(다섯 개 사무소 및 한 개 출장소)는 서울 본부의 모든 업무를 축소판 식으로 한다. 그러다 보니 한 사무소에 10여 명 정도의 직원이 근무하는 환경에서 그런 업무 방식은 인원 부족과 전문성 부족을 드러내 각 지역으로부터 큰 호응을 받지 못하고 있다. 나는 2년간 지역전문위원회 위원장을 하면서 많은 전문가와 인권운동가들로부터 인권위가 이 문제에 보다 큰 관심을 갖고 즉시 상황 개선을 해야 한다는 의견을 많이 들었다. 조사구제 분야에서는 지역 인권사무소가 감당할 수 있을 정도로 업무를 조정하고 각 사무소가 위치한 지역의 인권상황에 맞춰 특색 있는 업무를 할 수 있도록 일정한 자율성을 주어야 한다.

오후에는 지역인권전문위원회 회의를 주재했다. 두 시간 반 동안 위원들이 제기하는 지역인권사무소의 문제점과 개선방향에 대해 토론하고 의견을 정리하는 데 심혈을 기울였다. 자칫 아무런 소득이 없을 회의를 어느 정도 생산적으로 운영했다는 데에 만족한다. 위원들(한상희, 명숙, 서창호, 랄라, 김지혜, 신강협……)은 지역사무소의 자율성 부족, 조사구제 중심의 업무 처리 등을 지적하면서 역할 강화를 주문했다. 전문위 중 가장 신경 쓰이는 위원회지만 위원들이 내 운영방법에 대해 고마움을 느끼는 이유는 내 충심이 전달되었기 때문이라고 생각한다. 나는 위원들에게 내 임기 동안만큼은 위원들의 고견을 인권위에 반영할 수 있도록 최선을 다하겠다고 약속했다. 사무처 담당자들은 나의 이런 약속에 조금 부담스러워 하겠지만 인권위원에 대한 사회적 기대를 생각하면 그 정도는 내가 뚫고 나가야 한다.   _2020. 10. 15.

공부하는 분위기 확산

인권위는 비사법적 인권구제기구로서 법원 이상의 전문성을 지녀야 한다. 그런 의미에서 20년이 된 현 상황에서 변변한 연구회 하나가 없다는 것은 문제다. 법원의 경우 대법관이나 고위 법관이 회장으로 있는 연구회가 셀 수 없이 많다. 인권위도 법원의 각종 연구회와 같이 인권위원과 사무처 직원이 모여 공부할 수 있는 연구회를 몇 개 조직할 필요가 있다. 상임위원들이 회장을 맡고 인권위원과 사무처 직원, 그리고 외부의 인권 전문가들이 이런 연구회에 들어와 정기적으로 만나 특정 주제를 가지고 발표하고 토론하는 문화를 만들어야 한다. 그래야 인권위가 공부하는 분위기로 바뀌어 갈 것이다. 내 임기 중 이런 바람을 가지고 여러 번 이야기했으나 그것을 이루지 못하고 나온 것이 못내 아쉽다.

직원들 중 10여 명이 유럽인권재판소 판결 중에서 Hate Speech에 관한 판결을 찾아 번역했다. 그동안 공부 모임을 통해 작업을 한 모양인데 대견하다. 그 모임을 주도한 직원을 찾아 내가 격려하는 기회를 갖고 싶다고 전했다. 내 제안에 무척 고무된 모양이다. 근간 시내 모처에서 맛있는 식사를 사주면서 그동안의 노고를 격려할 생각이다.

작년부터 위원회에 헌재나 대법원처럼 인권위원이 회장을 맡아 운영하는 연구회가 있었으면 좋겠다고 제안하고 있지만 전임 위원장의 동의를 구하지 못했다. 신임 위원장에게도 그런 말을 했지만 바쁜 일부터 해결하고 보자고 한다. 현재로서는 내가 중심을 갖고 그 필요성을 역설하며 뜻있는 직원들을 밀어주는 게 더 중요하다. 내 임기 중 연구회 하나를 꼭 만들었으면 좋겠다.

_2021. 10. 01.

인권위 운영의 시민참여 보장

인권위는 시민의 관심과 지지가 없으면 그날로 폐업해야 한다. 권력기관이 아닌 인권위가 다른 정부기관에 영향력을 행사하기 위해서는 대통령의 관심도 중요하지만 시민사회 및 언론에 지속적인 지지를 받아야 한다. 이를 위해 인권위의 홍보방식을 좀 더 적극적으로 개선해야 한다. 보도자료 한 장 뿌리는 방식은 너무 구태의연하다. 필요에 따라서 위원장을 비롯한 인권위원들이 직접 언론 앞에 서야 한다. 위원장과 인권위원들이 직접 결정의 내용과 의미를 설명하고 사무처 담당자들이 보충하는 홍보 방법을 적극 활용해야 한다.

인권위에 있는 3년 동안 이런 식으로 기자회견을 한 것은 2020년 「평등법」을 권고했을 때 딱 한 번이다. 인권위원장들이 이런 문제에 조금만 더 적극적이라면 인권위의 존재감을 키울 수 있는 일들이 얼마든지 있는데 아쉬울 따름이다. 또한 인권위의 각종 회의에 시민사회의 참관을 보장하고, 회의 결과를 공개토록 노력해야 한다. 인권위 설립 초기에는 여러 시민단체에서 인권위 회의에 방청하기 위해 많이 왔는데 요즘은 그런 단체를 보기 힘들다. 시민단체 입장에서는 노력해서 인권위에 건설적인 비판을 해도 별로 효과가 없으니 관심이 떨어졌다고도 할 수 있으나 시민단체가 그것을 포기하면 그 결과는 인권위의 관료화로 나타난다. 인권위는 시민사회의 끊임없는 지지와 비판 속에서만 크는 나무라는 사실을 잊어서는 안 된다.

9장

퇴장

2023년 2월 6일, 약 3년 1개월의 임기를 마치고 퇴임했다.

나의 인권위 임기는 원래 2023년 1월 12일까지였지만 후임자가 결정되지 못해 연장되었다.* 인선 절차가 꽤 길어질 것 같았으나 다행히 그리 오래 걸리지는 않았다. 후임자가 결정돼 2023년 2월 5일 24시로 내 임기가 끝난 것이다. 학교로 돌아가 2023년 봄학기를 준비해야 하는 나로서는 다행스러운 일이었다. 3년을 대과 없이 끝낸 것이다. 임기 중 몇 번 일과 스트레스로 3년을 채우기 힘들 것 같다는 생각도 했지만 이렇게 끝을 보니 내 자신이 자랑스러웠다. 머릿속에는 나를 지지해준 많은 직원들 모습이 떠올랐다. 이제 떠나면 다시 인권위로 오기는 힘들 것이다. 그러나 나의 인권위 사랑은 계속될 것이다. 인권위는 내게는 운명이었으며, 내 모든 것이 인권위와 연결되어 있으니 말이다.

오늘 상임위원으로서의 업무를 마감했다. 대통령실에서 후임자가 임명되었다고 연락이 왔다. 예상대로 김용원 변호사. 내 임기는 일요일 자정까지. 퇴임식은 6일 오전에 열린다. 그동안 나를 보좌했던 비서들과 조촐한 파티를 했다. 하나같이 나와 헤어지는 것을 아쉬워했다. 무사하게 대과 없이 직무를 끝내는 것이 무엇보다

●　「인권위법」에 따라 인권위원은 후임자가 임명될 때까지 임무를 수행해야 한다.

감사하다. 그러나 한편으로 쓸쓸하고 아쉽다. 인권위는 앞으로 어떻게 될 것인지…… 남 위원과 대화를 나누며 걱정을 같이했다. 『시사저널』 주재한 기자가 집무실로 찾아 와 인터뷰를 했다. 질문과 답은 이미 서면으로 했기 때문에 자유롭게 대화하고 사진을 찍었다. 저녁에 메일로 온 사진을 보니 백발의 얼굴이 3년의 역사를 말해주었다. 이제 월요일 퇴임식을 마치면 나는 완전한 자유인이 된다. 과거처럼 매일 연구실에 나가 하루를 보내고 사근동에 가서 점심을 먹고 커피 한 잔을 마실 것이다. 그리고 학교 주변을 산책하는 단조로운 삶이 기다린다. 3년 동안 도심에서 생활해보니 학교에서의 삶은 또 다른 세상이다. 단조로울 테지만 지금 이 순간 어느 때보다 기다려진다. 3년의 기록은 월요일 퇴임식 때까지를 기록한다. 그것으로 내가 스스로 한 약속은 이행한 것이라 본다.   _2023. 02. 03.

오늘 아침 인권위로 가서 후임 상임위원인 김용원 위원을 만났다. 전임 위원으로 해줄 수 있는 몇 가지 조언과 어제 만든 '상임위원 업무 처리'를 주었다. 아마 많은 도움이 되리라 본다. 11시 10분에 퇴임식이 있었다. 가슴 뭉클한 순간이었다. 임기를 무사히 끝냈고 상당한 성과를 거두었다고 생각하니 만족스럽다. 이하는 나의 퇴임사다. 이것으로 나의 3년간의 기록을 마친다.   _2023. 02. 06.

퇴임사

존경하는 위원장님, 동료 위원님, 그리고 사랑하는 사무처 직원 여러분!

우선 이 말부터 해야겠습니다.
"드디어 끝냈다! 드디어 자유인이 되었다! 브라보!"

일생을 살면서 언제나 최선을 다했다고 자부하는 사람은 드뭅니다. 많은 분들이 박 위원은 그렇게 살지 않았느냐고 덕담을 하시지만 저 역시 그렇게 살지는 못했습니다. 돌아보니 제가 진짜 분초를 아끼며 최선을 다했던 시기가 몇 번 있었습니다. 20대 초 고시 공부를 하던 시절, 30대 미국 유학 시절, 40대 인권위 정책국장 시절, 그리고 대학으로 자리를 옮겨 좋은 연구자가 되기 위해 밤을 새우며 책과 논문을 쓰던 시절……. 여기에 저는 한 시절을 더 보탭니다. 지난 3년입니다. 저는 이곳에 와서 환갑을 넘겼습니다. 인생 60 즈음에 어느 누구보다 바쁘게 보냈습니다. 그것도 코로나 시기에 말입니다. 역사는 저를 코로나 인권위원으로 부를 겁니다. 일은 많았고 그것을 처리하기는 어려웠습니다. 더욱이 지난 7개월은 초대 군인권보호관의 일을 맡아 전국 여기저기를 돌아다녔습니다. 그것이 오늘로써 끝을 맺게 되니 스스로 환호하지 않을 수 없습니다.

우선 임기를 끝내는 데 도움을 준 여러분께 감사의 말씀부터 드리는 게 도리일 듯 합니다.

수많은 회의에서 언제나 원칙을 말해 애를 태워드렸습니다. 선생 아니랄까 봐 말이 많아 때로는 긴 설명에 눈살을 찌푸렸을 겁니다. 그럼에도 따뜻하게 보듬어 주신 두 분 위원장님, 그리고 전현직 동료 인권위원님께 감사합니다. 여러분들의 진한 동료애가 제게 얼마나 큰 힘이 되었는지 모릅니다. 특히 저와 오랜 기간 소위를 같이 해온 석원정, 윤석희, 이준일 위원님의 동지적 우의에 깊이 감사드립니다.

우리 직원분들께 특별한 감사의 말씀을 드립니다. 소위를 운영하면서 많은 사건을 신속하게 처리하려다 보니 조사관들께 말씀할 기회를 많이 드리지 못했습니다. 열심히 준비한 입장에서는 서운하셨을 겁니다. 보고서를 볼 때는 항상 문제점을 찾아 고칠 것을 요구했습니다. 결정문 초안을 올리면 어떨 때는 흔적도 남기지 않고 고치는 바람에 이럴 거라면 왜 초안을 썼을까 하는 생각도 들었을 겁니다. 우리는 그렇게 3년을 지내왔습니다. 이 기회에 직원 어러분들께 진심으로 감사의 말씀을 드립니다. 여리분의 인내와 관용이 없었다면 저의 오늘은 없었을 겁니다.

특히 군인권국에서 일하시는 직원 여러분, 주말이나 휴일에도 전국 각처에서 일어나는 사망 사고 현장에 가는 일이 얼마나 고생스러웠습니까. 여러분들의 노고에 저도 밤잠을 설쳤습니다. 그 헌신에 진심으로 감사의 말씀을 드립니다.

마지막으로 제 곁에서 성실히 제 업무를 지원해준 비서실 여러분(원호준,• 이채영 선생, 노영희, 유은주, 김효진, 박소연, 김석훈 선생)에게 특별히 감사의 말씀을 드립니다.

3년을 마치면서 이 말을 남기고 싶습니다. 사랑하는 연인에게도 부끄러워 하지 못한 말입니다. "사랑합니다! 여러분을 사랑합니다!"

• 인권위에 있으면서 원호준 비서에게 마음의 빚을 졌다. 그는 3년 중 2년을 나와 같이 있으면서 사무관 승진을 못했다. 상임위원실에서 일하면 일만 많지 인사에 도움이 안 된다는 말이 돌 때마다 원 비서를 두고 하는 말 같아 마음이 무거웠다. 퇴임하고 나서 2023년 3월 말 원 비서로부터 연락이 왔다. "사무관 승진 발표에 제 이름이 들어갔습니다." 퇴임 후 인권위로부터 온 가장 기쁜 소식이었다.

이제 이곳을 떠난다니 과거가 자꾸 떠오릅니다. 저는 어쩌다 보니 인권위와 끊을 수 없는 인연을 맺어 왔습니다. 30년 이상 전문가로서의 삶 대부분이 인권위 업무와 연결되어 있습니다. 인권위와의 첫 인연은 인권위가 탄생한 2001년 이전으로 거슬러 올라갑니다. 저는 25년 전인 1998년 미국에서 공부를 마치자마자 네덜란드 헤이그로 가 반년을 체류하며 「국제인권법」 실무 경험을 쌓았습니다. 그때 밤을 이용해 책 한 권을 썼습니다. 지금 보면 낯부끄럽지만 1999년 우리나라에서 처음으로 국제인권법을 달고 나온 책입니다. 저는 그 책에서 한 챕터를 할애해 국가인권기구를 설명했습니다. 지금이야 인권위 가족 모두가 잘 알고 있는 파리원칙을 거기에서 소개했습니다. 그렇게 인권위와 시작된 인연은 각종 논문으로, 사무처 간부로, 급기야 인권위원으로 이어졌습니다.

누군가는 가끔 제게 이렇게 말합니다. "당신은 살아 있는 인권위, 걸어다니는 인권위." 저는 그런 말을 들을 때면 큰 부담을 느끼지만 솔직히 자랑스럽고 큰 긍지를 느낍니다. 인권위에서 제가 보여준 자신감은 아마도 거기에서 나왔을지도 모릅니다.

그런 제가 이곳을 떠나려고 하니 눈에 밟히는 것이 많습니다. 그것을 몇 가지로 정리해 당부의 말씀으로 드리고 싶습니다.

우선, 인권위원님께는 '인권위다움'을 강조하고 싶습니다. 인권위는 주기적으로 변화할 수밖에 없는 조직입니다. 독립기관이지만 정치적 상황과 무관할 수는 없습니다. 진보와 보수의 균형추가 흔들릴 때가 많습니다. 이것은 인권위의 조직원리상 예상된 운명입니다. 문제는 그런 와중에도 '인권위다움'을 잊어서는 안 됩니다. 인권의 보편성을 실현하고 사회적 소수자와 약자의 인권증진을 위해 노력하는 것이 우리들 본연의 임무입니다. 물론 위원들의 가치관과 세계관이 다르기 때문에 치열하게 토론해야 할 때도 있습니다. 그러나 치열한 토론으로 인해 위원 간 동료애에 금이 가서는 안 됩니다. 서로를 신뢰하면서 인권을 신장시켜야겠다는 마음 자세를 당부합니다.

둘째, 사무처는 어떤 상황에서도 본연의 기능인 위원회 지원 업무를 보다 더 전문적으로 해야 합니다. 지난 3년간 저는 유난스럽게 사무처의 전문성을 주장했습니다. 제가 직접적으로 영향을 줄 수 있는 직원 여러분들의 전문성 강화를 위해 나름 열심히 참여했습니다. 조사관 학교가 열리면 저는 항상 강사로 참여해 제 생각을 구체적으로 말했습니다. 조사관들의 보고서와 결정문 초안 작성에서는 '모방의 단계를 넘어 이론의 단계'로 진입해야 함을 역설했습니다.

인권위는 인권위 고유 기능을 수행함에 있어서 전문가들을 갖추고 있어야 합니다. 국제인권, 형사절차, 교정, 군인권, 장애인, 성차별 등에서 5년, 10년 그 이상을 연구하며 실무하는 직원들이 있어야 합니다. 이를 위해서는 인권위의 인사제도를 개선해야 합니다. 부디 치열하게 논의해 그런 인사제도를 만들어 가기를 기대합니다.

셋째, 세대차를 극복할 수 있도록 사무처 문화를 만들어야 합니다. 사무처도 이제 설립 20년이 넘으니 구성원의 분포가 다양해졌습니다. 인권위에는 20살 청년부터 정년을 앞둔 직원까지 함께 일합니다. 이러니 구성원 사이에서 세대차가 생길 수밖에 없습니다. 가끔 게시판을 달구는 문제를 저는 그런 눈으로 바라보기도 했습니다.

세대를 좁히고 아우르는 조직 분위기를 만들어 보도록 노력해야겠습니다. 이곳을 즐거운 직장으로 만들어야 합니다. 아침에 출근할 때 발걸음이 가볍도록, 우리나라 최고의 공무원 조직에서 일한다는 자긍심을 갖도록 노력해야 합니다. 선배의 경험이 그냥 사장되지 않고 후배에게 잘 연결되도록 해야 합니다. 노하우는 기록되고 전달되어 활용될 때 아름답습니다. 그래야 우리 조직이 발전합니다.

저는 지난 3년을 꼼꼼하게 기록해왔습니다. 임명되는 날 '3년의 기록'이라는 글을 쓰기로 결심하고 거의 하루도 빠짐없이 인권위에서 제가 경험한 일을 기록했습니다. 그 분량이 200자 원고지 6,000장에 달합니다. 이 공적 기록을 이용해 뭔가를 만들어내는 것이 퇴임 후 제게 주어진 임무입니다. 그것이 어떤 모습으로 세상에 나올지 기대해주십시오.

존경하는 위원장님, 위원님, 그리고 사랑하는 직원 여러분!
이제 저는 떠납니다. 다시 올 것을 기약하지 못하고 인권위에서 퇴장합니다. 지난 세월에 큰 후회는 없지만 어쩔 수 없이 제 마음에도 아쉬움이 남습니다. 그 마음이 이런 것인지 모릅니다. 잘 알려진 시 정현종의 「모든 순간이 꽃봉오리인 것을」를 낭송하며 퇴임사를 끝냅니다.

모든 순간이 꽃봉오리인 것을

정현종

나는 가끔 후회한다
그때 그 일이
노다지였을지도 모르는데……
그때 그 사람이
그때 그 물건이
노다지였을지도 모르는데……
더 열심히 파고들고
더 열심히 말을 걸고
더 열심히 귀 기울이고
더 열심히 사랑할 걸……

반벙어리처럼
귀머거리처럼
보내지는 않았는가

우두커니처럼……

더 열심히 그 순간을

사랑할 것을……

모든 순간이 다아

꽃봉오리인 것을,

내 열심에 따라 피어날

꽃봉오리인 것을!

2023. 02. 06.

국가인권위원회 상임위원 겸 초대 군인권보호관

박찬운

삶은 단순하게, 생각은 깊게

나의 삶은 단순하다. 그렇지만 생각은 깊게 하려고 노력한다. '삶은 단순하게, 생각은 깊게' 이것이 나의 좌우명이다. 나는 일과가 끝나면 대체로 곧장 귀가해서 잠시 운동을 한 다음 하루를 정리하고 바로 취침(10시 전)에 들어간다. 대여섯 시간 잠을 잔 다음 새벽 4시 전에 기상해 하루를 시작한다. 맑은 머리로 두 시간 이상 독서와 글쓰기를 한다. 6시가 되면 부엌에 나가 과일샐러드를 만들고 빵을 구운 다음 우유나 커피를 곁들여 아침식사를 한다. 그리고 8시 출근. 주말에는 주변 산책을 하고 단골 카페에 가서 카페라테 한 잔을 마신다. 이것이 나의 일상사다.

과거에는 각종 모임에 얼굴을 비추기도 했지만 학교로 직장을 옮긴 2006년 이후에는 가급적 모임에 나가는 일을 삼가고 단순한 삶을 즐긴다. 너무 단조롭지 않을까 의문을 품는 사람도 있겠지만 나는 그렇게 생각하지 않는다. 여행을 즐겨하니 단조로운 생활을 하다가도 배낭을 짊어지고 전국 여기저기로 혹은 방학이 되면 해외로 나간다. 신이 선물한 아름다운 자연도 많이 보지만 나는 주로 인간이 만든 도시 문명을 관찰한다. 수천 년 전 혹은 수백 년 전 만들어진 건축물을 보면서 인간의 위대함에 탄성을 지르고 인류문명의 흐름을 머릿속에 그려본다.

평소에는 일찍 일어나 독서와 글쓰기를 하고, 주말에는 산책을 즐기며, 방학에는 긴 여행을 떠난다. 이것이야말로 신이 내게 준 복이다. 다만 나는 이런 복을 나만을 위해 즐기기보다 사회화하려고 노력했다. 내가 읽은 책, 내가 다녀본 곳을 기록해 세상 사람들과 나누는 일을 게을리하지 않았다. 그렇게 해서 미력이나마 많은 사람이 꿈을 갖고 살도록 도왔다. 이런 일은 내 체력과 지력이 허락하는 한 계속될 것이다.

인권위에서 일한 3년간 나는 무척 바쁜 일상을 보냈다. 그간 해왔던 단순한 삶을 유지하기 힘들었다. 물론 퇴근 이후와 주말은 루틴한 삶을 유지하려고 노력했지만, 머릿속에 일이 있으니 지속적으로 독서하기가 어려웠다. 학교에 있으면 강의 준비와 수업을 제외한 시간에는 주로 독서를 했기에 일주일에 책 한 권은 꼭 읽었는데 인권위 근무 이후에는 엄두를 내지 못했다. 그래서 생각한 것이 영화다. 마침 인권위에 가기 전부터 넷플릭스에 가입해서 영화를 보기 시작한 터라 집에 돌아오면 자투리 시간을 이용해 영화나 드라마를 보았다. 주말이나 연가를 내서 종일 쉴 때는 몇 편을 몰아보기도 했다. 그렇게 본 영화와 드라마가 지난 3년간 수백 편에 이른다. 고전에 가까운 명화부터 할리우드 액션까지, 한국 드라마부터 미국 혹은 영국 드라마까지. 이것이 나의 인권위 3년의 또 다른 면모다. 비록 그 기간에 내가 좋아하는 여행은 한 번도 제대로 못 했지만 나는 이렇게 일과 일상의 루틴을 만들어 내며 내게 주어진 시간을 사용했다.

이제 나는 다시 절간 같은 연구실로 돌아왔다. 3년 이상 비워둔 연구실의 먼지를 닦아내고 이미 구형이 된 컴퓨터를 교체한 뒤 새로운 마음으로 책상 앞에 앉았다. 이제 이곳에서 또 몇 년을 지내다 보면 내게도 정년이라는 게 다가온다. 공적 인생의 마지막 시기에 와 있는 것이다. 열심히 살았다고 자부하지만 또 어찌 보면 크게 이루어 놓은 것 없이 지나간 시간 같다. 정년 후 내가 좀 더 자유로운 삶을 살 때가 되면 내 인생 전체를 다시금 되돌아볼 날이 있으리라 생각한다. 삶이 역사라는 생각을 일찍이 했기에 나는 대학 시절 이후 많은 기록을 남겼다. 일기를 열심히 썼고, 한 시기를 보낼 때마다 내 일과 삶을 정리해놓았으며, 먼 여행을 다녀오면 여행기를 썼으니 나로서는 인생 회고가 그리 어렵지 않은 일이다.

인권위 3년의 기록은 내 일상에 국한되지 않고, 공적 업무를 담당한 공직자의 자세로 쓴 것이었다. 비록 이 책에서는 여러 사정으로 내가 기록한 것 중 일부만 보여줄 수밖에 없었다. 진짜 말하고 싶었고 보여주고 싶었던 이야기가 많았는데 아쉬움이 남는다. 훗날 회고록을 쓸 기회가 오면 그때 풀어낼 수 있으리라 생각한다. 다시 한번 말하지만 기록하지 않으면 존재하지 않는다. 우리는 그런 경험을 수없이 하면서 살고 있다. 국가적으로 중요한 수많은 일들이 오늘 이 순간에도 일어나고 있다. 우리가 아는 것은 그 결과뿐이다. 그것도 단 며칠만 지나면 뇌리에서 사라지고, 몇 년이 지나면 대부분 사람들 머릿속에서 지워진다. 세월호 참사가 그랬고, 이태원 참사가 그렇게 진행되고 있지 않은가.

나는 이 책을 통해 '일과 삶의 역사'를 보여주고 싶었다. 특별한 것은 아니었다. 그저 내가 매일 경험하는 것이 기록을 통해 역사가 된다는 사실을 보여주고 싶었다. 혹시나 이 기록의 책이 나의 우둔함을 감추고 성실함만을 보여주지 않았을까. 만일 그랬다면 기록하는 과정에서 내 주관적 판단이 들어갔기 때문일 것이다. 역사란 모든 현상을 복사하듯 완전하게 기록하는 게 아니라 쓰는 이가 선택한 기록이 아니던가. 내 '일과 삶의 역사'도 그런 한계가 없을 수 없다. 독자 제현의 너그러운 양해를 구한다.

주심위원 수정·보완 요점

① 주심위원이 사무처 초안을 새롭게 재구성하고 내용을 보완 보충했음

② 다수의견의 주된 논거는 심의 시 토론한 대로 명확성의 원칙(죄형법정의), 비례의 원칙, 「국제인권법」적 검토 등을 중심으로 했음

③ 비례의 원칙은 헌재의 판단방식을 그대로 따르지 않고(즉 목적의 정당성, 수단의 적절성 등으로 나누지 않고) 피해최소성의 원칙을 중심으로 포괄적으로 기술했음. '명백하고 현존하는 위험'의 원칙은 이곳에서 피해최소성의 원칙으로 소화했음

④ 「국제인권법」적 검토에 특별히 중점을 두었음. 사실 다른 논거는 헌재에 이미 전부 제시되었던 것이라 우리 위원회의 특별한 의견이라고 보기 힘듦. 그러나 「국제인권법」적 검토는 헌재의 현재까지의 판단수준에 비추어 상당한 수준으로 정리했음

⑤ 용어를 상당부분 손보았음, 예를 들면 '위헌소송'이라는 용어는 '위헌소원' 등으로, 「국제인권법」적 용어인 '개인통보'는 '개인진정'으로 고침

⑥ 각주는 꼭 필요한 경우가 아니면 달지 않았음

● 인권위 결정문 작성은 사무처 담당자가 초안을 만들어 상위원실로 보내면, 상임위원실에서 수정·보완하여 완성한다. 이 자료는 필자가 사무처 초안을 어떻게 수정·보완했는지 보여주는 사례다. 밑줄친 곳이 내가 초안을 수정하거나 보충한 부분이다.

국 가 인 권 위 원 회
결   정

제   목 : 「국가보안법」 제7조 위헌소원 등 사건에 대한 의견제출

주   문

인권위는, 헌법재판소에 「국가보안법」 위헌소원 등 사건(2017헌바42 등 11건 병합)에 대해 "「국가보안법」 제7조 제1항·제3항·제5항은 명확성의 원칙 및 비례의 원칙 그리고 「국제인권법」 등을 위반해 표현의 자유 등을 침해하므로 「헌법」에 위반된다"는 의견을 제출합니다.

이   유

I. 의견제출의 배경

헌법재판소는 1991년 5월 31일 「국가보안법」 제7조 제1항이 개정된 이후, 해당 조항에 대해 여러 차례 청구된 위헌법률심판과 헌법소원심판에서 계속해 합헌결정을 내리고 있다. 현재 헌법재판소에 「국가보안법」 제7조 제1항·제3항·제5항에 대한 헌법소원 및 위헌제청이 총 11건 청구되었으며, 헌법재판소는 이를 병합해(2019헌가6 등 11건 병합, 이하 '이 사건') 심리절차를 진행 중이다.

「국가보안법」은 1948년 12월 1일 제헌국회에서 제정·시행된 이래로 현재까지 모두 일곱 번 개정되었으나 최근까지도 여전히 표현의 자유 및 사

상·양심의 자유 등 국민의 기본적 인권에 대한 침해 우려가 있어 정치권과 국제사회, 그리고 시민사회에서는 지속적으로 폐지 및 개정을 요구하고 있다. 이런 요구에 대해 위원회는 2004년 8월 23일, 「국가보안법」은 죄형법정주의에 위반되어 표현의 자유 및 사상·양심의 자유 등 인간의 가치와 존엄성을 해할 가능성이 크다는 이유로 「국가보안법」 폐지를 권고했고, 2008년 5월 26일 서울중앙지방법원에서 심리 중이던 제7조 위반사건에 대해 같은 취지의 의견을 제출했으며, NAP 권고에 「국가보안법」 개정및 폐지를 포함하는 등 지속적으로 문제를 지적해왔다.

특히 「국가보안법」 제7조(찬양·고무)는 법 규정 자체의 추상성으로 인해자의적인 법 적용과 개인의 양심 및 표현의 자유에 대한 과도한 제한 가능성이 있어 국내외로 많은 비판과 논란의 대상이 되고 있다.

이에 위원회는 이 사건 위헌법률심판 및 헌법소원이 "인권의 보호와향상에 중대한 영향을 미치는 재판"에 해당한다고 판단해, 「국가인권위원회법」 제28조 제1항에 따라 「국가보안법」 제7조 대한 의견을 제출하기로했다.

II. 판단 및 참고기준

「대한민국 헌법」 제19조, 제21조 제1항, 제37조 제2항, 유엔 「시민적·정치적 권리에 관한 국제규약」(이하 '자유권규약') 제18조, 제19조를 판단기준으로 하고, 「유엔 자유권규약위원회의 제1~4차 정부보고서에 대한 최종견해」 및 네 건의 「개인진정 결정」, 「유엔 고문방지위원회의 제1~5차 정부보고서에 대한 최종견해」 등을 참고기준으로 했다.

III. 판단

1. 「국가보안법」 제7조 관련 국내외 동향

가. 국내 동향

검찰연감에 따르면, 2016년부터 2020년까지 5년간 검찰이 처리한 「국가보안법」 위반사범 입건자는 총 160명이며, 이 중 동법 제7조 위반 사범은 94명(58.8%)으로 가장 큰 비중을 차지한다.

국회에서는 「국가보안법」이 1991년 5월 31일에 법률 제4373호로 개정된 이후, 16대 국회에서 「국가보안법 폐지법률안」과 「국가보안법 중 개정법률안」이 발의되었고, 17대 국회에서 「국가보안법 폐지법률안」 두 건과 「국가보안법 일부개정법률안」이 발의되었으나, 전부 임기만료로 폐기되었다. 그리고 현재 21대 국회에서 「국가보안법」 제7조 폐지를 골자로 한 「국가보안법 일부개정법률안」 한 건, 「국가보안법」 폐지 법률안」 두 건이 발의되어 법제사법위원회 계류 중이다.

우리 위원회는 2004년 8월 23일 국회의장과 법무부장관에게, ① 「국가보안법」은 그 제정과정에서부터 태생적인 문제점을 안고 있을 뿐만 아니라 ② 조문의 내용이 죄형법정주의에 위배되며 사상·양심의 자유·표현의 자유 등 인간의 존엄성을 해할 소지가 많은 점 ③ '국가안보' 관련 사안은 「형법」 등 다른 형벌 법규로 의율이 가능해 「국가보안법」이 폐지되더라도 처벌 공백이 거의 없다고 볼 수 있는 점 등을 이유로 「국가보안법」 폐지를 권고했고, 2008년 5월 26일 서울중앙지방법원에 계속 중인 사건(2007고단776, 777)에 대해, "국제사회의 해석과 우려를 적극적으로 수용해 「국가보안법」 제7조의 이적성과 목적성을 해석하는 데에 있어서 현재의 기준보다 더 엄격한 기준을 적용해야 한다"는 의견을 제출했다. 또한 2006년 이후 4회에 걸친 NAP 권고에서 정부에 「국가보안법」 전체 또는 제7조 폐지를 권고한 바 있다.

나. 국제사회의 권고

1) 유엔 자유권규약위원회의 최종의견

유엔 자유권규약위원회(UN Human Rights Committee, 이하 'HRC')는 대한민국이 제출한 제1~4차 정부보고서에 대해 심사하고 발표한 최종견해(Concluding Observations)에서 현행 「국가보안법」이 자유권규약 제18조(사상·양심의 자유), 제19조(표현의 자유)에 위반됨을 지속적으로 권고했다.

구체적으로 살펴보면, 1992년 대한민국의 제1차 정부보고서에 대한 최종견해에서 「국가보안법」의 단계적 폐지를 권고하고, 1999년 제2차 보고서에 대한 평가에서 동법의 단계적 폐지를 재권고하며 동법 제7조의 즉시 개정을 촉구했으며, 2006년 제3차 보고서에 대한 평가에서 동법 제7조를 시급히 개정할 것을 다시 권고했다.

그리고 가장 최근인 2016년 제4차 보고서에 대한 최종견해에서는 "비합리적으로 광범위하게 적시된 제7조의 경우 모호할 뿐 아니라 공중의 대화를 제약하는 효과가 있으며 의견 및 표현의 자유를 불필요하고 과도하게 제한하는 경우가 상당수 존재한다", "협약은 단지 적대적 주체의 주장과 일치하거나 이에 공감하는 것으로 간주된다는 이유만으로 사상의 자유를 제약하는 것을 허용하지 않는다"고 적시하면서 제7조의 폐지를 권고했다.

2) 유엔 고문방지위원회 최종견해

유엔 고문방지위원회(UN Committee Against Torture, 이하 'CAT') 는 대한민국이 제출한 제1~5차 정부보고서를 심사하고 발표한 최종견해에서 「국가보안법」에 대한 우려를 지속적으로 표명했다.

동 위원회는 1996년 대한민국의 제1차 정부보고서에 대한 최종견해에서 「국가보안법」이 독단적으로 적용되지 않아야 함을 권고하고, 동법 조항들이 모호성으로 인해 독단적으로 적용될 위험성이 있음을 지적했으며, 2006년 제2차 보고서에 대한 평가에서는 이전 권고를 상기하며 「국가보안법」을 지속적으로 재검토할 것을 권고했다.

2017년 제3·4·5차 보고서에 대한 최종견해에서는, 여전히 「국가보안법」에 따라 체포되는 사람들이 있고 해당 인물 중 일부는 임의 체포 및 구금, 강제 자백을 경험했다는 의혹이 있는 점, 동법 제7조의 불분명한 표현으로 인해 협약의 위반사항이 발생할 수 있다는 점에 대해 우려를 표하면서, 「국가보안법」을 폐지 또는 개정할 것을 권고했다.

3) 유엔 자유권규약위원회의 개인진정 결정

HRC는 「국가보안법」에 관련된 네 차례의 개인진정(박태훈, 김근태, 신학철, 이정은 사건)에서 대한민국이 진정인들에 대해 「국가보안법」 위반으로 유죄판결을 한 것은 자유권규약 위반이라는 결정(Views)을 내렸다. 즉, HRC는 이들 사건에서 대한민국이 「국가보안법」 제7조를 적용해 이들을 처벌한 것은 자유권 규약 제19조의 표현의 자유 또는 제22조 제1항의 결사의 자유를 침해한 것이라고 보면서 대한한국 정부에 대해 손해배상 등의 구제조치 및 재발방지 나아가 제7조의 개정을 권고한 바 있다.

4) 유엔 표현의 자유 특별보고관

유엔 표현의 자유 특별보고관(이하 '특별보고관')은 두 차례에 걸쳐 한국 방문 후 보고서를 통해 「국가보안법」 폐지를 권고한 바 있다. 특별보고관 아비드 후세인(Abid Hussain)은 1995년 11월 21일에 한국을 방문한 결과 보고서에서, 「국가보안법」이 세계인권선언 제19조, 자유권규약 제19조 등 「국제인권법」에서 보장하는 사상과 표현의 자유를 보호하는 데 실패했다고 평가하면서 「국가보안법」을 폐지할 것을 권고했다. 2011년 3월 21일 특별보고관 프랑크 라 뤼(Frank La Rue)는 한국방문 결과 보고서에서 자유권규약위원회의 권고와 우리 위원회의 권고 등을 근거로 들면서 「국가보안법」 제7조를 폐지할 것을 권고했다.

다. 시대 변화

이 법이 1948년에 제정되고 지속적으로 개정되어왔던 1990년대 초반까지 대한민국과 북한의 관계를 현재 상황과 비교하면 여러 가지 측면에서 남북한의 경제력·군사력의 현격한 국력 차이가 존재한다. 또한 경제 교류, 대북 지원, 방송 등을 통해 북한의 실상에 대한 이해가 높아져 우리 국민이 북한을 찬양·고무하는 경우가 있다고 해서 우리 사회에 심각한 위험성을 줄 우려는 거의 없다고 판단된다.

이러한 현실은 우리 사회에서 북한에 대한 정보를 다루는 데도 알 수 있다. 과거에는 이적표현물로 간주될 수 있었던 『김일성 동지의 청년운

동 사상과 령도 업적을 빛내여 나가자』(김정일 저, 조선로동당 출판사, 1996),
『반제투쟁의 기치를 높이 들고 사회주의, 공산주의 길로 힘차게 나아가
자』(김정일 저, 조선로동당 출판사, 1998) 등 북한 당국 등이 발행한 자료를
통일부 북한자료센터를 통해 일반 국민이 어렵지 않게 구할 수 있으며,
또한 중고서점이나, 대학교도서관 등을 통해서도 손쉽게 접할 수 있다.

또한 2020년 통일부는 위와 같은 자료 이외에도 북한 당국의 선전이
나 강령 등이 포함된 특수자료의 대출·복사 허가 기준을 완화해, 이전과
달리 행정기관 또는 공공기관의 공문이나 추천서가 없더라도 일반 국민
이 자료이용 신청서를 제출하면 대출·복사를 허가하고 있다.

이렇듯 남·북한이 문화, 경제 등 다양한 영역에서 그 차이가 극복될
수 없을 정도로 크고, 북한에 대한 다양한 정보나 자료를 쉽게 접할 수
있음에도 자유민주주의에 대한 우리 국민의 의식이 확고하므로 가사, 북
한의 활동에 대한 동의를 표현하거나 혹은 거짓된 자료를 반포했다 하더
라도, 우리나라의 자유민주적 기본질서가 훼손될 만큼 그 토대가 허약하
다고 보기 어려운 상황이다.

2. 「국가보안법」 제7조에 대한 위헌여부 검토

가. 관련 기본권

「국가보안법」 제7조는 「헌법」상의 표현의 자유를 제한하는 것이 큰 문
제지만 그 외에도 사상·양심의 자유, 학문의 자유 나아가 신체의 자유
등 「헌법」이 보장하는 기본적 자유와 권리를 침해할 소지가 있다. 이하에
서는 표현의 자유를 중심으로 「국가보안법」 제7조(개별 조항 중에서도 가장

핵심인 제1항) 위헌성 여부를 검토한다.

나. 죄형법정주의(명확성의 원칙) 위반 여부

1) 죄형법정주의와 명확성의 원칙

우리 「헌법」은 형사처벌의 기본원칙으로 죄형법정주의를 천명하고 있다. "법률 없으면 범죄 없고, 법률 없으면 형벌 없다." 이것은 우리나라뿐만 아니라 현대 민주국가의 기본적인 법원칙이다. 우리 「헌법」은 이를 제13조 제1항에서 "모든 국민은 행위 시의 법률에 의해 범죄를 구성하지 아니하는 행위로 소추되지 않는다"고 규정하고 있는 바, 이것은 단지 형식적으로 처벌법규만 있으면 형사처벌이 가능한 게 아니고 행위 시에 범죄구성요건을 확연히 알 수 있는 명확한 법률이 존재해야 한다는 것을 의미한다. 여기에서 죄형법정주의의 당연한 귀결인 '명확하지 않으면 무효(void for vagueness)'라는 원칙이 도출된다. 형사처벌 법률이 불명확하면 법집행자, 특히 수사기관이 자의적인 법집행을 통해 남용하기 쉽다. 모호한 법률을 이용해 일단 입건·구속한 뒤 먼지털기식 수사를 한 후 기소하는 유혹을 받을 수 있다. 그러한 수사 행위가 종국적으로 법원을 통해 통제된다고 해도, 판결이 확정될 때까지 짧게는 수개월 길게는 수년간, 해당 국민은 극심한 신체적·정신적 고통을 받지 않으면 안 되는 것이 현실이다.

2) 여전히 불명확하고 남용되기 쉬운 「국가보안법」

1991년 5월 31일 법률 제4373호로 개정되기 이전인 「국가보안법」 제7

조 제1항은 "반국가단체나 그 구성원 또는 그 지령을 받은 자의 활동을 찬양·고무 또는 이에 동조하거나 기타의 방법으로 반국가단체를 이롭게 한 자는 7년 이하의 징역에 처한다"라고 규정되어 있었다.

위 규정에서 알 수 있듯이 해당 구성요건에 포섭되는 행위 태양은 매우 추상적이고 광범위해 행위자의 의사발표 동기, 그 내용의 정도, 실제 국가안보를 위태롭게 했는지 여부 등을 불문하고 북한에 관해 직·간접적으로 조금이라도 이로운 행위를 하는 것으로 판단되면 동법에 따라 처벌이 가능해지는 심각한 문제를 안고 있었다.

실제로 과거 군사정권에서는 위와 같은 점을 악용해 민주화운동 세력에 대한 정치탄압 도구로 이를 빈번히 활용했으며, 이러한 법적용의 남용에 따른 피해 사례가 발생하고 그에 따른 위헌논란이 제기되자, 1990년 4월 2일 헌법재판소는 "「국가보안법」 제7조 제1항 및 제5항의 규정이 자유민주적 기본질서에 위해를 줄 명백한 위험이 있을 경우에만 축소 적용되는 것으로 해석한다면" 「헌법」에 위배되지 않는다는 한정합헌 결정(헌법재판소 1990. 4. 2. 선고 89헌가113 결정 참조)을 내렸다.

위 한정합헌 결정을 바탕으로, 1991년 5월 31일 「국가보안법」 제7조는 행위자가 "국가의 존립·안전이나 자유기본질서를 위태롭게 한다는 정을 알면서" 각 구성요건에 해당하는 행위를 한 경우에만 처벌할 수 있도록 하는 소위 초과 주관적 구성요건을 신설했고, 동조 제1항에서 규정하고 있던 "기타의 방법으로 반국가단체를 이롭게 한"이라는 모호하고 추상적인 구성요건은 삭제하기에 이르렀다.

헌법재판소는 지난 30여 년간 개정된 제7조에 대해 "구법 규정보다는 그 구성요건이 훨씬 명확히 규정되어 있지만 아직도 구법 규정의 결함이었던 법문의 다의성과 적용범위의 광범성이 조금은 남아 있다"고 해 해당 조항의 추상성을 일부 인정하면서도, 다만 이는 법적용·집행자의 합헌적·합리적인 해석에 맡길 수 있다고 해 합헌으로 판단해왔다(헌법재판소 1996. 10. 4. 95헌가2 결정 등).

그러나 헌법재판소가 한정합헌 결정 당시 지나치게 다의적이고 그 적용 범위가 광범위하다고 지적한 용어인 "구성원", "활동", "동조"는 법 개정 후에도 여전히 남아 있는 가운데, 새로 추가된 초과 주관적 구성요건 역시 본질적으로 행위자의 내심에 관한 사항을 규정한 것으로서 여전히 내심을 판단하는 기준이 추상적이거나 불명확하다는 한계를 지니고 있어, 수사기관이나 법원이 행위자의 내심의 의사를 어떻게 평가하느냐에 따라 특정 행위에 대한 처벌여부가 결정되는 문제를 안고 있다.

헌법재판소는 법적용·집행자의 합헌적·합리적인 해석을 기대해 합헌으로 결정했으나, 검찰이 근래에도 "대동강 맥주를 먹으면 지상낙원처럼 느껴진다", "평양에 고급스러운 식당이나 쇼핑몰이 많이 생겼다" 등의 발언에 대해 제7조 제1항을 위반했다는 이유로 기소한 것을 보면, 과연 법적용·집행자가 헌법재판소의 기대대로 합헌적·합리적 해석을 하고 있는지 강한 의문이 제기된다.

특히, 「국가보안법」 위반으로 기소된 사건의 최근 2년 동안(2019~2020년) 1심 판결 결과를 살펴보면, 유기징역은 한 건, 집행유예는 세 건에 불과한 데 반해 무죄선고는 20건에 이르는 것을 볼 때, 검찰의 기소가 상당히 자의적으로 이루어졌음을 유추할 수 있다.

대법원은 북한 김일성 동상 참배행위에 대해 제7조 제1항에서 규정하는 '동조'에 해당하지 아니한다고 보아 무죄로 판단한 바 있으나(대법원 2012. 5. 9. 선고 2012도635 판결), 김일성의 시신이 안치된 북한의 금수산기념궁전 참배행위에 대해서는 피고인의 행적을 고려해 '동조'행위에 해당한다고 판단하기도 했다(대법원 2014. 1. 29. 선고 2013도12276 판결).

이상과 같은 사례는 단지 법률적용상의 문제가 제7조 법문의 다의성 및 추상성에서 비롯되었다고 보는 게 맞다. 표현의 자유를 규제하는 입법에 있어서 명확성의 원칙은 특별히 중요한 의미를 지니는데, 특정 표현행위를 금지하는 법률에서 무엇이 금지되는 표현인지 불명확한 경우에 수범자는 자신이 행하고자 하는 표현이 규제의 대상인지를 확신할 수 없고, 법집행자는 이 법률을 자의적으로 해석해 적용할 가능성이 크다.

위와 같은 사정들을 종합해본다면, 1991년 5월 31일 제7차 개정으로 추가된 주관적 구성요건과 그간의 헌법재판소와 대법원이 적용하고 있는 제한 해석으로 「국가보안법」 제7조의 불명확성이 다소 해소되었다고 볼 수는 있으나, 이 조문이 가지는 본질적 한계를 해결했다고 판단하기는 어렵다. 「국가보안법」 제7조는 여전히 명확성의 원칙을 위반해 우리 「헌법」의 죄형법정주의 원칙에 반한다는 판단을 하지 않을 수 없다.

다. 비례의 원칙 위반 여부

1) 비례의 원칙과 '명백하고 현존하는 위험'의 원칙

무릇 기본권은 국가의 안전보장 등의 이유로 법률에 의해 제한이 가능하다고 해도 과도해서는 안 되며, 필요 최소한도에 그쳐야 한다. 이러한 침해 최소성 원칙은 비례의 원칙의 한 내용으로서 「헌법」 제37조 제2항이 규정하는 "자유와 권리의 본질적인 내용을 침해할 수 없다"는 규정에서 도출된다.

따라서 표현의 자유의 제한은 불가피한 경우 엄격한 요건하에 허용해야 한다. 엄격한 요건이란, 표현의 자유를 제한하기 위해서는 표현 행위가 장래에 국가나 사회에 단지 해로운 결과를 가져올 수 있다는 추상적 위험이 아닌 '구체적'이고도 '현실적'인 위험성과 인과관계가 인정되는 행위로 한정될 것을 의미한다. 즉, 표현의 자유를 제한하기 위해서는 '명백하고 현존하는 위험'(Clear and Present Danger)이 존재할 때 그 제한의 정당성이 확보된다. 그렇다면 「국가보안법」 제7조 제1항의 '찬양·고무·선전 또는 동조 등'의 행위가 현실적으로 국가안보에 대한 '명백하고 현존하는 위험'을 초래한다고 볼 수 있을까?

이번 위헌심사 대상 중 2019헌가6 사건의 피고인은 "북한 김일성의 100번째 생일을 맞아 그의 유훈인 광명성 3호 발사 준비가 모두 완료되었고 북한 발사체 개발 능력을 찬양, 선전하며 강대국들이 북한의 발사체 개발에 관한 제재가 부당하며 이에 대해 북한이 대응을 할 것이다", "미국이 북한의 미사일 실험을 비난한 것에 대해 보복하겠다"라는 취지의 내용을 담은 북한 대남선전매체의 글을 다른 인터넷 사이트에 옮겨 게재했다는 등의 이유로 기소되었다.

그러나 이와 같은 표현 행위가 국가의 존립·안전이나 자유민주적 기본질서에 '명백하고 현존하는 위험'을 초래하고 있다고 볼 수 있는가에 대해서는 상식적인 사람이라면 누구나 의문을 제기할 수 있다. 현재 남·북한의 극복될 수 없을 정도의 군사적·경제적 차이와 민주주의에 대한 국민들의 의식 등을 고려해볼 때, '찬양·고무·선전 또는 동조 등'이 안고 있는 모호한 개념의 문제는 별론으로 하고 이러한 행위로 비추어질 행위가 있다 해도, 그것이 우리나라의 존립이나 안전, 자유민주적 기본질서에 명백하고 현존하는 위험을 주어 실질적인 해악을 끼칠 가능성이 있다고 해석하는 것은 상식에 부합하지 않는다.

따라서 「국가보안법」 제7조 제1항은 그 입법 필요성을 인정한다고 해도 처벌대상을 국가의 존립·안전이나 자유민주적 기본질서에 '명백하고 현존하는 위험'을 초래할 수 있는 직접적인 행위로 한정해야 함에도 불구하고, 다의적 해석과 광범위한 해석이 가능한 "찬양", "고무", "선전", "동조" 등의 불명료한 개념 행위로 처벌하는 것은, 침해의 최소성 요건을 갖추지 못해 표현의 자유를 침해한 것이라 평가하지 않을 수 없다.

2) 단순 "취득·소지"의 처벌과 비례의 원칙

「국가보안법」 제7조 제5항은 제1항의 목적으로 문서 등 기타 표현물을 복사, 소지, 운반 또는 취득한 자를 처벌하는데, 단순 "취득·소지" 단계에서는 이적 행위 목적이 명확하게 드러나지 않은 경우가 많아 결국 국가의 존립·안전이나 민주적 기본질서를 위태롭게 할 '목적', 즉 내심의 의사를 추단해 처벌하게 될 개연성이 높다. 뿐만 아니라 이적 표현물의 소지·취득은 다른 구성요건에 비해 입증이 상대적으로 용이하고 공소시효 적용도 받지 않을 가능성이 커 다른 「국가보안법」 위반죄를 수사하기 위한 방편으로 사용될 수도 있다. 이것은 입법 목적에 비해 과도한 수단을 사용해 표현의 자유나 사상·양심의 자유를 필요 이상으로 제한하는 경우에 해당할 수 있다. 이렇게 되면 표현의 자유를 필요 최소한도에서 제한해야 한다는 원칙은 공염불이 되고 우선 잡고 보자는 법집행기관의 무리한 공명심이 현실화되어 국가의 기본권 보장의무는 위기에 빠질 가능성이 크다.

3) 책임과 형벌, 법익 균형성 간 비례원칙

무릇 형벌이란 범죄의 죄질 및 이에 따른 행위자의 책임에 비해 지나치게 가혹한 것이면 「헌법」상의 평등 및 비례의 원칙에 반한다. 그런데 「국가보안법」 제7조의 각 범죄행위에 대한 처벌은 일률적으로 징역형으로 규정되어 있어 법관의 양형을 통해 책임과 형벌의 비례원칙을 구현하는 것이 불가능하다. 이적 표현물의 단순 소지·취득이라면 현실적 위험성이 없어, 불가피하게 유죄를 선고한다고 해도 법관으로서는 벌금형 등을 선택할 수 있어야 하는데, 현재 법률은 아예 그것을 불가능하게 만들고 있다. 이는 법률 자체가 현저하게 불합리해 형벌과 책임 간 비례원칙을 위반한 것이라 볼 수 있다. 뿐만 아니라 「국가보안법」 제7조는 자유민주적 기본질서 등에 반하는 "찬양", "고무", "선전", "동조" 등의 표현 행위가 자유민주적 기본질서에 실질적 해악을 미칠 위험성이 명백하다고 볼 수 없는 상황에서, 이러한 표현 행위로 인해 국가의 자유민주적 기본질서가 위협받는 정도는 크지 않은 반면, 위 표현 행위를 처벌함으로써 국민의 표현의 자유나 사상·양심의 자유 나아가 학문의 자유 등이 제한되는 정도는 상당하므로 법익의 균형성 요건도 갖추지 못했다고 할 수 있다.

4) 「국가보안법」 제7조와 내란죄 등과의 관계

「국가보안법」 제7조가 표현의 자유 등을 침해하는 과도하는 입법이라는 것은 「형법」상의 내란죄 등과 비교를 통해서도 알 수 있다. 즉 「국가보안법」 제7조를 국가의 존립·안전이나 자유민주적 기본질서를 파괴하는 외부의 실천적 행동으로 연결될 급박한 위험이 있는 경우로 한정한다면, 이것은 이미 「형법」상 내란의 선전·선동행위에 해당한다.

「국가보안법」에서 보호하고자 하는 법익을 비롯한 규제행위대상은 원칙적으로 「형법」의 내란죄와 외환죄, 공안을 해하는 죄의 장(章)과 중복된다. 「국가보안법」 제7조를 「형법」 등 다른 법률의 유사 조항에 대비시켜 보면 다음과 같다.

「국가보안법」 제7조(찬양·고무 등)	관련 법 규정
① 국가의 존립·안전이나 자유민주적 기본질서를 위태롭게 한다는 점을 알면서 반국가단체나 그 구성원 또는 그 지령을 받은 자의 활동을 찬양·고무·선전 또는 이에 동조하거나 국가변란을 선전·선동한 자는 7년 이하의 징역에 처한다.	• 내란·외환 목적인 경우에는 「형법」 제90조, 제101조 규정 '내란·외환의 선전선동'죄로 처벌 가능
③ 제1항의 행위를 목적으로 하는 단체를 구성하거나 이에 가입한 자는 1년 이상의 유기징역에 처한다.	• 대부분 「형법」 제114조(범죄단체조직가입죄)나 「폭력행위등처벌에관한법률」 제4조(단체 등의 조직죄)로 처벌 가능하고, 그 외 그러한 단체의 결성이나 가입이 내란이나 외환을 위한 경우에는 「형법」 제90조 제1항(내란의 예비음모), 제101조 제1항(외환의 예비음모)으로 의율 가능

⑤ 제1항·제3항 또는 제4항의 행위를 할 목적으로 문서·도화 기타의 표현물을 제작·수입·복사·소지·운반·반포·판매 또는 취득한 자는 그 각 항에 정한 형에 처한다.

• 내란·외환 목적인 경우에는 '내란·외환의 예비음모나 선전선동'죄(「형법」 제90조, 제101조)로 처벌 가능

결국 제7조의 입법목적은 「형법」 제1장 '내란의 죄'와 제2장 '외환의 죄' 등의 적용·해석을 통해 충분히 규율이 가능하므로 제7조를 계속 유지하는 것은 국민의 기본권 제한은 필요 최소한에 그쳐야 한다는 원칙에 위반된다.

마. 「국제인권법」 위반 여부

1) 국제인권조약의 국내 법적 지위

「헌법」 제6조 제1항은 "「헌법」에 의해 체결 공포된 조약과 일반적으로 승인된 국제법규는 국내 법과 같은 효력을 가진다"고 규정하고 있다. 이 규정은 우리 「헌법」이 「국제법」 존중주의를 선언함과 동시에 우리나라가 가입한 국제인권조약의 「헌법」적 지위가 국내 법과 동일하다는 것을 천명한 것이다. 일반적으로 보편적 인권을 내용으로 한 국제인권조약의 「헌법」적 지위는 적어도 국내 법률에 우위에 있다는 것이 학계의 다수의견이다. 이것은 국제인권조약과 국내 법률이 동위의 규범 관계에 있다면 양자가 충돌하는 경우, 국내 법 우위의 상황이 생길 수 있어(국내 법이 신법인 경우 신법우선의 원칙이 적용되고, 특별법인 경우 특별법우선의 원칙이 각각 적용되어 국내 법이 국제인권조약의 우위에 있게 됨) 「국제법」 존중주의를 위

반하는 문제가 일어나기 때문이다. 이렇게 볼 때 우리가 가입한 보편적 국제인권조약은 적어도 국내 법률보다 우위에 있다고 할 수 있고, 보다 적극적으로 해석하면 「헌법」의 기본권 규정을 보충함으로써 사실상 「헌법」적 지위에 있다고 보아도 무방할 것이다.

2) 자유권규약위원회의 권고의 효력

우리나라는 지난 30년간 국제사회에서 보편적 인권규범이라고 할 수 있는 국제인권조약 대부분에 가입했다. 국제인권조약은 일반적인 형식과 내용을 가지고 있는데, 우선 실체법적으로 해당 조약이 보호하는 권리를 규정하고 있고, 이어 절차법적으로 그 권리를 체약국이 이행하도록 하는 수단을 규정하고 있다. 「국가보안법」 해석과 직결되는 자유권규약의 경우, 동 규약의 이행을 감독하기 위해 HRC를 두고 있는 바, HRC의 주요 업무는 체약국으로부터 정기적으로 규약의 이행보고서를 받아 심사한 다음 최종견해(Concluding Observation)을 발표해 체약국에 규약 이행을 위한 사항을 권고하거나, 체약국이 규약의 제1선택의정서에 가입한 경우, 개인진정 사건을 통해 규약위반 여부를 판단해 적절한 구제조치를 권고하는 것이다.

HRC가 정기적으로 체약국 정부의 이행보고서를 검토한 후 권고하는 최종견해는 다른 국제기구의 일반적 권고(recommendation)와 차원을 상당히 달리한다고 보는 것이 타당하다. 최종견해는 HRC를 구성하는 「국제인권법」의 전문가들이 우리나라의 정보보고서를 검토한 후 발표하는 권고로서 우리나라가 자유권규약에 가입하면서 그 권고를 존중하겠다고 약속한 것이다. 따라서 그 권고는 국내적으로 입법·사법·행정 모든 분야에서 존중하지 않으면 안 된다.

나아가 HRC의 개인진정 결정은 위 최종견해보다 좀 더 강한 규범력을 인정하지 않으면 안 된다. 개인진정의 결정은 「국제법」적으로 볼 때, 국제사법기관의 판결 또는 결정이 아니기에 법적 기속력을 인정하기는 어렵지만, 개인진정 절차의 조약적 취지에 비추어보면 기속력에 준하는 효력을 인정하지 않을 수 없다. 개인진정은 자유권규약 제1선택의정서에 별도로 가입한 경우 이용할 수 있는 절차인 바, 선택의정서 제1조에 따르면 HRC는 권리 피해자로부터 개인진정을 받아 당사국의 자유권규약 위반 여부를 판단하는 권한이 있다. 즉 HRC는 개인진정을 통해 체약국의 「국제법」(자유권규약) 준수 여부를 심판하는 기능을 갖는다. 따라서 HRC가 특정 진정 사건을 통해 자유권규약을 위반한 것으로 판단하면, 체약국은 HRC의 그 판단을 존중해 국내적 조치를 취하는 것이 전제되어야 한다. 만일 그렇지 않다면 자유권규약은 사실상 아무런 의미 없는 국제 조약이 되며, 이는 우리 「헌법」 제6조의 「국제법」 존중주의가 무력화됨을 의미한다.

이렇게 볼 때 대한민국은 개인진정 절차에 따라 HRC가 규약위반이라고 판단하는 경우 그 내용을 국내적으로 이행하도록 노력해야 해야 한다. 대한민국은 HRC가 판단한 개인진정 사건의 결정을 국내적으로 이행할 수 있는 절차를 만들 조약적 의무가 있으며, 이행절차를 통해 그 결정 내용을 국내적으로 이행하기 위한 의무가 있다고 할 수 있다.

이런 이유로 개인진정 결정의 국내적 이행 수단이 아예 없거나, 그 결정을 의도적으로 무시하거나 장기간 아무런 조치를 취하지 않는 경우, 「국제법」(선택의정서) 위반이라는 평가를 받을 수 있다. 여기서 「국제법」 위반이라는 것은 개인진정 결정 그 자체에서 발생하는 효력이 아니고, 결정에 따른 국가의 구제노력(혹은 협력) 의무의 위반 효력이다. 구제노력 의무는 그것을 하지 않는다고 그 즉시 「국제법」 위반이라고 보기는 힘들지만, 그렇다고 구제노력을 전적으로 체약국의 판단에 맡긴다는 것은 아니다. 이것은 당사국에 결정의 이행을 위해 상당한 정도 재량적 여지를 준다는 것일 뿐 5 자유재량을 의미하지는 않는다.

3) 자유권규약위원회의 「국가보안법」에 대한 권고의 국내적 이행

앞서 본대로 HRC는 한국 정부에 정부보고서 검토 후 최종견해를 통해 「국가보안법」의 폐지 혹은 개정을 권고했다. 이 권고는 자유권규약의 성격상 우리나라의 국내법 절차에서 존중되지 않으면 안 된다. 나아가 네 건의 개인진정 결정을 통해 HRC가 결정한 내용은 그 이상의 존중의무가 있다. HRC는 대한민국의 「국가보안법」 적용이 규약상의 표현의 자유 등에 위반됨을 선언했고 그에 따라 회복조치(손해배상 포함)와 재발방지대책을 요구했으며, 이정은 사건에서는 특별히 「국가보안법」 제7조의 개정이 필요함을 역설했다. 이와 같은 HRC의 권고가 번번이 무산되는 것은 위에서 본대로 「국제법」 위반에 해당할 수 있으며 우리 「헌법」 제6조 제1항이 선언한 「국제법」 존중주의에 위반된다. 결론적으로 HRC의 권고를 국내적으로 이행하기 위해서는 이번 헌법재판 사건에서 헌법재판소가 심판대상인 「국가보안법」 제7조를 위헌으로 판단하는 것이 필요하다.

바. 소결

「국가보안법」제7조 제1항은 1991. 5. 31. 제7차 개정으로 추가된 주관적 구성요건과 헌법재판소와 대법원이 적용하고 있는 제한해석에도 불구하고 불명확하고 추상적인 개념으로 인해 여전히 법집행기관(특히 수사기관)의 자의적인 해석 및 남용의 위험성이 존재한다. 이는 제1항을 전제로 하는 동조 제3항 내지 제5항에도 마찬가지로 적용된다.

분단 상황에서 국가의 존립과 안보 또한 매우 중요한 가치임은 부정할 수 없지만, 사상·양심의 자유와 표현의 자유는 민주주의 사회의 근간이므로 최대한 보장해야 할 것이다.

이를 위해서는 「국가보안법」제7조의 처벌 범위가 "국가의 존립·안전과 민주적 기본질서를 위협하는 적극적이고 공격적인 표현 행위가 물리적 해악으로 이어질 가능성이 현존하는 경우"로 축소될 필요가 있으나 이는 「형법」의 내란죄와 외환죄를 적용해 충분히 규율이 가능하다.

결론적으로 「국가보안법」제7조는 법문의 다의성과 추상성, 그리고 적용 범위의 광범성 등 죄형법정주의의 기본 내용인 명확성의 원칙을 위배하고 있고, 국가의 존립이나 안보 그리고 자유민주적 기본질서를 위태롭게 하는 행위에 대한 실질적이고 현실적인 위험성에 대한 평가 없이 단순히 이를 처벌함으로써 비례의 원칙을 위배하며, 나아가 대한민국이 가입한 자유권 규약 등 「국제인권법」적 차원에서도 용인하기 어려운 규정이다.

IV. 결론

이상과 같은 이유로 「국가인권위원회법」 제28조 제1항의 규정에 따라 주문과 같이 헌법재판소에 의견을 제출한다.

상임위원 3년, 조사구제 부문을 고민하다

"어쩌다 보니 인권위는
제 인생의 모든 것이 되었습니다"•

技術에서 理論으로

인권위가 설립된 지 20년이 넘었음. 우리 위원회의 보고서와 결정문은 성

년의 국가기관답게 정치한 이론에 입각해 작성되어야 함(기술로서의 보고

서가 아니라 이론에 입각한 보고서)

전문화를 위한 방안

① 조사관 교육 강화: 신규 조사관 과정(2주), 2년 차 이상 조사관 과정(1

주), 교육 내용은 조사이론, 조사방법론, 문서작성 훈련

② 모델 케이스 자료집: 사건을 분류해 분야별 결정문과 보고서를 자료화

③ 인권위 조사구제 실무제요: 법원의 재판실무제요(민사, 형사, 행정, 가

사……), 헌법재판실무제요와 유사한 실무서를 만들어 조사구제 분야

의 기본이론, 분야별 실무에 필요한 이론과 작성례를 제공

• 　이 자료는 필자가 2023년 1월 12일 직원들을 상대로 마지막 강의했던 강의안이다.

④ 전문화를 촉진하는 인사제도: 직원의 일정 비율을 조사관 직렬로 만들어 사무관까지 한 분야에서 일할 수 있도록 함(경찰의 수사경과 제도 참고)

조사관의 자세

① 공정한 자세로 억울한 사건이 없도록 노력하라.

- 조사과정에서 언행 조심, 보고서나 결정문 초안 작성 시 표현주의

- 인권감수성의 중요성

② 사건을 떼지 말고 사건을 처리하라.

- 각하나 기각 사건이라도 적절한 이유가 있어야

- 본 조사에서는 진정인과 반드시 직접 대화

③ 선택과 집중의 원칙을 익혀라.

- 사안의 성격, 증거 수집의 가능성, 사회적 여파 등

- 사안의 난이도에 따른 처리 방법

④ 처리가 과도하게 지연되지 않도록 주의하라.

- 지연된 정의도 인권침해

⑤ 공부하고 그 결과를 현실로 옮겨라.

- 최고의 전문가라는 자부심을 가져야

인권위 조사구제의 정체성-보완성의 원칙(complementarity)

- 사법적 구제와 관련해 인권위의 조사구제 기능을 사법적 구제와 관련해 보완적(complementary, 두 개가 합쳐져 완성도를 높임)으로 볼 것인

가, 보충적(supplementary, 주된 것에 무엇인가를 더 추가해 질을 높임)으로 볼 것인가 ⇨ 인권침해에 대한 구제는 사법적 구제를 중심으로 하지만 인권위의 조사구제 기능은 사법적 구제에 대해 독자적 성격이 있는 보완적 기능으로 이해해야 함

- 이렇게 이해하면 「인권위법」 제30조 제1항 제1호의 '국가기관 등의 업무와 관련된 인권침해'의 개념은 가급적 넓게, 제32조 제1항 제5호의 수사 및 재판은 가급적 좁게, 제7호의 '조사하는 것이 적절하지 않은 경우'는 보다 엄격하게 해석해야 함

진정요지 작성 방법

- ⟨일반론⟩

판단의 전제(판단은 진정요지별로 하는 것이 원칙)로서 형사사건의 공소사실과 유사한 기능을 함(일종의 사입기소라고 생각해도 좋음). 진정인이 주장하는 진정원인사실을 위원회(조사단계에서는 조사관이, 결정단계에서는 소위 혹은 전원위)가 재구성한 것임. 재구성은 위원회법 제32조 제1항 제1호 및 제2호에 따른 인권침해와 차별행위를 염두에 두어야 함. 지나치게 진정요지를 쪼개고 이에 따라 인용/기각/각하를 하는 것은 지양해야 함. 이를 위해 인권침해(혹은 차별행위)의 개수에 유념해야 함

- ⟨실무론⟩

조사관은 사건을 배당받으면 진정서와 진정인의 구두 진술을 토대로 진

정요지를 정리해야 함, 이때 조사대상 진정요지와 비조사대상 진정요지를 구별해 정리하는 게 핵심. 조사대상 진정요지는 본조사를 통해 사실인정을 하고 그에 따라 기각/인용여부를 판단. 비조사대상 진정요지는 각하결정

진정원인사실과 진정요지의 관계

법상 진정원인사실은 진정인이 인권침해(차별행위)라고 주장하는 사실로서 위원회의 조사대상이 되는 추상적 사실, 진정요지는 조사대상으로서의 진정원인사실에서 위원회가 조사 필요성이 있다고 판단해 특정한 구체적 사실을 의미함, 형사재판과 비교한다면, 진정원인사실은 공소사실, 진정요지는 공소장 기재사실과 유사함

예시 진정원인사실과 진정요지의 구별 필요성

① 진정인이 피진정인으로부터 폭행을 당해 상해를 입었다고 진정(신체의 자유 침해)했으나 조사결과 폭행 사실은 인정되나 상해 사실은 인정할 수 없는 경우, 상해사실을 별도로 기각할 것인가?

⇨ 진정원인사실은 피진정인의 폭행을 통해 신체의 자유를 침해했다는 것이므로 폭행이 인정되면 그에 따른 인용권고 주문을 내면 됨(상해 부분도 진정원인사실의 동일성 안에 들어가므로 상해기각주문을 따로 낼 필요는 없음), 단 이유에서 상해가 인정되지 않는다는 판단은 필요함(형사판결도 상해로 기소해도 폭행만 인정하는 경우, 상해죄에 대해 이유에서 판단하되, 주문에서 상해죄 무죄주문을 내지 않음)

② 위의 예에서 후일 상해 부분에 대한 증거가 있다고 해 진정인이 상해에 의한 신체의 자유를 주장하며 다시 진정한 경우(종전 인용권고보다 더 강한 권고를 요구하는 경우), 어떻게 할 것인가?

⇨ 동일성 범위 내에 있는 재진정을 위원회가 다시 조사할 필요성이 없다고 보아 7호 각하

③ 만일 위의 사례에서 최초 진정(폭행)을 기각했는데, 후일 상해의 증거가 있다고 해 다시 진정한 경우, 어떻게 할 것인가?

⇨ 형사재판이라면 공소기각하지만(공소사실이 동일해 기판력이 미침) 우리 위원회의 기각결정은 기판력이라는 개념을 쓰기는 어려우나 같은 취지로 동일성 범위 내에 있다고 보아 9호 각하를 하든가, 실질적으로 동일한 사건을 다시 조사할 필요가 없다는 취지에서 7호 각하할 수 있다고 봄

진정원인사실의 동일성 판단기준

• 5호 각하나 9호 각하와 관련해서는 진정원인 사실의 동일성 개념을 정확히 알아야 함, 현 진정 사건과 진정원인 사실에서 동일한 재판/수사 중 혹은 종결된 사건은 무엇인가?(5호 각하), 기각된 진정 사건과 동일한 진정 사건은 무엇인가?(9호 각하)

• 동일성 판단기준은 주관적 동일성(당사자 동일성), 객관적 동일성(사안의 동일성)으로 판단. 주관적 동일성은 단순히 진정인을 기준으로 판단하는 것이 아니고 피해자와 피진정인의 관계 속에서 판단해야 함(피해자/피진정인 ⇨ 형사사건의 고소인/피고소인 혹은 민사재판의 원고/피고). 객관적 동일성은 수사나 재판의 대상(고소사실, 공소사실)과 진정원인

사실이 실질적으로 동일한지를 따져야 함

진정요지 기술방법

• (인용)보고서와 결정문상의 진정요지는 인권침해의 수를 염두에 두고 가급적 5W(Who, When, Where, What, why) 1H(How)의 방법으로 정리한 뒤 「헌법」 제10조-제22조에 해당하는 인권침해로 마무리하는 것이 바람직함

예시 "피진정인은(Who) 2021. 5. 10. 오후 2시경(When) 서울 중구 을지로 1가 100 소재 00빌딩 305호에서(Where) 진정인이 지각했다는 이유로(Why) 질책하는 과정에서 "너 같이 맨날 지각하는 놈이 월급 받는 것은 도둑놈과 다르지 않아"라고 폭언함으로써(How) 진정인의 인격권을(What) 침해했다."

• 기각 보고서도 가급적 위와 같은 방법으로 정리하도록 하되(기각도 조사대상을 전제하는 것이므로 진정요지 기술은 그에 따라 하는 것이 원칙임), 조사대상이 안 되어 각하할 수밖에 없는 경우에는 진정사실을 요약하는 것에 그칠 수 있음

인권침해의 개수론(侵害數論)

• 1침해(一侵害): 하나의 행위에 의해 하나의 기본권을 침해한 경우

특수 예시 "피진정인이 징벌사유도 없는데 부당하게 징벌하고 10일간 독거구금 시켰다"라는 진정에서 부당징벌과 10일간 독거구금을 나누어 두 개의 인권침해(신체의 자유 침해)로 정리할 것인가 아니면 하나의 인권침해로 정리할 것인가

⇨ 이때는 하나로 정리해야 함, 왜냐하면 10일간 독거구금은 부당징벌의

당연한 효과이기 때문에 소위 불가벌적 사후행위에 해당함(절도한 물품을 팔거나 손괴했을 때 별도로 장물죄나 손괴죄로 처벌하지 않는 것과 같은 이치). 즉 후자의 인권침해는 전자의 인권침해로 흡수됨, 단 독거구금 중 별도의 인권침해(예, 폭행)가 있을 때는 실체적 경합 인권침해가 될 수 있음

• 상상적 경합 침해: 하나의 행위가 수 개의 인권침해로 평가되는 경우
예시 "과거 진정인의 이성관계를 다중 앞에서 폭로함으로써 진정인의 인격권 및 사생활의 비밀을 침해했다."
⇨ 위의 경우 인격권이 인정되지 않아도 별도로 그에 대한 기각주문을 내지 않음(단 판단하는 것은 바람직함)

• 실체적 경합 침해: 수 개의 인권침해
- 실체적 경합의 기준은 ▲일시장소/ 피해자가 다른 상태에서 인권침해를 한 경우 ▲일시장소/피해자가 같더라도 수 개의 행위에 의해 각각 별개의 인권을 침해한 경우 등을 말함
⇨ 이 경우 원칙적으로 개개 인권침해에 대해 인용 및 기각 여부를 판단해야 함(기각의 경우는 주문도 내야 함)
- 다만, 동일시각, 동일 장소에서 피진정인이 진정인에 대해 욕을 하고 때림으로써 인격권과 신체의 자유를 침해했다는 진정이라면 이론적으로는 실체적 경합이지만 진정요지를 두 개로 분리한 다음 각각 별도의 인용/기각판단을 해야 할지는 의문. 이런 경우는 진정요지를 하나로 쓰고, 결정문의 판단 속에서 사실여부에 대해서는 모두 판단하지만, 결론

에서는 둘을 한꺼번에 판단함(둘 모두 인용하는 경우, "으므로 진정인의 인격권과 신체의 자유를 침해했다"), 하나를 인정하지 않는 경우에는 통상적인 기각판단을 하는 대신, '(중략) 부분은 (중략) 점에 비추어 인정되지 않고'라고 하는 정도로 넘어 감(기각주문 내지 않음)

- 포괄적 1침해: 수 개의 인권침해로 보이지만 상습범처럼 포괄해서 하나의 인권침해로 평가하는 경우

예시 일정 기간 여러 차례의 괴롭힘 행위를 했을 때에는 그 모두를 포괄적으로 하나의 괴롭힘으로 평가, 또는 일정 기간 상습적으로 폭언하거나 폭행하는 경우도 그 개개 행위를 포괄적으로 판단해 하나의 인격권 혹은 하나의 신체의 자유침해로 정리

⇨ 괴롭힘에 해당하는 일부 사실만 인정되어도 괴롭힘으로 인용할 수 있음. 인정되지 않은 사실에 대해 별도로 기각판단을 할 필요는 없음(기각주문 필요 없음). 단 진정인이 특별히 주장하는 행위를 인정하지 않는 경우라면 '(…) 사실은 인정되지 않는다'고 하는 것으로 족함(현재 많은 사건에서 괴롭힘의 구성 사실관계 하나하나에 대해 판단을 하고 있음)

- 진정인이 포괄적 1침해로 인정되는 사실에 대해 이미 진정(최초 진정)을 하고(이에 대해 인용), 후일 진정인이 그 일부 사실(최초 진정 때는 인정하지 않은 경우, 기각주문을 따로 내지 않음)을 진정한 경우에는 종전 진정과 포괄적 1침해로 인정되므로 동일 사실에 대한 재진정에 해당하기에 다시 조사구제하는 것은 부적절하므로 7호 각하해야 함. 종전 사건을 전

부 기각했는데, 포괄적 관계에 있는 새로운 사실을 주장해 다시 진정한 경우에는 두 가지 견해가 있을 수 있음. 하나는 각하설(종전 사건의 동일성의 한도 내에 있는 재진정이므로 9호 각하 혹은 다시 판단할 필요가 없다는 취지로 7호 각하해야 함. 이것은 앞서 설명함), 다른 하나는 본안 판단 필요설(괴롭힘 사건의 행위 하나하나는 별도의 판단가치가 있어 단순 포괄적 1죄로 처리하기는 어려우므로 종전 사건과 진정원인사실의 동일성 범위 내에 있다고 해도 형사절차적 원리를 준용하는 것은 적절치 않으므로 본안 판단을 해야 함)

당사자 주장

• 현 관행의 문제점

- 현재 관행을 보면, 결정문의 경우 피진정인 나아가 참고인까지 그 진술 내용을 장황하게 정리해 기재하고 있음. 그러나 이것은 그 이후 기재되는 '인정사실' 부분과 상당히 중복되며 특히 결정문의 경우는 불필요하게 결정문이 길어지는 이유가 됨

- 보고서의 경우 소관 소위(혹은 전원위)의 사안판단을 위해 작성되는 것이므로 당사자의 진술과 참고인 등의 진술의 주요내용을 기재하는 것은 필요함

개선방향(결정문)

- 당사자나 참고인의 진술은 위원회의 사실인정 과정에서는 단순한 주장을 넘어 하나의 증거에 해당함. 따라서 당사자 주장 부분은 증거인 진

술 전부를 보여주는 것이 아니라 '당사자가 말하는 핵심적 주장요지'로
정리해야 함
- 이 부분은 헌재의 헌법소원 결정문 중 '청구인의 주장요지'를 참고해 그
  수준으로 정리하도록 훈련해야 함
- 참고인의 진술은 증거에 해당하므로 이 부분에서 정리하지 말고 뒤의
  '인정사실'에서 필요한 부분을 넣으면 됨

인정사실

• 현 관행의 문제

인정사실에서 무엇을 기재해야 할지에 대한 문제의식이 불분명(그저 밝혀
진 사실을 정리하는 보고서가 많음)하고, 두 개 이상의 인권침해의 경우에는
어떻게 인정사실을 나누어 정리해야 할지 그 기준이 없음

• 개선방향

- 보고서에서는 당사자에 대한 최소한 정보를 우선 기재(진정인, 피진정인
  의 직업, 직위, 나이, 둘 간의 관계 등 사건 판단을 하는 데 필요한 범위 내의
  정보), 결정문에서는 개인의 프라이버시 보호를 위해 삭제하거나 조절
  할 필요 있음
- 결정문이나 인용보고서의 경우에는 인권침해의 요건사실에 해당하는
  역사적 사실(인권침해를 인정할 수 있는 필수적 사실)을 중심으로 기재함
- 인권침해 인정 후 권고 양정에 영향을 줄 사실도 포함
- 사실인정의 증거를 함께 거시하는 것이 바람직함(하나하나의 사실을 정리

한 다음 '(참고인 홍길동의 진술)'과 같이 써주는 것이 좋으나, 이렇게 일일이 전거를 밝히는 것이 어렵다면 사실인정 모두에 '(중략) 진술, (중략) 서면답변, (중략) 회신 등에 의하면 다음 사실을 인정할 수 있다'라고 쓰는 것이 좋음)

- 수 개의 인권침해를 인정하는 경우에는 '인정사실 ⇨ 판단'의 수순으로 기재하지 말고, '인정사실 및 판단'으로 표제를 붙인 다음, 인권침해별로 사실인정과 판단을 한꺼번에 하는 것이 더 논리적임(단순한 1침해 사건도 사실인정과 판단을 한꺼번에 하는 것이 더 좋은 방법임)

판단

3단 논법(대전제-소전제-결론)으로 판단하는 것이 가장 좋음. 즉, 판단의 기준을 제시하고, 다음으로 거기에 비추어 진정 사건을 적용해, 결론을 냄

- 판단기준으로는 인정할 진정요지에 맞는 「헌법」과 법률, 「국제인권조약」, 「국제관습법」(「세계인권선언」, 「피구금자최저기준」 등)을 우선 써주고, 참고기준으로 일반 논평, 한국 정부에 대한 권고, 인권위 결정례, 헌재 결정례 등을 써줌(참고기준은 판단기준 제시 이후 그것을 적용해 사건을 본격적으로 판단할 때 해석기준으로 써줘도 좋음)

- 국제기준과 관련해서는 단순히 조약의 조문을 써주기보다는 그 의미를 써주는 것이 필요함, 이를 위해 일반 논평이나 개인진정 등에서 조약감독기구가 어떤 판단을 했는지 꾸준히 검토할 필요가 있음

- 대법원 판례나 헌재의 결정례는 위원회 판단의 참고기준이 될 수 있으나 유사 판례나 결정례를 무조건 따라간다는 인상을 주는 판단(예, "대법원(헌재)은 (중략) 사건에서 (중략)했으므로 (중략) 신체의 자유를 침해했다고 볼 수 있다")을 해서는 안 됨. 인권위는 사법기관의 하급기관이 아님. 판례나 결정례와 같은 내용으로 판단을 한다면 판례와 결정례의 해당 부분을 원용한 다음 ( )에 '헌법재판소 2000헌마XX 결정 참고' 정도로 기재하면 족함

- 수인의 피진정인이 관여한 진정요지가 인권침해에 해당한다고 판단하지만 그 책임을 질 피진정인이 일부에 국한한다면 책임 없는 피진정인에 대해서는 기각주문을 내야 함(피진정인 입장에서는 자신에 대한 인권위 최종판단이 무엇인지가 가장 궁금함)

입증책임
- 개념: 증명해야 할 사실이 증명되지 않은 경우 불이익(불인정) 책임을 지는 것
- 원칙: 인권침해(차별 포함)를 주장하는 진정에서는 인권침해 사실에 대한 입증책임은 진정인에게 있음. 즉 인권침해 사실이 증명되지 않으면 인권침해 사실을 인정할 수 없으므로 1호 기각해야 함
- 예외: 위원회는 특별한 경우 '입증책임의 전환' 논리에 따라 피진정인에게 입증책임을 부과하기도 함. 예) 미란다 원칙 고지는 법률(형소법)에 의해 경찰관이 현행범 체포 시 반드시 해야 하는 절차이므로 미란다

원칙을 고지하지 않았다는 진정에 대해서는 입증책임을 피진정인(경찰관)에게 전환하는 결정을 한 바 있음

- 입증책임 전환의 기재 방법: "미란다 원칙은 경찰이 입증해야 하는바, 이 사건에서 피진정인 등이 현장에서 이를 고지했다는 객관적인 증거가 없으므로(혹은 "피진정인의 미란다 고지 주장은 (중략) 증거에 비추어 믿을 수 없으므로") 미란다 원칙을 고지했다고 보기는 어렵다. 따라서 이 사건에서 미란다 원칙을 고지하지 않았다는 진정인의 주장을 받아들이지 않을 수 없다"와 같은 방법으로 설시해야 함

주요 각하 사유

- 1호 각하: 조사대상이 안 되는 경우

- 조사대상 기본권:「헌법」제10-제22조를 벗어난 기본권 주장의 경우라도 구제의 필요성이 있다면 제10조에서 파생한 기본권 침해로 보고 조사구제. 예) 노동3권 침해 주장이 있다고 해서 바로 조사대상이 안 된다고 보는 것은 인권위 기능에 대한 불신을 초래, 노동권은 행복추구권의 본질이므로 제10조 위반으로 재해석할 수 있음

- 제30조 제1항 제1호의 '국가기관 등의 업무와 관련한'에서 국가기관 등의 의미: 형식적으로 국가기관 등이라고 보기 어려워도 실질적으로 국가기관 등의 업무를 하는 경우로 의제할 수 있는 경우(재원, 인사 등에서 국가기관 등의 직접적 통제를 받는 경우)

- 5호 각하: 진정이 제기된 사건과 동일한 진정원인사실에 관해 수사나 재판 기타 법률에 따른 절차가 진행되거나 종료한 경우

내사종결, 고소/고발 각하종결, 공람종결, 권익위 등에 진정은 수사나 기타 법률절차로 보지 않음

- 7호 각하: 조사하는 것이 적절하지 않은 경우

사안 전체를 각하로 처리할 필요성이 있는 경우 외에는 가급적 7호 각하를 사용해서는 안 됨, 진정요지가 여러 인권침해로 구성되었고 본안조사를 해서 소위에 상정되는 경우라면 본안 판단하는 것이 원칙. 인권위의 보완적 성격을 중시해 각하처리를 신중하게 해야 함